111 GRÜNDE, DAS RADFAHREN ZU LIEBEN

Für Ludmila und Jens am Dnjepr

CHRISTOPH BRUMME

111 Gründe, das RADFAHREN *zu* LIEBEN

*Vom Rausch der Geschwindigkeit,
dem Geheimnis der Langsamkeit
und dem Wissen, dass das Glück
zwei Räder hat*

SCHWARZKOPF & SCHWARZKOPF

Inhalt

ICH RADLE, ALSO BIN ICH 9

1. ETAPPE: ICH – EXTREM-RADFAHRER 11
Weil man auf dem Rad das Glück erfährt | Weil man auf dem Rad immer neue Erfahrungen macht | Weil Radfahrer lernen, auf ihre Körper zu hören | Weil man als Radfahrer vom Wind etwas lernen kann | Weil Radfahrer Individualisten sind | Weil der extreme Radfahrer Grenzerfahrungen macht | Weil man als Radfahrer fremde Länder und fremde Sitten kennenlernt | Weil man als Radfahrer auch im Wald keine Angst mehr hat

2. ETAPPE: WIE ALLES BEGANN UND WELCHEN SINN ES HAT 33
Weil sich jeder an das erste Mal erinnern kann | Weil (fast) jeder Radfahren lernen kann | Weil man auf dem Fahrrad keinen Ballast mitnehmen kann | Weil Radfahren körperlich und geistig fit hält | Weil Radfahrer den Rausch der Geschwindigkeit erleben | Weil man als Radfahrer in verrückte Situationen gerät | Weil man als Radfahrer die Polizei verspotten kann | Weil für Radfahrer die Unschuldsvermutung gilt

3. ETAPPE: DAS RAD ALS SOLCHES 53
Weil man Fahrräder noch selbst reparieren kann | Weil jedes Fahrrad unverwechselbar ist | Weil Fahrräder so alt wie Galapagos-Schildkröten werden können | Weil man Fahrräder so leicht pflegen kann | Weil der Besuch im Fahrradgeschäft ein emotionales Erlebnis ist | Weil man als Radfahrer mit Helm lustig aussieht

4. ETAPPE: VOR- UND NACHTEILE DES RADFAHRENS 69
Weil man als Radfahrer die wahren Feinde erkennt | Weil man als Radfahrer vielen Verführungen ausgesetzt ist | Weil man vom Radfahren süchtig wird | Weil man sich als Radfahrer häutet und verjüngt | Weil man als Radfahrer den Unterschied zwischen Kämpfer und Krieger erkennt | Weil man sein Fahrrad auch tragen kann | Weil Radfahren das Selbstvertrauen stärkt | Weil man beim Radfahren träumen und denken kann | Weil das Fahrrad ideal für Fitnessmuffel ist | Weil man beim Radfahren nicht rauchen kann | Weil Radfahren ein gutes Mittel gegen Computersucht ist

5. ETAPPE: METAPHYSIK DES RADFAHRENS 93
Weil man sich als Radfahrer frei entscheiden kann | Weil das Radfahren zu einer Entkrampfung der Sitten beiträgt | Weil das Fahrrad zur Selbstbestimmung der Frauen beitrug | Weil man sich als Radfahrer auch verkleiden kann | Weil das Fahrrad die Erfindung des Flugzeugs inspirierte (und leider auch die des Autos) | Weil man als Radfahrer kein Schmarotzer ist | Weil man als Radfahrer keine Bonuskarten braucht

6. ETAPPE: TOUR DE WOLGA I 105
Weil der Radfahrer weiß, wie kostbar Wasser ist | Weil man als Radfahrer etwas lernen kann | Weil man als Radfahrer Vorurteile widerlegen kann | Weil Radfahrer auch von Kohlekumpels akzeptiert werden | Weil dem Radfahrer das wahre Leben gezeigt wird | Weil man als Radfahrer jederzeit eingeladen wird

7. ETAPPE: KOMM INS OFFENE, FREUND! 123
Weil man als Radfahrer Unterschiede erkennt und sein Gehör schult | Weil Radfahrer das Geheimnis der Langsamkeit kennen | Weil man beim Radfahren Geld spart | Weil einem Radfahrer fast immer geholfen wird | Weil Radfahren eine Form der Meditation ist | Weil man beim Radfahren immer wieder überrascht wird | Weil man beim Radfahren Musik und Geschichten hören kann | Weil das Radfahren zum Dichten verführt | Weil man beim Radfahren kostenlos singen kann

8. ETAPPE: TOUR DE WOLGA II 147
Weil man als Radfahrer auch Steinzeitmenschen trifft | Weil man als Radfahrer nachts am Ufer der Wolga träumen kann | Weil man als Radfahrer auch nachts noch vernünftige Ideen hat | Weil man vom Radfahren Appetit bekommt | Weil das Radfahren den sozialen Zusammenhalt stärkt

9. ETAPPE: KULTURGESCHICHTLICHES 165
Weil man Radball spielen kann | Weil man Radpolo spielen kann | Weil Radfahren auch Kunst sein kann | Weil auch mehrere Personen auf einem Rad fahren können | Weil man auch im Wohnzimmer Rad fahren kann | Weil man auch liegend Rad fahren kann | Weil man auch in der Luft Rad fahren kann | Weil man Geschicklichkeitsrennen fahren kann | Weil das Fahrrad vielseitig verwendbar ist

10. ETAPPE: HELDEN 177
Weil man Tag-Nacht-Etappen fahren kann | Weil man als Radfahrer Extreme immer noch steigern kann | Weil man im Winter auf dem Baikalsee Rad fahren kann | Weil man auf dem Fahrrad um die Erde radeln kann | Weil man als Radfahrer lernt, die Langeweile auszuhalten | Weil man beim Radfahren fotografieren kann | Weil man beim Radfahren Alkohol trinken kann | Weil man als Radfahrer zur Revolte aufrufen kann | Obwohl die Tour de France ein Freiluftexperiment der internationalen Pharmaindustrie ist | Obwohl Jan Ullrich ein Quäntchen Wahnsinn fehlte | Weil man als Radfahrer ein gespaltenes Verhältnis zu den Zahlen hat | Weil man vom Radfahren müde wird | Weil man als Radfahrer so schön schauspielern kann | Weil Radfahren die Filmkunst bereichert | Weil das Fahrrad in der Literatur ein wichtiges Requisit ist

11. ETAPPE: TOUR DE WOLGA III **209**
Weil man als Radfahrer auch Pilger sein kann | Weil man als Radfahrer erfährt, was Kommunismus ist | Weil man als Radfahrer von armenischen Boxern nicht verprügelt wird | Obwohl man auch als Radfahrer überfallen werden kann | Obwohl man als Radfahrer böse stürzen kann | Weil Radfahren die Umwelt schont | Weil Fahrräder so schöne Namen haben | Weil man als Radfahrer Zeus kitzeln kann | Weil Radfahrer auf andere wie Traumtänzer wirken | Weil Radfahrer auch die kleinen Plagegeister gern ertragen | Weil Radfahrer Momente der Kristallisation lieben | Weil man als Radfahrer leicht berühmt wird

12. ETAPPE: DIE POLITIK DES FAHRRADS **237**
Weil der Besuch von Fahrradmessen spannend ist | Weil man auf dem Fahrrad die deutsche Geschichte erfahren kann | Weil es schön ist, sich zu verirren | Weil man über Radfahrer Witze erzählen kann | Weil der ADFC eine nützliche Organisation ist | Obwohl die Radfahrer aus der Straßenverkehrsordnung gestrichen wurden | Weil auch Verkehrsminister manchmal Unsinn erzählen

13. ETAPPE: ENDSPURT **253**
Obwohl man vom Radfahren Durchfall bekommen kann | Weil Radfahrer Dialektiker sind | Weil Radfahren auch im Hagelsturm Spaß macht | Weil langes Radfahren berauschend wirkt | Obwohl Radfahren ein Flirt mit dem Tod ist | Weil man sich als Radfahrer auf die Zukunft freuen kann | Weil das Rad rund ist | Weil das Leben schön ist

DANKSAGUNG / LITERATUR **266**

QUELLENANGABEN **268**

ICH RADLE, ALSO BIN ICH

Dieses Buch könnte den Titel tragen: *Wie ich ein glücklicher Mensch wurde*. Oder: *Wie ich das Geheimnis des Glücks entdeckte*. Das klingt furchtbar kitschig, ich weiß. Das Wort Glück fasste ich früher nur mit spitzen Fingern an. Ein Mann genießt, Kinder sollen glücklich sein.

Aber dann entschied ich eines Tages, mit meinem alten, treuen Fahrrad an die Wolga zu radeln. Mehr als drei Monate lang trieb mich das Wissen voran, mit jedem Meter gesünder zu werden.

Das Schöne am Radfahren ist ja die Mischung – es kann extremer Sport sein, aber man kann die Beine und die Seele auch baumeln lassen und fast gar nichts tun. Je länger man fährt, desto schöner wird es, das ist eines seiner Geheimnisse. Nach einigen Tagen wird man schon süchtig vom Treten der Pedale, zumal wenn am Straßenrand Menschen winken und »Bravo« rufen, wenn man zu Festen eingeladen wird und ein Kosaken-Chor in der Steppe singt.

Früher hatte ich Tagestouren unternommen, nun begriff ich, wie klein diese Erde ist. Man kann, so rechnete ich bald aus, als normal trainierter Mensch auf einem Tourenrad in einer Saison um den Erdball radeln. Größer ist die Kugel nicht, auf der sich das Menschheits-Theater abspielt.

Als Radfahrer erweckt man auch in der Fremde Vertrauen. Denn man reist aus eigener Muskelkraft, zeigt sich offen und strampelt wie ein Baby, um vorwärts zu kommen. Harmloser kann man nicht auftreten. Autofahrer sitzen in einem Versteck, Fußgänger erinnern an Landstreicher, Reisende in Flugzeugen, Bussen und Zügen bewegen sich unter ihresgleichen – so bleiben nur die Radfahrer als vertrauenswürdige Boten.

Außerdem ist das Fahrrad selbst interessant, da kann jeder mitreden. Die meisten Fahrräder sind einzigartige Erscheinungen, im Gegensatz zu Autos. Ein Fahrrad besteht zwar im Grunde nur aus wenigen Teilen, aber gerade deshalb ist es eine raffinierte Erfindung.

Es war auch viel Vorarbeit nötig, damit es nur aus wenigen Teilen bestehen konnte. Die Möglichkeit, Luft zu pressen, in einem Gummischlauch zu halten und auf einen Reifen aus Metall zu ziehen, hätte Napoleon für seine Armeen sicherlich auch gern gehabt.

Andererseits hätte er dann aber auch akzeptieren müssen, dass die Frauen bequemere Kleidung wollen und sich dadurch selbstbewusster fühlen. Das Fahrrad hat die Emanzipation der Frauen befördert. Schließlich waren die Dienstherren auch daran interessiert, dass die Dienstmädchen und Hebammen schnell und billig ihre Aufträge erledigen konnten, dass sie mobiler waren als im Postkutschenzeitalter.

Aus diesen und vielen anderen Gründen gehört das Fahrrad zu den wichtigsten Erfindungen der Menschen. Und das Radfahren ist eine der gesündesten und schönsten Tätigkeiten, die man ausüben kann.

Für mich als Autor war es eine interessante Aufgabe, meine Liebe zum Radfahren zu begründen. Ich liebe es, weil es ein »leichtes Dasein« symbolisiert.

Sollte meine Leidenschaft ansteckend wirken und einige Menschen zum Radfahren verführen, würde ich mich freuen.

Christoph Brumme

1. ETAPPE

Ich – Extrem-Radfahrer

1.

Weil man auf dem Rad das Glück erfährt

Was ist das Wichtigste im Leben? Was will jeder? Manche sagen: Anerkennung und Erfolg. Träumer rufen: Ewiges Leben! Stumpfe Geister murmeln: Gesundheit, Frieden. Ordnungsfanatiker fügen hinzu: Sicherheit! Die von Natur aus Bösen, Hinterlistigen, Gemeinen gestehen heimlich: Ich will Macht, ich will herrschen, ich will, dass andere sich vor mir erniedrigen. Die Ängstlichen und Fantasielosen drücken ihre Hoffnung aus: Ich will, dass alles so bleibt, wie es ist. Die Kuschelfreunde stimmen die Hymne an: Ich will eine heile Familie. Ideologen und religiöse Eiferer schreien, meistens im Chor: Ich will, dass alle so denken wie ich! Und Sportsfreunde träumen von Siegen und Medaillen, mindestens für die von ihnen verehrten Helden.

Ach, diese armen, fehlgeleiteten Sünder, denke ich. Man schenke ihnen ein Fahrrad und zeige ihnen, wo die Sonne aufgeht.

Alle Menschen wollen glücklich sein. Viele sind es nie, manche erlauben sich dieses Gefühl gar nicht, die meisten suchen es mit falschen Mitteln an falschen Orten. Das Glück, sagen alle alten Philosophen, erscheint nur für Momente. Es festhalten zu wollen sei entweder ein teuflischer oder gerade im Gegenteil ein unerhört naiver Wunsch. Auf die Euphorie folgt die Müdigkeit oder, so sie nach Einnahme von Drogen erreicht wurde, die Reue. Schließlich ist das Leben eine widersprüchliche Angelegenheit und nur Narren bleiben, was sie sind.

Montesquieu meinte sogar, ob man glücklich war, weiß man erst, wenn man tot ist. Man sollte nicht zu früh Bilanz ziehen. Aber Montesquieu hat kein Fahrrad besessen. Er hat nicht erlebt, wie der Mensch eine Maschine erfunden hat, mit der er aus eigenem Willen verschmilzt, als wäre sie Teil seines Körpers, dank derer es ihm gelingt, mit eigener Muskelkraft seine natürlichen Grenzen zu überwinden. Auf dem Fahrrad fliegt der Mensch über die Dinge hinweg, ohne dass Pferde, Ochsen, Hunde, Benzin oder der Wind für das Fortkommen sorgen.

»Das Fahrrad ist das einzige Verkehrsmittel, das uns nicht zur Bewegungslosigkeit verdammt, obwohl es uns schneller voranbringt, als unsere Füße uns tragen«, schreibt die Schriftstellerin Sieglinde Geisel in ihrem Buch *Irrfahrer und Weltenbummler – Wie das Reisen uns verändert.* »Nicht einmal im Tierreich gibt es einen höheren Wirkungsgrad. Lachs und Mauersegler, die effizientesten Fortbewegungskünstler unter den Tieren, verbrauchen pro bewegtes Gramm Gewicht mehr Energie als ein Fahrradfahrer.«[1]

Sokrates soll über einen Markt gegangen sein und gesagt haben: »Seht all die Dinge, die ich nicht brauche!« – So denkt auch der Radfahrer. Ich brauche kein Benzin, ich ärgere mich auch nicht über Löcher im Asphalt, denn die kann ich leicht umkurven. Für mein Fahrrad muss ich keine Steuern zahlen, mit denen Kriege zur Eroberung von Ölquellen finanziert werden. Ich bin nicht laut, ich störe keinen, ich kann niemanden totfahren, keiner hat Angst vor mir. Ich bin Lichtjahre entfernt von ungewollten Pflichten.

Auf dem Rad *erfahre* ich das Glück, indem ich lerne, dass ich fast nichts brauche, um glücklich zu sein. Wasser, Brot und frei wachsende Früchte reichen aus, um über den Sommer zu kommen. Mein Haus ist ein Stück Stoff. Da, wo es still ist und saubere Luft weht, schlafe ich. Ich radle nachts durch die Steppe, Wölfe heulen den Mond an, ich grüße sie und singe. Ich bin fast überall willkommen, man staunt über mich, je länger ich fahre, desto stärker und häufiger. Manche sagen: »Ich bin schockiert.« In Dörfern, die noch nie ein Tourist betreten hat, lädt man mich zu Hochzeiten und Geburtstagen ein, man gibt mir das einzige Stück Fleisch aus der Suppe, bereitet mir in der Wohnstube das Bett. Es kann schwierig sein, ein Gast zu sein.

»Das Rad rettet mein Leben, Tag für Tag«, schreibt der englische Autor Robert Penn, der fast alle Kontinente auf seinem

Fahrrad erkundete. »Wenn Sie auf einem Fahrrad jemals einen Moment der Ehrfurcht oder das Gefühl der Freiheit erlebt haben; wenn Sie vor einem Anfall von Traurigkeit in den Rhythmus zweier wirbelnder Räder geflohen sind oder neue Hoffnung in sich aufkeimen fühlten, als Sie mit schweißnasser Stirn eine Hügelkuppe bezwangen; wenn Sie sich je gefragt haben, ob die Welt stillsteht, wenn Sie vogelgleich einen Berg hinabstießen; wenn Sie je, und sei's nur ein einziges Mal, mit singendem Herzen auf einem Rad gesessen und sich wie ein gewöhnlicher Sterblicher gefühlt haben, der das Göttliche berührt, dann haben wir eine grundlegende Erfahrung gemeinsam. Wir wissen, dass das Glück zwei Räder hat.«[2]

2.

Weil man auf dem Rad immer neue Erfahrungen macht

Neue Erfahrungen, macht man die nicht auch zu Hause, sogar vor dem Fernseher, wenn das Gehirn so aktiv ist wie im Tiefschlaf? Aber was ist vergleichbar mit der Erfahrung, mit eigener Muskelkraft in wenigen Monaten die Erde umrunden zu können?

Ich hielt in Saratow an der Wolga einen Vortrag. Anschließend ging ich mit einigen Kolleginnen aus der Bibliothek und interessierten Studenten in ein Café. Dort erzählte ich zum ersten Mal von meinem Wunsch, mit dem Fahrrad durch die Ukraine und Russland zu reisen. Gelächter, ein kollektiver Aufschrei.

»Bist du verrückt? Das ist viel zu gefährlich! Bei uns leben so viele Banditen! In unseren Wäldern laufen so viele entflohene Sträflinge herum!«

Die gleichen Reaktionen erlebte ich mehrmals in Deutschland. Ein Verleger, der noch nie in Osteuropa gewesen war, erzählte von einem Schriftsteller, der nach China hatte radeln wollen; aber in

Polen hatte er sich besoffen und war zusammengeschlagen worden.
»Du wirst an jeder Straßenecke überfallen werden!«

Man kennt den Nachbarn im eigenen Mietshaus nicht, weiß aber genau, dass der Schleusenwärter vom Dnjepr ein Dieb ist.

Weshalb glauben so viele Menschen, dass ihre Mitbürger böse und hinterhältig sind? Woher rührt diese Angst vor der Fremde, vor dem Unbekannten? Es ist doch eine Tatsache, dass die meisten Gewaltverbrechen innerhalb der Familie, unter Freunden und Bekannten begangen werden.

»Das Verbrechen entsteht durch das Begehren, durch das, was man sieht, aber nicht haben kann«, sagt sinngemäß Hannibal Lecter. An diesen Satz habe ich auf meiner ersten Radreise von Berlin an die Wolga oft gedacht. Wer erwartet in einem ukrainischen Dorf einen deutschen Radfahrer? Und was sollte der Wertvolles bei sich haben? Er kann sich ja nicht einmal ein Auto leisten.

Später lernte ich einen Abenteurer kennen, der durch Afrika geradelt war, unter anderem durch den Kongo, ein Bürgerkriegsgebiet. Die bekifften Kindersoldaten mit ihren Kalaschnikows hatten ihn ausgelacht. Eben aus diesem Grund – er konnte sich ja nicht einmal ein Auto leisten.

100 Kilometer vor der Wolga kam mir ein Radfahrer aus Deutschland entgegen. Während ich mein neues Fahrrad auf alt gestrichen hatte, glänzten an seinem Gefährt die Reklameschriften. An der Radstange hatte er eine Kamera befestigt, in einem Wägelchen zog er Solarzellen hinter sich her. Ich schätzte seine Ausrüstung auf einen Wert von 5.000 Euro.

Drei Monate lang habe er sich um Sponsoren bemüht, erzählte er. Leider habe er keine Zeit gehabt, die russische Sprache zu lernen. Er hätte also in einem Notfall nicht einmal die Polizei rufen können. Und doch fuhr er unbehelligt durch die Ukraine, durch Russland und durch Kasachstan.

Ja, er berichtete von einer Erfahrung, die ich auch gemacht und die mich ebenfalls verblüfft hatte. Er hatte sein Fahrrad vor einem

Restaurant oder vor einem Geschäft abgestellt, ohne es zu sehen, und er war nicht beklaut worden. Im Gegenteil, man hatte ihm Geschenke aufs Gepäck gelegt, Wasser- und Wodkaflaschen, Melonen und Äpfel, Snickers und Bounty.

Irgendwann hat man das Gefühl: Hier kann nichts passieren, hier respektiert man den Fremden. Das Fahrrad wird neugierig betrachtet, schon, weil es ein unbekanntes ausländisches Fabrikat ist. Vielleicht kann man von der Technik etwas lernen? Hat es deutsche Qualität? Oder kommt es auch nur aus China? Wie funktioniert das Licht? Wo kommt der Strom her?

Die neue Erfahrung: Man ist interessant, weil man etwas tut, was fast jeder könnte, aber kaum einer macht.

Beim Radfahren lernt man: Es gibt nichts Schöneres, als etwas um seiner selbst willen zu tun. Die zweckgebundenen Tätigkeiten sind ja meistens entfremdete, ungezählte Büromenschen verbringen ihr halbes Arbeitsleben stöhnend. Die Armen. Sie meinen, ich tue etwas Hartes, dabei gruselt mir bei der Vorstellung, mit ihnen tauschen zu müssen.

Erich Honecker war auch so ein Spezi für Selbstversklavung. »Bei uns geschieht nichts um seiner selbst willen«, meinte er in einer Rede. Welch schrecklicher Satz. Kein Vergnügen, um vergnügt zu sein? Deshalb war es in der DDR so langweilig. Weil selbst der Sport einem abstrakten Ziel diente.

3.

Weil Radfahrer lernen, auf ihre Körper zu hören

Reiseberichte anderer Radfahrer lese ich immer wieder gern. Manchmal muss ich schmunzeln. Da erzählt zum Beispiel der US-amerikanische Philosophieprofessor Steven D. Hales in seinem Buch *Auf die harte Tour*, er habe sich eines Tages entschlossen, zusammen mit einem Freund eine Tante zu besuchen. Die Tante lebte 150 Kilometer entfernt, hinter sieben Bergen, und sie wollten zu ihr radeln. Es waren junge Männer, sie spielten sonst manchmal Tennis und schätzten sich als sportlich ein.

Die ersten 60 bis 70 Kilometer waren sie auch ganz fröhlich, diese Strecke strampelten sie beinahe auf einem Bein ab. Dann machten sie eine Stunde Pause und aßen Butterbrote. Nach der Pause bemerkten sie, dass ihre Beine sich wie weiches Gummi verhielten, sie knickten ein. Nach weiteren zwanzig Minuten Fahrt verspürten sie überall Schmerzen – in den Beinen, im Gesäß, im Rücken, im Hals, schließlich auch im Kopf und zuletzt im Bauch. Zu allem Übel wurde auch die Straße hässlicher, sie war nämlich gerade geteert worden, und es machte den beiden jungen Männern gar keinen Spaß, ihre Räder durch klebrigen Asphalt zu schieben.

Sie waren tapfer, sie hielten durch und konnten abends ans Gartentor der Tante klopfen. Aber vorher wollten sie drei Mal sterben.

Als Lehrer müsste man fragen: Was haben sie falsch gemacht?

Brav, sie haben ihre Kräfte falsch eingeschätzt und eingeteilt, und sie haben sich falsch ernährt. Außerdem haben sie ihr Gepäck in einem Rucksack verstaut und die Sättel waren neu.

Baguette, Weiß- und Toastbrot verstopfen nur den Magen, besonders nahrhaft sind sie nicht. Um das zu wissen, muss man keine ernährungswissenschaftlichen Ratgeber studieren. Das sollte man spüren. Es wäre besser, beispielsweise einen Liter Tomatensaft zu trinken.

Wenn man so erschöpft ist, dass die Beine weich werden, sollte man einfach die Pause verlängern. Außerdem braucht der Körper gerade am Anfang einer längeren Etappe Energie zum Verbrennen, deshalb sollte man zwischendurch immer wieder etwas essen, etwa Sportriegel, Nüsse, Rosinen, Äpfel. Etwas leicht Verdauliches und Nahrhaftes, das gute Gefühle vermittelt.

Kraft und Ausdauer eines Menschen hängen natürlich von seiner Fitness ab, von der Gewohnheit, Sport zu treiben. Ich selbst trainiere nie vor meinen Wolgareisen, werde aber immer wieder danach gefragt. Radfahren kann ich, meinen Körper kenne ich. Wichtig ist, in den ersten Tagen nicht bis ans Limit zu fahren. Der Körper soll sich an die Belastung gewöhnen, nach drei, vier Tagen sollte man einen Ruhetag einlegen.

Mir gefällt der Rhythmus, nach jeweils etwa zwei Stunden auf dem Rad eine längere Pause zu machen, in der ich esse, lese, die Beine ausstrecke, mich mit Einheimischen unterhalte. Zwei Stunden, das ist eine Zeit, die ein gesunder Mensch mit einem fröhlichen Naturell gerne radelt, ohne dass der Kreislauf kollabiert oder die Magenbakterien Walzer tanzen. Zwei Stunden schafft auch ein Sonntagsradler mit Bierbauch.

Wenn ich jemanden erzähle, wie viele Kilometer ich manchmal am Tag fahre, höre ich immer wieder: »Das könnte ich nicht. Die längste Strecke, die ich gefahren bin, das waren 40 bis 50 Kilometer.« Ja, das ist eine normale Tagestour für Untrainierte. Aber würden die Freizeitradler einige Wochen lang täglich Rad fahren, könnten sie solche Entfernungen mühelos bis zur Mittagspause zurücklegen. Nach und nach spürt man, was man sich zutrauen kann und wo der Spaß endet und aus Erschöpfung Quälerei wird. Die Erfahrung schafft Selbstvertrauen.

So berichten fast alle Extrem-Radfahrer, wie erstaunt sie waren, dass man an einem Tag bis zu 200 Kilometer fahren kann, pro Woche durchaus 1.000, und dass man dies nicht als extrem empfindet, sondern als gesund und im Bereich seiner Möglichkeiten. Viele Verkäuferinnen oder Kellnerinnen leisten körperlich Schwereres.

Längeres, auch extremes Radfahren über mehrere Wochen hinweg ist gesund, denn es senkt den Blutdruck und den Cholesterin-Spiegel. *Fragen Sie Ihren Arzt oder Apotheker nach den Nebenwirkungen langen Autofahrens!*

4.

Weil man als Radfahrer vom Wind etwas lernen kann

Ich schreie den Wind an. »Lass mich zufrieden! Verschwinde! Ich kann nicht mehr! Du hast gewonnen! Hau ab! Hinter dem Horizont ist es viel schöner!«

Der blöde Kerl lacht nur. Ich fahre stehend und komme mit äußerster Kraft gerade mal auf neun bis zwölf Stundenkilometer. Seit 400 Kilometern kämpfe ich gegen den Wind, es ist, also würde ich steil bergauf fahren.

Die Hoffnung heißt Wald. Ein grüner Streifen am Horizont! Dort wird der Wind gebremst! Nur noch ein paar Kilometer!

Doch wie groß wird der Wald sein? Wird er mich längere Zeit oder nur für ein paar Minuten ein bisschen beschützen?

Der Wald ist nur ein schmaler Baumstreifen, ich habe kaum durchgeatmet, da breitet sich wieder eine flache Landschaft bis zum Horizont aus, über die der Sturm fegt.

Wind kann hart wie eine Wand sein, doch man kann ihn nicht anfassen, nicht beiseiteschieben, schon gar nicht mit Hilfe von Tabletten seine Wirkung mildern. Der Wind raubt einem den Atem, wie ein Python kann er den Körper zerdrücken und zerquetschen. Er kommt aus dem Nichts und verschwindet auch wieder dorthin. Der Wind hat keine Moral, er wird noch wehen, wenn die Menschen nicht mehr da sind. Selten ist er ein guter Freund, selten nur tut er den Radfahrern den Gefallen, von hinten zu wehen und zu schieben.

Erstaunlich ist, dass man ihn selbst erzeugen kann. Je windstiller es ist, desto stärker. Das bemerken Radfahrer vor allem an heißen Sommertagen. Während Fußgänger unter der Hitze leiden, werden Radfahrer vom Fahrtwind gekühlt. So kann es passieren, dass man vom Sattel steigt und empfindliche Hautstellen wie in den Kniekehlen zu jucken und zu brennen beginnen und man erst im Stehen spürt, wie heiß es ist.

Man muss nicht ins Weltall fliegen, wenn man ein Fahrrad besitzt. Denn dass man die Flieh- und Erdanziehungskräfte überwinden kann, spürt man auch so. Schließlich hat die Seele ihre eigene Geschwindigkeit und kein Gewicht. Gegen welche Widrigkeiten der Natur man auch immer kämpfen muss, gegen Hitze oder Hagelstürme, gegen peitschenden Regen, man muss kämpfen, darauf kommt es an.

Radfahrer spüren Wind und Wetter unmittelbar. Ihre Erfahrungen gehen über die sinnliche Wahrnehmung hinaus. Davor sollten sich Autofahrer hüten. Halluzinationen und Traumbilder sollten sie sich nicht gönnen, denn sie müssen sich im stärkeren Maße auf den Verkehr konzentrieren, im Diesseits leben, auf Straßenschilder achten, Geschwindigkeitsgrenzen einhalten. Während Radfahrer Zeit zum Träumen haben, wird man im Auto transzendente Erfahrungen allenfalls in den Sekunden vor einem Unfall machen, während man auf ein anderes Auto oder einen Baum zurast und es doch nicht ändern kann. Oder im Stau, wenn man dumm herumstehen muss und alle genervt sind.

5.

Weil Radfahrer Individualisten sind

Radfahrer sind Individualisten, sie suchen sich ihre eigenen Wege, und Regeln wenden sie nach Bedarf an, und nicht, weil ein abstraktes Recht die ewige Wiederholung fordert. Schließlich können sich Radler auch dort begegnen, wo keine Verkehrsregeln gelten, etwa in Wäldern oder in Parks. Sie sollten mündige Bürger sein. Autofahrer hingegen sind Kollektivwesen, deren Verhalten streng kontrolliert wird.

Dieser Unterschied ist auch ein Grund dafür, warum in der Sowjetunion wenig Fahrrad gefahren wurde. Katja Petrowskaja aus Kiew erzählt: »Bei uns konnte man nur auf der Datscha Rad fahren, oder sonst noch in den Höfen der Plattenbauten. In den Städten waren die Straßen mehrspurig und die Entfernungen so riesig, dass man mit dem Fahrrad nirgends hinkam. Bei uns zählte das Kollektiv. Das Individuum tauchte in der Verkehrsplanung nicht auf. Majakowski sagte: ›Die Eins ist eine Null.‹ Und eine Null kann nicht Fahrrad fahren.«[3]

Wo die Eins eine Einskommaeins ist, da gibt es Fahrradwege. Auch dort verhalten sich viele Radfahrer wie Individualisten – indem sie in die falsche Richtung fahren.

Die Kollektivisten hassen die Individualisten natürlich, besonders in Deutschland. Sechs Mal bin ich mit dem Rad von Berlin aus an die Wolga gefahren, sechs Mal wurde ich auf den 80 Kilometern bis zur Oder von Autofahrern angeschrien, weil ich am frühen Morgen bei Rot über eine leere Kreuzung gefahren war. Einige Male ertönte auch der Ruf nach der Polizei.

Solche Auftritte neidischer Autofahrer wären in der Ukraine oder in Russland unmöglich. Wenn dort jemand eine Regelverletzung begeht, die den anderen nicht gefährdet, so schüttelt man vielleicht den Kopf, aber keiner hätte den Wunsch, nach der Ordnungsmacht zu rufen – schon weil die Ordnungsmacht, wie man weiß, selbst ständig Regelverletzungen begeht.

Auch im Osten ärgern sich die Kollektivisten über die freiheitsliebenden, sich ehrlich mit eigener Muskelkraft fortbewegenden Radler, auch dort wird gehupt und gedrängelt und gedroht, den Radfahrer in den Straßengraben zu befördern. Auch dort kursiert die Angst, die Langsamkeit aushalten zu müssen, sich für eine Weile dem Tempo des Radlers anpassen zu müssen, so man ihn nicht überholen kann. Aber nach der Miliz würde dennoch keiner rufen. Radfahrer sind die ungekrönten Souveräne im Straßenverkehr. Hindernisse können umfahren werden, man bleibt geistig geschmeidig.

Genealogisch gesehen steht der Motorradfahrer zwischen Auto- und Radfahrer, er ist sozusagen ein Halbfreier. Viele Biker grüßen den Radfahrer auf Landstraßen, sie fühlen sich ihm verwandt, achten seine Leistung und seinen Mut. Das Wissen um die eigene Gefährdung verbindet. Die Biker sind ebenfalls ein bisschen den Unbilden des Wetters ausgesetzt, auch sie bewegen sich geschmeidiger und anarchistischer als die abgestumpften Blechkistenbesitzer.

In Bezug auf die Intensität der Erfahrungen stehen nur der Fußgänger und der Reiter über dem Radfahrer. Der Fußgänger allerdings kann leicht mit einem Landstreicher verwechselt werden. In der Fremde wird man dem Fußgänger nicht so schnell vertrauen wie dem Radfahrer.

Für den Reiter dagegen ist es schwerer, Staatsgrenzen zu überwinden. Sonst fallen mir keine Einwände gegen diese edle Erscheinung ein.

6.

Weil der extreme Radfahrer Grenzerfahrungen macht

Apropos Staatsgrenzen. Stunden-, manchmal tagelang müssen Autofahrer dort oft warten, in Europa insbesondere an den EU-Grenzen. Der Radfahrer hingegen fährt fröhlich an den genervt Wartenden vorbei, bedauert sie, steigt vor den Kontrollpunkten vom Rad, wird zum unschuldigen Fußgänger. Und die sonst so strengen Grenzbeamten begrüßen ihn stets freundlich und mit Respekt. Sie fragen vielleicht der Form halber, ob er Drogen oder Waffen bei sich habe. Mehr noch aber interessiert es sie, ob die Reise beschwerlich war, wie lange er schon unterwegs sei, welchen Leuten er begegnet sei, was er esse und trinke, wo er schlafe. Kurz, man erkundigt sich nach seinem Wohlergehen. Undenkbar, dass einem Autofahrer solche Fragen gestellt werden.

Einem Radfahrer zuliebe vergessen die Wächter des Staates sogar ihre Pflichten. So erlebte ich Folgendes an der russisch-ukrainischen Grenze.

Ich hatte einige Kilometer vor der Grenze gezeltet, in einem Tal, dessen Pflanzen wohl schon Tausende Jahre dort wuchsen. Das Gras hatte scharfe Kanten, die meisten Sträucher waren dornig, Schilfrohr klapperte im Wind. Hin und wieder wurde die Luft aus dem Tal gesaugt von Vogelschwärmen. Die Vögel hatten eine dreieckige Form, ihre Schreie erinnerten an weinende Babys. Wenn Saurier aufgetaucht wären, hätte es mich kaum noch gewundert.

Mit dem ersten Sonnenstrahl kroch ich aus dem Schlafsack, klappte das Messer ein, das nachts stets griffbereit neben mir liegt, wusch mich im Liegen und putzte mir die Zähne, notierte in Stichworten die Träume, zog die Fahrradkleidung an, wickelte Schlafsack und Isomatte ein, verstaute das Zelt und radelte zur Grenze.

Es war ein kleiner Grenzübergang, nur zwei Autos standen vor der Schranke. Auf russischer Seite wollte der Leutnant wissen, wann mein Reisepass ausgestellt worden sei. Er wollte das mehrmals wissen, ließ es sich zeigen, notierte es, gab die Information per Telefon weiter. Es ging natürlich darum, mich aufzuhalten. Er erkundigte sich höheren Orts vielleicht, ob man den »extremen Individualisten« aus der eigenen Gerichtsbarkeit entlassen könne. Hinter mir warteten noch zwei Fußgänger und ein Autofahrer. Ich hielt mal wieder, ohne eigenes Verschulden, den Verkehr auf.

Da wohl nichts gegen mich vorlag, wurde der Pass gestempelt, und ich rollte, auf einem Fuß stehend, auf die ukrainische Seite. Dort erwartete mich ein Beamter, den der liebe Gott nicht mit allzu vielen Geisteskräften gesegnet hatte. Er wollte wissen, wie ich in die Ukraine einreiste, ob zu Fuß oder mit dem Auto. Fahrradfahrer waren im Gesetz offenbar nicht vorgesehen.

Ich sagte: »Halb zu Fuß, halb auf dem Fahrrad.« Ja, ich besaß sogar die Frechheit, ihn zu fragen, ob ich umkehren und *wirklich* zu Fuß zurückkommen solle.

Der Mann verzog keine Miene und fragte, ob ich ein Transitreisender sei. Transit, das bedeutet, man hat drei Tage Zeit dafür, das Land zu durchqueren. Da die Entfernung bis zur Westgrenze knapp 1.000 Kilometer beträgt, war diese Frage genauso dämlich wie die erste.

»Transit, wie soll das möglich sein?«, fragte ich.

Einige Meter neben dem Mann standen die Zöllner und feixten. Sie seien Fahrradenthusiasten, ob sie mich fotografieren dürften, riefen sie. »Wenn es kein Fahndungsfoto wird«, antwortete ich.

Von der Freundlichkeit der Kollegen ließ sich wohl auch der Humorlose beeinflussen, er drückte den Stempel in den Pass und ließ mich einreisen.

Die Zöllner fragten: »Haben Sie schon gefrühstückt?« Und wenig später: »Trinken Sie auch Wodka?«

Es war, wie gesagt, noch früher Morgen. Mein Gott, dachte ich, welcher deutsche Zöllner würde dich im Flughafen Berlin-Schönefeld zum Saufen einladen?

Schneller, als ich denken konnte, saßen wir in einer Küche hinter der Zollstation, der Tisch war gedeckt mit Brot, Speck, Salami, Gurken, Tomaten, ein Borschtsch dampfte. Die ukrainische *Mama* blickte zufrieden auf ihr Werk und den staunenden Gast.

Vier, fünf uniformierte Autoritäten – bald konnte ich nicht mehr zählen – stießen mit mir auf mein Wohl an, versehen mit dem Hinweis, in Deutschland bitte keine Reklame für diesen Grenzübergang zu machen, da man nicht jeden Radfahrer mit einem Wodkafrühstück empfangen könne. Aber dies hier sei eine Premiere.

Da man auf einem Bein nicht stehen, auf einem Rad nicht fahren kann, folgte dem ersten Gläschen rasch das zweite, dann das nächste, dann das übernächste. Beim Toast auf die Verstorbenen war ich schon nicht mehr nüchtern. Meinen Gastgebern wurde ich langsam unheimlich, denn ich sagte nicht »Stopp« oder »Ein bisschen langsamer«, ich drehte das Glas nicht um, sondern wollte den Moment auskosten und herausfinden, ob sie sich wirklich zusammen mit mir kollektiv besaufen würden. Sollten Fußgänger draußen auf ihre Durchsuchung gewartet haben, so warten sie noch heute.

Meinen neuen Freunden fiel endlich ein, dass sie mich irgendwie wieder loswerden mussten. Die *Mama* hatte längst die Suppenteller abgeräumt und abgewaschen. Und ein Wort wie »Arbeit« gab es ja auch noch. So schenkten sie mir zum Abschied eine Flasche Wodka, begutachteten noch einmal mein Fahrrad, lobten meinen Mut und meine Ausdauer, insbesondere beim Trinken. Ich setzte mich aufs Rad und fuhr, nein, nicht in Schlängellinien, an Feldern vorbei. Kaum konnten meine Freunde mich nicht mehr sehen und nicht mehr hören, stieg ich wieder ab und legte mich in den Straßengraben. Ich hatte einen Lachkrampf. Ich sah Sterne und bengalisches Feuer. Ich konnte nicht aufhören zu lachen und versuchte, das soeben Erlebte zu schildern, in mein Diktafon zu sprechen. Unnötig zu sagen, dass man einen Autofahrer nicht eingeladen hätte. Wieder einmal war ich froh, nur auf zwei Rädern zu fahren.

7.

Weil man als Radfahrer fremde Länder und fremde Sitten kennenlernt

Durstig kam ich in die nächste Siedlung. Ich stand vor einem roten Zelt und dachte: Hier war ich schon mal. Dieses Zelt, das kenne ich doch. Und den Mann, der da aus dem Zelt trat, kannte ich auch. Den hatte ich einen Monat zuvor als Manjak bezeichnet, als Verrückten. Er stand, leicht schwankend, vor mir und sagte: »Du hast mich als Manjak bezeichnet!«

Ich leugnete meine Schandtat nicht. Er hatte mich eingeladen, zum Saufen natürlich, nachdem er mir seine Pistole gezeigt und sich als Notar vorgestellt hatte. Originalton: »Wenn die Regierung nicht für mich arbeitet, arbeite ich auch nicht für die Regierung.«

Und er war mit mir zu Freunden gerast, mindestens doppelt so schnell, wie erlaubt war, mit 100 Stundenkilometern durch die Dörfer. Ich hatte ihn mehrmals gebeten, gesittet zu fahren. »Mein Leben ist wertvoll!« Ihm war es egal gewesen, er wollte zeigen, was *seine Maschine* kann. Aber du bist nicht die Maschine, du Manjak. Welche Leistung, welche Kunst kannst du in einem Auto schon zeigen?

Eigentlich waren wir als Freunde voneinander geschieden. Aber jetzt, da er mich wiedersah, würgte ihn doch dieses Wort. Nun gut, ich entschuldigte mich, und er lud mich zum Bier ein.

Der Wirt, der sich schon einen Monat zuvor geweigert hatte, von mir Geld für das Essen anzunehmen, winkte seiner 16-jährigen Tochter, der Kellnerin, die auch jetzt wieder auf Kosten des Hauses ein frisch gezapftes Bier brachte, kurz darauf eine Suppe mit kleinen Fleischklößchen, Gurkensalat und Kartoffelbrei mit zwei Buletten.

Der Wirt und der Manjak hörten sich meine Geschichten aus Russland an und vor allem die von der Grenze. Sie lachten und bewerteten das Erlebnis als »normalno«.

Am Abend wollte ich in einem Dorfgeschäft nur Brot und Wasser kaufen. Doch neben dem Geschäft saßen einige Menschen, die einen Geburtstag feierten. Wir kamen rasch ins Gespräch, ich setzte mich zu ihnen. Ich war längst wieder nüchtern, war trotz der fröhlichen Umstände meine 140 Kilometer gefahren.

Da saßen wir nun und tranken. Ein Mann, der offenbar Respekt genoss, fragte mich, ob ich »eine Frau zur Erholung« brauche. Ich kannte die Landessitten inzwischen schon recht gut, nicht zum ersten Mal wurde mir solch ein Angebot unterbreitet. Der Mann lachte viel und laut, unterhielt die ganze Runde, er trug einen breiten schwarzen Schnauzbart und einen Strohhut mit einer breiten Krempe. Ich ahnte auch, welche Frau er meinte, sie saß neben mir, hatte mir zufällig schon den Rücken gestrichelt. Wir unterhielten uns ein bisschen. Sie erzählte, ihr Mann arbeite in Moskau, die Kinder seien bei der Großmutter. Eine günstige Gelegenheit für die

Erholung. Sie war gut 15 Jahre jünger als ich. Bei einem Blick auf ihre Beine, die von der Feldarbeit noch schmutzig waren, dachte ich: Bevor wir uns erholen, sollten wir beide duschen.

Ich ging ins Geschäft, spendierte eine Runde Bier für alle. Als ich zurückkehrte, saß die Frau auf dem Schoß des Kupplers. Er massierte ihre Brüste, zeigte also, wie man sich mit ihr erholen konnte.

Na gut, dachte ich, die Sache hat sich erledigt, denn einen gewissen Stolz hat man ja auch. Neben mir meinte ein Trinkbruder: »Das ist übrigens unser Schuldirektor.«

»Was? Euer Schuldirektor bietet mir eine Frau zur Erholung an?«

»Wieso«, sagte mein Nachbar, »es sind doch Ferien und er ist auch nur ein Mensch.«

Hat in diesem Land denn überhaupt noch jemand Autorität? Die Zöllner laden mich zum Saufen ein, der Notar fährt schneller, als die Polizei erlaubt, und der Schuldirektor sorgt für genetische Vielfalt im Dorf.

Ich verabschiedete mich. Es zog mich in den Wald, zu den Hasen und Mäusen.

8.

Weil man als Radfahrer auch im Wald keine Angst mehr hat

Viele Menschen haben nachts im Wald Angst. Viele befürchten, dort Räuber zu treffen, entflohene Sträflinge oder gar gefräßige Tiere. Aber welcher Räuber wäre so dumm, in einem Wald nach Geld zu suchen? Jedes Kind sollte doch wissen, dass die Diebe heutzutage nicht mehr mit Pistole im Gürtel durchs Gebüsch streifen, sondern mit Computern arbeiten, in Parlamenten und Konzernetagen sitzen. »Im Wald, da sind die Räuber«, das mag man gerne singen, aber die Wahrheit ist es nicht.

Und die gefährlichen Tiere? Ein Braunbär, der liebe Mischka, wäre möglicherweise ein unangenehmer Gast. Schlau, stark und mit einem feinen Geruchssinn ausgestattet, da kann man eigentlich nur beten, wenn ein Bär Abenteuer oder Nahrung sucht.

Auch Hirsche oder Rehböcke können sehr wütend werden, wenn ein Mensch mit seinem schlechten Geruch in ihrem Revier schläft. Sie stampfen mit den Hufen auf den Boden, sie röhren, sie bellen sich heiser, umkreisen das Zelt, da kann man schon Angst bekommen. Menschen, die behaupten, niemals Angst zu haben, beobachten sich schlecht oder sie lügen. Angst ist eine natürliche Reaktion auf eine Bedrohung, und ob etwas bedrohlich ist, kann man vor und während des Ereignisses nicht immer wissen. Der Instinkt ist schneller als der Verstand. Deshalb ist es nicht unmännlich, Angst zu haben, und man muss sich dafür nicht schämen.

Ich hatte einmal große Angst, als in einem nächtlichen polnischen Wald jemand mit einem Gewehr vor mir stand und mich mit einer starken Taschenlampe anleuchtete. Ich konnte ihn nicht sehen, er aber mich. Das Gewehr sah ich, sonst nicht viel.

In meiner Angst brüllte ich den Mann auf Deutsch an – Polnisch kann ich nicht –, er solle das Licht ausmachen. Seltsamerweise verstand er mich sofort, er leuchtete zur Seite, knipste dann die Lampe aus. Wir verständigten uns in einem Kauderwelsch aus Englisch und Russisch. Er machte mir begreiflich, dass hier kein guter Ort zum Zelten war, weil eine Jagd durchgeführt, Tiere gehetzt und geschossen werden würden. Ich schnallte mein Zelt wieder aufs Fahrrad und fuhr einige Kilometer weiter in einen anderen Wald.

Warum hätte der Jäger mir etwas Böses antun sollen? Ich hatte sicherlich ein paar Zloty bei mir, auch einen Fotoapparat, der mir lieb und teuer war, aber sonst? Das Gewehr des Mannes war bestimmt so wertvoll wie mein Fahrrad.

Menschen, die die Angst äußern, allein in einem Wald zu nächtigen, vergessen oft, dass nicht nur sie sich fürchten, nichts zu sehen. Der Unbekannte sieht ja auch nichts. Man ist in der Ungleichheit gleich. Und wer sich selbst prüft, wird bemerken, dass er in solch einer Situation sich eher zu verteidigen wünscht, als dass er angreifen möchte. Und der andere wünscht das wahrscheinlich auch.

Ich laufe oder fahre gern durch Wälder, denn ich habe die beste Zeit meiner Kindheit in Wäldern verbracht – »Mich erzog der Wohllaut des säuselnden Hains, und lieben lernt ich unter den Blumen«, heißt es bei Friedrich Hölderlin. Der Wald, das ist keine Idylle, wie manche Fernsehkonsumenten glauben, so wenig wie das Dorf, in dem Rauch aus den Schornsteinen der Häuser aufsteigt. Jeder frisst jeden, alles ist vergänglich, Schönheit wächst aus Eigennutz. Ein Radfahrer, der oft in Wäldern nächtigt, wird wahrscheinlich ein respektvolles Verhältnis zur Natur pflegen. Er macht keinen Lärm und hinterlässt keine Abgase, im Gegensatz zum Autofahrer fühlt er die Zerstörungen, die er anrichtet.

Ich selbst lasse niemals anorganischen Müll im Wald liegen, auch wenn sich nebenan eine wilde Müllkippe befindet. Es gehört sich einfach nicht. Ich verabschiede mich auch jeden Morgen freundlich von den Ameisen und Würmern, deren Höhlen und Gänge ich mit meinem Zelt vielleicht zerquetscht habe. Im Wald ist es nie langweilig. Ein Rudel Wildschweine läuft wenige Meter entfernt am Zelt vorbei, die Schnauzen am Boden, das Gras raschelt. Ein Fuchs schleicht hinterher, ein Eichelhäher schreit, mir unbekannte Vögel pfeifen das Morsealphabet. Ein Ast fällt vom Baum, Frösche quaken einander die letzten Neuigkeiten zu, Mäuse schreien, Spinnen schmatzen. Und dann taucht mein liebster Freund auf, der Wolf.

Ich liege schon eine Weile still in meinem Schlafsack und höre es rascheln. Für einen Fuchs sind die Schritte zu laut, für einen Hund zu leise, zu geschickt. Der Hund ist kein Wildtier, mag er auch im Wald wohnen, er wird doch einmal auf einen Ast treten, über einen Igel stolpern, von einer Biene erschreckt werden, hinter einer Krähe hinterherjagen. Ein Dummchen eben, den nur die Not hierher getrieben hat.

Der Wolf aber weiß, was er tut. Er steht einige Meter entfernt vor meinem Zelt, offenbar wehte der Wind ihm meinen Geruch zu. Nun haben wir Zeit, einander zu prüfen. Vielleicht kann er mich durch die Gaze des Zeltes nicht sehen, ich ihn dafür umso besser. Ich sehe: Die Schnauze will fressen, die Nase warnt ihn, mit den Augen denkt er. Jeder Wolf, das verstehe ich in diesem Augenblick, ist ein Individuum, eine Persönlichkeit. Wenn dieser eine unverwechselbar ist, dann jeder andere auch.

Wenn man das Glück hat, einen Wolf in freier Natur zu sehen, soll man den Augenblick genießen. Zu befürchten hat man allerdings nichts, denn der Wolf hat mindestens genauso viel Angst vor dem Menschen wie dieser vor ihm.

Das Tier, vor dem ich Angst habe, ist winzig klein. Es kann hoch, weit und schnell springen, und es sucht sich am liebsten die Stellen zum Saugen oder Trinken, die man nur vor der oder dem Geliebten gern entblößt – zwischen den Schamhaaren, unter den Achseln, im Nacken. Es kann, indem es mein Blut trinkt, meine Nerven schädigen, mich zum Trottel oder fiebrig Zitternden machen. Es hat eine unheimliche, stoische Ausdauer. Man nennt es Zecke.

Die erste Zecke, die mich zu einem anderen Menschen machen wollte, erwischte mich in einem polnischen Wald, nicht weit von Lublin. Es war schon dunkel, ich wusch mich, bemerkte einen Reiz, sah näher hin und entdeckte das hässliche Tier an meinem linken Oberarm, fast unter der Achsel.

Ich holte die Zeckenkarte aus dem Medikamentenbeutel. Drehen oder ziehen, das war die Frage. Ich zog, die Zecke soff weiter mein Blut und schiss wohl auf meine Haut.

Ich zog kräftiger und länger, nichts zu machen, sie war schon trunken von dem süßen Geschmack. Ich schickte eine SMS an die befreundete Tochter eines Ärzteehepaars. Ihre Ratschläge: auf die Rötung achten, Antibiotika schlucken, keinen Alkohol trinken, weiterhin an der Zecke ziehen.

Keinen Alkohol trinken? Das schockierte mich am meisten. Wie sollte ich da die Landessitten achten?

Verdammt. Die Zecke musste raus! Ich hatte noch eine Wundsalbe bei mir, gegen die Rötungen am Hintern. Ich las, was darin enthalten war. Unter anderem Harnstoff. Also doch wohl etwas Ekliges, das dem Tier missfallen würde? Ich schmierte seinen Hintern ein, zog noch einmal; siehe da, es ließ sich herausziehen und ergab sich seinem Schicksal. Geschafft.

Ein Jahr später, wieder in polnischen Wäldern, fühlte ich, dass mich wieder eine Zecke überlistet hatte. Sie hatte sich in meinen Rücken gebohrt. Keine Chance, an sie heranzukommen.

So fuhr ich als Zwitterwesen über die Grenze in die Ukraine, küsste wie immer den heiligen Boden, wenige Meter hinter der offiziellen Zone. Im Hotel in Kowel zeigte ich der Garderobenfrau den Parasiten. Sie, mit ihrer slawischen Stärke, führte mich in die Küche, zeigte der Köchin das Tier. Die Frau griff forsch nach einem glühenden Feuerhaken und sagte: »Keine Angst, gleich werden Sie sich besser fühlen.«

Wirklich, sie wollte mir die Zecke aus dem Rücken brennen.

»Nein, nein, bitte nicht!«, rief ich. Ich bat die Garderobenfrau, es mit einer etwas zivilisierteren Methode zu versuchen. Sie schaffte es mit ihren spitzen Fingernägeln.

2. ETAPPE

Wie alles begann und welchen Sinn es hat

9.

Weil sich jeder an das erste Mal erinnern kann

Wenn man ältere Brüder hat, möchte man so stark sein wie sie. Ich hatte das Glück, gleich zwei wilde Jungs zum Nacheifern vor mir zu haben. Kaum konnte ich sprechen, da erzählten sie mir, dass sie schon einen Zug zum Entgleisen gebracht hatten. Sie hatten auch einen vernünftigen Grund dafür gehabt, schließlich war der Hilfsheizer auf der Lokomotive ihr Erzeuger gewesen.

Sie konnten aus den Hüften schießen, wenn auch ohne Kugeln, aber die Zündplättchen knallten wie in echten Indianerfilmen. Sie rasten im Winter auf Skiern die Berge runter, über gefrorene Bäche und an mannshohen Granitsteinen vorbei, sodass ich nur staunen konnte. Sie versuchten, Fische und Vögel mit Pfeil und Bogen zu treffen, und sie konnten aus Zweigen und Moos Buden bauen.

Je älter ich wurde, desto häufiger nahmen sie mich mit. Wir kletterten in Baumwipfel so flink wie Eichhörnchen, die einzige Schwierigkeit bestand darin, wieder herunterzukommen. Wir ärgerten Urlauber, indem wir ein Portemonnaie auf die Straße legten; wer es aufheben wollte, dem zogen wir es vor der Nase weg. Die Angelsehne, an der es befestigt war, war schwer zu sehen.

Heute wachsen die Kinder mit »Playstations« und »Joysticks« auf, ihre Augen sind so quadratisch wie Bildschirme. Es soll Schulen geben, in denen die Ecken gepolstert wurden, weil sich zu viele Kinder beim ungewollten Dagegenlaufen verletzt haben.

Verglichen mit ihnen bin ich ein Steinzeitmensch, der auch in Höhlen überleben könnte. Ich weiß, wie man Vögel nur mit Hölzchen und Stöckchen fängt. Laserwaffen machen mir Angst, dem Nachwuchs gefallen sie so, wie mir vor 40 Jahren selbst geschnitzte Armbrüste.

Ich war der schnellste Skiläufer in meiner Altersklasse, im Stadion lief ich 3.000 Meter in weniger als zehn Minuten. Mein Held war der kleine Muck, der nur die Sohlen seiner Schuhe hochklappen musste, dann besiegte er den schnellsten Boten des Königs.

Ich raste auf dem Roller einen Berg herunter, dass die Funken sprühten, aber Fahrrad fahren konnte ich noch nicht. Meine beiden älteren Brüder waren schon ins nächste Dorf gefahren. Sie kannten die Welt, ich sah nur meine Nasenspitze.

Dann endlich war es so weit. Der Weg, auf dem wir das Radfahren übten, hätte nicht idyllischer sein können. Fichten, Birken und Erlen spendeten Schatten, Farnkraut, Moos und Kuckucksspucke bildeten an den Wegrändern einen weichen Untergrund.

Mein zweitältester Bruder, ein Mathe-Genie, versuchte, mir die List, die für das Radfahren nötig ist, abstrakt zu erklären: »Du musst stärker und schneller sein als die Erdanziehungskraft! Bevor du zur Seite kippst, musst du nach vorn fahren.«

Weise Ratschläge, doch wenig nützliche. Mein ältester Bruder, maulfaul wie so oft, war eher der praktischen Vernunft zugeneigt; er hielt das Fahrrad fest, brummte etwas in seinen nicht vorhandenen Bart und sagte: »Du musst keine Angst haben.«

Leicht gesagt, schwer erreicht. Der Boden wackelt, der Lenker will nicht gerade bleiben, man schwankt anfangs wie ein Betrunkener, weil man nicht in der Lage ist, Bewegungen und Kräfte zu koordinieren. Einmal in Schwung, hat man das Bremsen noch nicht gelernt. Ein Überschlag droht, wenn man zu heftig bremst, das Kippen zur Seite, wenn man es zu langsam tut. Es fehlt an Selbstvertrauen und an Erfahrung. Auf den Boden soll man ja auch noch achten, auf Äste, Kuhlen und Schlaglöcher. Und wenn eine Fliege im Auge klebt, soll man blind oder weinend weiterfahren oder anhalten.

Mark Twain schrieb in seiner humoristischen Skizze *Wie man das Hochrad zähmt* (1884): »Um mich in der Fahrposition zu halten, wurden von mir ein Haufen Dinge verlangt, und jeden Augenblick war die Anforderung gegen die Natur. Gegen die Natur, aber nicht gegen die Naturgesetze.« Schließlich lernt er, dass man

»das große Rad in die Richtung lenken muss, in die man fällt«, das Gegenlenken also, das Segeln mit, nicht gegen den Wind.[4]

Doch hat man das Radfahren einmal erfühlt und verstanden, wird man es nie wieder verlernen. Sogar Affen können es, und im Zirkus hat man auch schon radelnde Elefanten gesehen.

10.

Weil (fast) jeder Radfahren lernen kann

Mir sind nur zwei Erwachsene bekannt, die nicht Rad fahren können. Der eine ist ein Contergan-Opfer, seine rechte Hand ist so klein wie die eines Babys. Der andere ist ein geschickter Handwerker mit einer Vielzahl von Talenten, er war ein Meisterdieb, kletterte auf Dächern flink wie eine Katze, versorgte Freunde mit grünem, grünem Gras Marke Eigenbau. Heute trägt er den Titel Direktor und leitet Dutzende Handwerker an. Warum kann er nicht Fahrrad fahren?

»Oh, ich habe mir nichts so sehr gewünscht wie einen dieser Roller, die alle meine Kumpels auf dem Kollwitzplatz fuhren – groß und breit, und als Clou hatte dieses Modell einen Sitz! Man konnte also antreten und sich dann bei der Fahrt hinsetzen, das war vielleicht cool … Na, und so einen Roller hab ich mir dann zum Geburtstag gewünscht. Meine Mutter würde mir einen kaufen, das wusste ich genau. Vorfreude, schönste Freude. Dann kam mein Geburtstag, und der Roller war etwas ganz anderes, als ich mir vorgestellt hatte – er war klein und eher mickrig und ohne Sitz. Dabei schön rot und glänzend lackiert. Aber, bei mir ging da nix – ich war so enttäuscht, wie man nur sein kann. Irgendwie bin ich dann aber doch los zum Kollwitzplatz. Meine Kumpels wunderten sich, und diese Verwunderung äußerte sich in einer Art Häme, die für mich völlig unerträglich war. Ich fuhr also wieder nach Hause und sagte meiner Mutter, dass ich diesen Roller nicht gebrauchen könne. Und sie sagte, dass wir uns den von mir gewünschten, teureren, nicht leisten könnten. Tja. Und somit gab sie den Roller zurück und ich hatte eben keinen. Und das Nächste, was sich alle meine Kumpels kauften, war ein Fahrrad! Aber danach fragte ich meine Mutter schon gar nicht mehr. Das verweigerte ich. Dieses ganze Thema der Fortbewegung auf zwei Rädern verschloss ich so tief in meinem Herzen, dass ich es erst Jahre später, inzwischen 16-jährig, wieder anfasste. Ich versuchte, Fahrradfahren zu lernen. Im Garten eines Freundes. 14 Tage lang. Ich habe dabei drei Fahrräder zerstört. Am Ende konnte ich halbwegs geradeaus fahren, Kurven gingen gar nicht. Kaum war ein Auto in der Nähe, stieg ich ab. Manchmal konnte ich einem Hindernis einfach nicht ausweichen, zum Beispiel einem Laternenpfahl – ich fuhr paralysiert darauf zu und dann dagegen, weil auch das Bremsen nicht immer gelang. Erst Jahre später habe ich einen Zusammenhang mit dem Roller-Erlebnis hergestellt, weil es einfach keine andere Erklärung, wie etwa Gleichgewichtsstörungen, für mein Versagen gab.«

11.

Weil man auf dem Fahrrad keinen Ballast mitnehmen kann

Auf dem Fahrrad können auch Lasten transportiert werden, zum Beispiel Teppiche, Bretter, Gasflaschen, Heu, säckeweise Fische, Tische, Schränke. Polizisten sehen das allerdings normalerweise nicht so gerne, zumal wenn das Rad dann nicht geschoben, sondern einhändig gefahren wird.

Wo das Fahrrad aus beruflichen Gründen zum Lastentransport genutzt wird, handelt es sich in der Regel um spezielle Anfertigungen. Briefträger benutzen Lastenfahrräder mit robustem Gepäckträger und verstärktem Rahmen. Extra lange Lastenfahrräder mit einer niedrigen Ladefläche zwischen Lenksäule und Vorderrad nennt man »Long John«, sie werden etwa seit 1930 in unveränderter Form hergestellt, derzeit von einer schwedischen Firma.

Doch je weiter und länger man in die Ferne radelt, desto mehr empfiehlt es sich, mit jedem Gramm zu sparen. Was braucht man wirklich, was ist unbedingt nötig?

Auch Tagesausflügler, die nur ein paar Kilometer übers Land fahren wollen, sollten unbedingt eine Luftpumpe mitnehmen, Flicken, mindestens ein Ersatzventil, alle nötigen Schlüssel für die Schrauben. Das Fahrrad wurde schließlich nicht für den Zweck gebaut, es zu schieben.

Für lange Radreisen braucht man schon etwas mehr Werkzeug: Speichenschlüssel, auch Ersatzteile wie Schläuche, Speichen und Bremszüge. Um sich nach Stürzen selbst verarzten zu können, sollte man mindestens steriles Pflaster, Binden und Wundsalbe bei sich haben, vielleicht auch ein Breitband-Antibiotikum, falls man durch Gegenden fährt, in denen es keine Apotheken gibt.

Auf längeren Radreisen sollte man keine Rucksäcke tragen, sondern das Gepäck in Seitentaschen oder auf einem ordentlichen Gepäckträger verstauen. Das ist meines Erachtens eine Selbstverständlichkeit. Wozu den Rücken belasten, wenn man beinahe schwerelos vorankommen kann? Freie Geister atmen frei!

Wer im Freien übernachten will, sollte auf Mückenspray nicht verzichten. Zum Aufbau eines Zelts im Dunkeln empfiehlt sich eine Stirnlampe, die auch zum Lesen gut geeignet ist.

Was die Kleidung angeht, so sind für längere Touren gepolsterte Hosen zu empfehlen. Der Hintern ist zweifellos das Körperteil, das beim Radfahren am meisten beansprucht wird. Und wenn er einmal wund ist, kann das den Fahrspaß ein wenig verderben. Ganz vermeiden lässt es sich nicht, dass man sich einige Hautstellen wund reibt, da hilft dann Wundsalbe oder Babycreme.

Gegen den Regen schützt Goretex-Kleidung ganz gut, sie ist leicht und trocknet im Fahrtwind. Besonders für die Nächte sind T-Shirts aus Merino-Wolle sehr angenehm. Sie trocknen schnell, die Geruchsbildung ist auch nach längerer Nutzung gering, man hat kein klammes Gefühl wie in durchgeschwitztem Baumwollstoff.

Bei langen Touren empfiehlt es sich auch, Handschuhe zu benutzen. Man schützt sich vor Blasenbildung, die Hände rutschen nicht so leicht auf den Griffen. Die Handflächen werden beim Fahren mit dem klassischen Rad doch stark beansprucht.

Die wichtigsten Hilfsmittel sind heutzutage jedoch Handy und Kreditkarte, um alles Nötige unterwegs kaufen zu können, um Hilfe rufen zu können, um Auskünfte zu bekommen.

Einschließlich Zelt, Schlafsack und Isomatte, der Kleidung für Ruhetage, Badehose und Handtuch, einem leichten Taschenmesser und den nötigsten Toilettenartikeln sollte das Gepäck, so streng geprüft, kaum mehr als zehn Kilogramm wiegen. Radfahrer, die viel mehr mitnehmen, benötigen wahrscheinlich für jede Gemüsesorte eine extra Schachtel, ein Taschenmesser mit fünf Klingen und zum Aufwachen einen Wecker.

Zuallerletzt sollte man sich fragen, auf welche Luxusgegenstände man keinesfalls verzichten möchte, wie etwa Bücher oder einen Fotoapparat. Und man wird merken, dass Verzicht wehtun kann. Man hat doch so viele Dinge in seinem Besitz, ohne die man gar nicht existieren zu können glaubt! Ohne blinkende, summende, vibrierende, pfeifende, singende Geräte vor den Augen, in den Taschen, in Griff- und Hörweite fühlen sich manche Zeitgenossen inzwischen hilflos. Und nun soll man auf eine Gabel verzichten, um Gewicht zu sparen? Doch Gramm können sich zu Tonnen summieren, wenn man ein paar Wochen Rad fährt.

In meiner Ausrüstung ist wahrscheinlich die Ukraine-Karte das wichtigste Stück. Alles andere ist ersetzbar, selbst der Pass oder die Geldkarte. Und die Russland-Karte habe ich so ziemlich im Kopf.

Bei Reisen über Ländergrenzen hinweg sollte man Kopien der Personaldokumente mitnehmen und diese getrennt von den Originalen aufbewahren.

Dann wird die große Leere einsetzen: Was, so wenig brauche ich?

Nach einer Weile wird man wahrscheinlich bemerken, dass der metaphysische Ballast, den man mit dem Verzicht auf den physischen losgeworden ist, auf keine Waage dieser Welt passt.

12.

Weil Radfahren körperlich und geistig fit hält

Wonnemonat Mai. Ein Blick auf meinen Bauch genügt, um mir zu sagen, dass ich etwas für meine Gesundheit tun sollte. Die Rückenschmerzen nach zu langem Sitzen vor dem Computer sind objektiv gesehen nicht notwendig. Die verrauchte Bude ebenfalls nicht. Meine Stimmung: Lust, mich zu betrinken, mich dem Vergessen hinzugeben. In Deutschland ist es mir einfach zu langweilig. Die Sitten sind nicht rau genug, um mich zu befremden.

Alles in mir schreit: So will ich nicht leben! Ist das Schreiben nicht auch eine entfremdete Tätigkeit, mindestens verlängerte Pubertät, wie Goethe meinte? Für wen, warum, weshalb tue ich das? Sinnfragen, die nur Krebs erzeugen können und ansonsten zu nichts nützlich sind. Selbst gewählte Dummheit tut schon weh.

Eine Woche später, nach einem raschen Ritt durch Polen, nach den ersten Tausend Kilometern auf dem Rad, bin ich ein anderer Mensch. Ein letzter Furz Richtung Westen nach Verlassen der EU, dann fühle ich mich frei und gesund.

Was ist inzwischen passiert? Vor dem Start habe ich natürlich nicht trainiert, warum auch, Radfahren kann ich ja. Ich fahre langsam los, teste das Rad und prüfe den Halt des Gepäcks. Ich lasse mich treiben, höre auf den Körper. Die letzten Berliner betrachte ich wie letzte Menschen. Die Armen – sie können nicht durch die Straßen laufen, ohne ständig zum Kaufen aufgefordert zu werden, sie sollen ihre Zukunft absichern, wird ihnen eingeredet.

Kaum habe ich nach 80 Kilometern die Oder überquert, weiß ich, dass ich das schwerste Stück schon geschafft habe. Ich habe mich überwunden und mir einige Monate Freizeit organisiert. Von jetzt an folge ich meiner Entdeckerlust. Ich singe, ich lache, pfeife und jodle. Als Radfahrer fühle ich mich rundherum vollständig. Die praktischen Fragen – Schlafplatz, Trinkwasser, Revierkämpfe mit verwilderten Hunden – lösen sich irgendwie nebenbei.

Nach einigen Tagen schlage ich mir in Gedanken gegen die Stirn. Wie konnte ich nur so blöd sein, den Winter am Schreibtisch zu verbringen? Warum tue ich überhaupt etwas anderes, als Rad zu fahren oder durch die Welt zu wandern, meinetwegen als Bettelmönch? Man muss aktiv sein und wach bleiben und jeden Tag als Geschenk betrachten.

Gleiche Glücksgefühle habe ich in Deutschland nicht. Alle paar Kilometer eine Straße oder eine Autobahn, überall ordentlich gestrichene Häuser, gepflegte Vorgärten. An jedem Weg ein Schild mit der Aufschrift: »Hier war schon jemand«, oft auch die exakte Kilometerangabe bis zur nächsten Gaststätte.

Ich brauche mehr Luft zum Atmen und will mich nicht nur räumlich, sondern auch geistig von der Kultur entfernen, in der ich die Büroarbeit verrichte. Das Radfahren soll kein geistloser Sport sein. Nebenbei eine Sprache zu lernen, ganz und gar fremde Länder zu erkunden, das kann ja nur belebend wirken. Vieles relativiert sich dann, auch vieles Kritikwürdige von zu Hause. Mit dem Fahrrad sieht man ja mehr als mit anderen Verkehrsmitteln, man hat mehr Zeit, ist nicht abhängig von anderen.

Was könnte ein Autofahrer in der gleichen Zeit erleben? Verändert er seine Persönlichkeit, wenn er Auto fährt? Statt Fernsehen zu gucken, hört er Radio. Statt in einem Zimmer vor dem Computer sitzt er nun in einem noch kleineren Raum.

Ich erinnere mich an die Erzählung einer Bekannten, die mit dem Auto in die Ukraine fuhr. Die Bauart des Autos widersprach irgendeiner Zollbestimmung. Sie musste an der polnischen Grenze eine Werkstatt suchen, wo eine Scheibe gewechselt wurde, womit dem Gesetz und dem Schwachsinn Genüge getan war. Na, das war ein Abenteuer! Besagte Bekannte musste sogar aufstehen, sich die Beine vertreten, mit dem Zöllner verhandeln, mit einem Fremden sprechen. Davon wird sie noch ihren Enkeln erzählen.

Und noch ein Erlebnis: Als sie mit einem ukrainischen Auto zurückfuhr, wurde sie in Deutschland an der Tankstelle gefragt, wo sie herkomme. UA, dieses Zeichen konnten mehrere Fragende nicht zuordnen. Uganda vielleicht? United Arabia? Etwas mit UNO? Ein Diplomatenfahrzeug wohl nicht?

13.

Weil Radfahrer den Rausch der Geschwindigkeit erleben

Es kann zweifellos Spaß machen, im Auto zu rasen, Grenzen zu testen, sich dem Wahnsinn des Zufalls hinzugeben, auch wenn man dabei sich selbst und andere gefährdet. Jeder hat andere Grenzen, jedem beginnt das Herz an einem anderen Punkt zu flattern. Meine persönliche Marke lag früher bei 200 Stundenkilometern. In scharfen Serpentinen reichen manchmal schon 50 Stundenkilometer, um sich einen »Adrenalin-Kick« zu holen. Leichtsinnig? Ach was. Im Notfall hat man ja einen Airbag, der einen (hoffentlich) schützt.

Auch mit dem Fahrrad ist hohes Tempo möglich. John Kennedy Howard, US-amerikanischer Radrennfahrer und Ironman-Weltmeister, fuhr 1985 in der Salzwüste in Utah 245 Stundenkilometer. Sein nicht minder verrückter niederländischer Kollege Fred Rompelberg steigerte zehn Jahre später auf 268,831 Stundenkilometer. Weltrekord! Schneller ist bis heute kein Mensch gefahren.

Der Weltrekord im Liegeradfahren, aufgestellt von Sam Whittingham, liegt derzeit übrigens bei 132 Stundenkilometer. Und auf der schnellsten Radrennbahn der Welt erreichte der Franzose Kévin Sireau 2009 in Moskau 75 Stundenkilometer und somit den Weltrekord über die 200-Meter-Distanz.

Auch als Laie kann man ganz ordentliche Geschwindigkeiten erreichen. Meine eigene Höchstgeschwindigkeit beträgt 63,7 Stundenkilometer. Es ging steil bergab, die Straße war glatt asphaltiert. Etwas mehr Mut, und ich hätte die 70 Stundenkilometer geschafft. Leichtsinnig, dumm, aber in diesem Moment doch schön. Es hätte ja bloß ein Huhn von der Seite heranflattern müssen, schon wäre es um mich geschehen gewesen.

Doch als Radfahrer kann man sich bereits berauscht fühlen, wenn man nur einen Hügel hinunterrollt. Wie auf dem Schlitten ist keine hohe Geschwindigkeit nötig, um den Fahrtwind als erfrischend zu empfinden.

Ich radelte südlich von Kiew von einem ukrainischen Dorf zum anderen und fragte mich, was ich eigentlich über diese Reise berichten konnte. Freunde und Bekannte erwarteten Sensationen, doch ich fuhr nur Fahrrad. Die Landschaften hier waren denen in Deutschland zum Verwechseln ähnlich. Wie erzählt man über etwas Gewöhnliches in einer interessanten Weise?

Du musst etwas leisten, flüsterte mein Über-Ich, sonst hast du gar nichts zu berichten! Also raste ich, so schnell ich konnte. Mein Fahrrad flog über Schlaglöcher hinweg, faustgroße Steine schossen zur Seite. Es war schon Abend, ich hatte schon 140 Kilometer in den Knochen. Aber ich hatte nichts Besonderes erlebt, mit keinem Menschen hatte ich geredet. Nicht einmal die Verkäuferin, bei der ich Brot und Wasser gekauft hatte, hatte etwas gesagt. Sie hatte mir stumm den Taschenrechner hingehalten, um mir den Preis zu zeigen, den ich zahlten sollte. Und das Mittagessen hatte ich in einem Selbstbedienungsrestaurant zu mir genommen.

Nach gut einer Stunde Raserei kam ich ins nächste Dorf. Weiße Lehmhütten standen neben Pappeln und Birken. Ich fuhr langsamer, ließ das Fahrrad rollen. Niemand war zu sehen, bis der Weg an einer Wiese vorbeiführte. Dort saß eine etwa 50-jährige Frau mit langen, grauen Haaren, sie hatte den Kopf in den Nacken gelegt, und ein Junge kämmte sie. Die beiden saßen in einem Kreis von Gänsen. Die Frau lächelte, als sie mich sah, überrascht war sie anscheinend nicht. Der Junge guckte gar nicht zu mir, er kämmte. Die Gänse schnatterten etwas lauter. Der Junge, so sah ich, hatte einen unnatürlich großen Kopf; einen Wasserkopf, hätte man früher bei uns im Dorf gesagt.

Ich radelte um die Wiese herum und überlegte, ob ich die beiden um Erlaubnis sie zu fotografieren bitten konnte. Das Licht war günstig, die Federn der Gänse schimmerten rötlich in der Abendsonne. Diesen Zauber muss man doch einfangen, sagte mein gieriges Ich, das auf der Suche nach Sensationen war. Dann ermahnte ich mich. Schöner als dieses Bild kann kein Foto sein. Sei dankbar und still, fahre weiter.

14.

Weil man als Radfahrer in verrückte Situationen gerät

Ich kam nach Russland, in die Stadt Elan-Kolenowski. Die Luft war staubig, Kühe grasten im Straßengraben. Eine Babuschka mit einer Gerte in der Hand prügelte die Fliegen vom Hintern einer besonders dicken Kuh. Die schiss ihr zum Dank vor die Stiefel. Zwei Männer lagen in den Sträuchern und schliefen offenbar ihren Rausch aus, einer nuckelte im Schlaf noch an einer Flasche Wodka. Aus einem hohen Turm, vielleicht von einer Zementfabrik, quoll weißer Puder.

Ich hatte schon ein Geschäft gesehen, wollte aber später einkaufen. Wasser hatte ich noch. Ein Auto überholte mich, und zwar, obwohl die Straße so breit wie eine vierspurige Autobahn war, nur mit wenigen Zentimetern Abstand. Ich hatte das Gefühl, dass der Fahrer extra so fuhr, damit er besonders viel Staub aufwirbelte. Der Staub brannte in den Augen, er schmeckte salzig und bitter. Ich sah kaum die Rücklichter des Autos. Wenn der Fahrer angehalten hätte, hätte ich ihn sicherlich beschimpft.

An der nächsten Kreuzung war ich mir nicht sicher, ob ich nach links oder nach rechts abbiegen musste, um nach Saratow, an die Wolga zu kommen. Die Karte, die ich zu Rate zog, war an dieser Stelle ungenau gezeichnet. Ich fragte einen Mann, der vor einem Lada stand.

»Nach rechts«, sagte er. Ich fuhr ein paar Hundert Meter, sah nur Eis essende Kinder und überlegte, ob ich mich auch bei ihnen noch einmal nach der Richtung erkundigen sollte. Doch ich verließ mich auf mein Gefühl und radelte, ohne es zu wissen, nach Süden, nach Rostow-na-Donu, statt weiter nach Osten.

Es war schon später Nachmittag, der Himmel wurde dunkler, am Horizont ballten sich Regenwolken. Die Straße führte die meiste Zeit bergab. Genau das hätte mich misstrauisch stimmen müssen. Nach 35 Kilometern kam ich in ein Dorf, ging ins Geschäft, kaufte Wasser. Die üblichen Fragen nach dem Woher und Wohin beantwortete ich freundlich.

Doch ein Mann sagte: »Wenn Sie nach Saratow wollen, fahren Sie falsch. Diese Straße führt nach Rostow-na-Donu.«

Nachdem wir die Karte studiert hatten, musste ich ihm recht geben. Pech gehabt, wieder zurück, diesmal die meiste Zeit bergauf. Der Lada-Fahrer hatte eine falsche Auskunft gegeben; ich begriff, dass es jener Rüpel gewesen war, der mich zuvor in eine Staubwolke eingehüllt hatte.

Der Himmel war inzwischen tintenblau, es nieselte. Kurz vor Elan-Kolenowski überholte ich einen Pferdewagen. Der Kutscher fühlte sich offenbar in seiner Ehre gekränkt, er peitschte auf die Pferde ein, um wiederum mich zu überholen. Mein Ehrgeiz war geweckt, ich hatte eine Wut im Bauch, die ich loswerden wollte. So stark der

Kutscher auch auf die Pferde einprügelte, ich blieb vor seinem Wagen und konnte anfangs den Abstand sogar noch vergrößern.

Wir rasten eine lange Allee entlang, vor den Häusern saßen ganze Familien, Kinder gafften mit offenen Mündern. Wer dieser Außerirdische war, der mit einem Helm auf dem Kopf an ihnen vorbeiraste, hätten sie wohl gern gewusst.

Inzwischen war die Straße so schmal, dass ich dem Pferdewagen gar nicht mehr hätte ausweichen können. Für die Pferde tat es mir leid, aber ich strampelte buchstäblich um mein Leben. Am nächsten Anstieg erst fuhr ich keuchend zur Seite, der Kutscher war hinter mir um eine Kurve und in einen Seitenweg geprescht, fluchend und schreiend.

Ich stand wieder an der Kreuzung, an der ich den Lada-Fahrer um Auskunft gebeten hatte. Ich war 70 Kilometer gefahren und keinen Meter vorwärts gekommen.

15.

Weil man als Radfahrer die Polizei verspotten kann

Man hat ja schon so viel Schlimmes gehört über die Polizei in fremden Ländern, besonders über die in der Ukraine und in Russland. Als Radfahrer kann ich solche Berichte nicht bestätigen. Mit der Polizei habe ich nur zwei Mal leicht irritierende Erfahrungen gemacht, aber Dutzende Male gute.

Es war auf meiner ersten Radreise an die Wolga, im Donbecken, zwischen Rostow-na-Donu und Saratow. Ich saß am Abend vor einem Geschäft, aß etwas und trank ein Bierchen. Zwei Dorfmädchen suchten das Gespräch.

Eine rief so laut, dass es bestimmt noch in der nächsten Straße zu hören war: »Ich habe Sie im Fernsehen gesehen!«

Die andere: »Ich auch! Sie sind der Radfahrer aus Deutschland!«

Zwei Tage zuvor war mir in der Bibliothek von Rostow-na-Donu ein großer Empfang bereitet worden. Dutzende Studenten, Professoren, Journalisten gaben mir die Ehre. Ich war, gelinde gesagt, schockiert über so viel freundliches Interesse an meiner Reise. Schließlich war Sommerpause, und ich hatte, als mich die Einladung erreichte, ein Kaffeekränzchen im kleinen Kreis erwartet. Hier aber surrten die Kameras, als ich den Raum betrat, und die Fragen waren von einer Qualität, dass ich fürchtete, ihnen mit meinen Antworten nicht gerecht zu werden.

Mit den Mädchen plauderte ich weiter, fragte, was sie läsen, wie sie die Ferien verbrächten.

Einige Meter entfernt hielt ein Jeep der Miliz. Ein Offizier stieg aus, beobachtete mich, er entsprach ganz dem Klischee eines Sozialschmarotzers, eines Diebes und Gauners – fetter Bauch, fiese Schnauze, offenes Hemd, goldene Kette über der behaarten Brust. Die Hände in den Hüften, mit breiten Beinen, so pflanzte er sich vor mir in den Staub.

»Ihre Dokumente!«

Ich reichte ihm brav meinen Pass mit der polizeilichen Registrierung. Da ich wusste, dass er wusste, dass meine Papiere den Vorschriften entsprachen, konnte ich frei heraus lachen, als er meinte, ich müsse mich auch hier im Dorf, also bei ihm, anmelden.

Er gab mir den Pass zurück, zog murrend von dannen, beratschlagte sich mit den Kollegen, kam zurück, wollte wieder meinen Pass sehen.

Ich zögerte.

»Warum?«, fragte ich. »Sie haben ihn doch schon geprüft.«

Etwas sei vielleicht doch nicht in Ordnung, meinte er.

»Diese Mädchen hier kennen mich besser als Sie«, sagte ich. »Gucken Sie kein Fernsehen, lesen Sie keine Zeitungen? Dann wüssten Sie, wer ich bin.«

»Ich muss arbeiten«, sagte er.

Ich verkniff mir einen Kommentar, gab ihm den Pass, trank weiter mein Bier, unterdrückte einen Rülpser.

Jetzt war ihm das Bier aufgefallen. Laut Gesetz soll es in Russland wohl verboten sein, Alkohol auf der Straße zu trinken. Gemeint ist: auf öffentlichen Plätzen.

»Sie dürfen hier kein Bier trinken«, sagte er.

Ich trank aus der Flasche und sagte: »Aha.«

Er wollte Geld haben, ganz klar. Ich war nicht bereit, ihm welches zu geben, ebenso klar.

»Was interessiert Sie noch?«, fragte ich.

Er gab mir den Pass zurück und sagte, um nicht mit eingezogenem Schwanz abzuziehen: »Sie dürfen hier nicht trinken.«

»Aha«, sagte ich wieder.

Und das war es. Er suchte woanders nach einem Opfer.

Das zweite nicht so schöne Treffen mit der Staatsmacht hatte ich in der Ukraine. Wieder saß ich vor einem Geschäft, wieder trank ich mein Abendbier, wieder wollte ein Übereifriger mich belehren und vom Trinken abhalten.

»Sie dürfen auf der Straße nicht trinken. Sie kennen wohl unsere Gesetze nicht?«

Er sprach ukrainisch, ich antwortete russisch.

»Wo ist hier die Straße?«, fragte ich.

Die Straße war einen Steinwurf entfernt. Neben den meisten Dorfgeschäften stehen Bierbuden oder Stehtische, da darf man trinken.

»Alle zehn Minuten kommt ein Betrunkener vorbei, und Sie wollen das Trinken verbieten«, maulte ich.

Ich fand es nicht nötig, aufzustehen, was ihn bestimmt auch ärgerte.

»Sie sind in der Ukraine auf Durchreise«, sagte er. »Sie müssen unsere Gesetze kennen.«

Wieder auf Ukrainisch.

»Ich bin nicht auf der Durchreise«, sagte ich. »Denn dann dürfte ich nur drei Tage im Land bleiben. Sie kennen offenbar Ihre Gesetze nicht.«

Er antwortete etwas, was ich nicht verstand.

»Könnten Sie vielleicht russisch sprechen?«, fragte ich. »Ukrainisch verstehe ich nicht so gut.«

»Russisch kann ich nicht«, sagte er.

»Dann ist es besser, wenn wir schweigen«, sagte ich. »Dann haben wir eine gemeinsame Sprache.«

Jetzt hätte er mir wohl am liebsten eine geknallt.

»Wissen Sie eigentlich, dass ich mit einigen Ihrer Kollegen befreundet bin? Sie werden lachen, aber ich bin Ehrenmitglied der ukrainischen Miliz.«

Jetzt glaubte er wohl wirklich, ich sei betrunken. Aber ich sagte die reine Wahrheit. Im Jahr zuvor hatten mir befreundete Milizionäre eine echte ukrainische Offiziersmütze geschenkt und mich zu einem der Ihren erklärt.

»Was wollen Sie machen, wenn ich weiterhin trinke?«, fragte ich. Wieder auf Russisch. »Wird es eine Gefängnisstrafe geben? Wollen Sie ein Protokoll aufnehmen? Ich bin Journalist, ich würde gern mal eine Reportage über ein ukrainisches Gefängnis schreiben.«

Aus dem Geschäft heraus rief die Verkäuferin: »Lassen Sie den Touristen doch zufrieden.«

Der Mann sah nun endlich ein, dass er an mir keine Freude haben würde. Er kaufte sein Feierabendbier und fuhr nach Hause.

Alle anderen Begegnungen mit der Polizei – ich hörte nur freundliche Zurufe, hatte interessante Gespräche, erhielt Geschenke, wurde eingeladen. Besonders schön war folgendes Erlebnis.

Ich kam von der Wolga zurück, radelte auf die nächste ukrainische Siedlung zu, freute mich auf ein geruhsames Mittagessen in Blysnjuky südöstlich von Charkiw. Die ersten Häuser waren schon zu sehen, da merkte ich, dass aus dem vorderen Reifen die Luft entwich. Bis zur ersten Tankstelle kam ich noch, dort legte ich das

Gepäck ab, holte das Werkzeug raus, wollte den Schlauch flicken. Ein Mann näherte sich, sah sich meine Bemühungen an und kam zu der richtigen Erkenntnis, dass nicht mehr viel zu flicken war, da auch der Reifen an den Seiten längst gerissen war.

Der Mann bot mir an, mich zum nächsten Geschäft zu fahren, wo man auch Fahrradmäntel und -schläuche kaufen könne. Ich nahm sein Angebot an. Er bat einen der Tankstellenwärter, auf mein Fahrrad und auf mein Gepäck aufzupassen. Ich nahm nur die Lenkertasche mit den wichtigsten Dingen mit. So fragte er mich, wo ich herkäme, welche Erlebnisse ich hatte etc. Zwischendurch, so hörte ich, rief er eine Journalistin an. Und dann verriet er auch seinen Beruf – Leutnant der Miliz. Nach dem Einkauf erwartete uns die Journalistin. Während sie mich interviewte, reparierte mein neuer Freund Jura mein Fahrrad. Anschließend lud ich ihn zum Mittagessen ein, er lud im Gegenzug Freunde ein, wir fuhren in die Steppe, badeten im See, machten ein Feuer, brieten Schaschlik, erzählten Anekdoten, genossen den Wodka.

16.

Weil für Radfahrer die Unschuldsvermutung gilt

Wer auf dem Fahrrad fährt, der ist leicht erkennbar, im Gegensatz zum Autofahrer, dessen Gesicht hinter – womöglich verdunkelten – Scheiben oft nur schemenhaft zu sehen ist. Radfahrer streben ins Offene, sie haben nichts zu verbergen und bestehen im öffentlichen Straßenverkehr nicht auf dem Schutz einer Privatsphäre. Man wird als Radfahrer als ungefährlich eingeschätzt, es gilt die Unschuldsvermutung.

Aus diesen Gründen eignet sich das Fahrrad hervorragend als Schmuggel- und Fluchtfahrzeug. Während an Grenzübergängen die Autofahrer einem Generalverdacht unterliegen und die Zöllner über eine Unmenge Erfahrung darin verfügen, ihnen Zeichen von Nervosität anzumerken und verdächtige Muster zu erkennen, sind Radfahrer an Staatsgrenzen so selten, dass sie eher als Kuriosum wahrgenommen werden und die Zöllner dankbar für die Abwechslung sind. Meistens muss man nur die Fragen, ob man Schmuggelgut bei sich habe, Waffen, Sprengstoff oder Drogen mit sich führe, verneinen, schon wird man durchgewunken.

Als Fluchtfahrzeug eignet sich das Fahrrad besonders gut innerhalb von Städten, weil man mit ihm an Staus vorbei und querfeldein fahren kann, durch Parks und über Wiesen, wo sich Autofahrer besonders verdächtig machen würden.

Hier soll natürlich nicht zu Straftaten aufgerufen werden. Auch soll das Fahrrad nicht als Fluchtfahrzeug *empfohlen* werden, vor allem nicht bei Verfolgung durch die Polizei.

Die Menschen allerdings, die das Pech haben, im Freistaat Bayern zu leben, sollten bei Polizeikontrollen beten. In Bayern herrschen offenbar beinahe russische Verhältnisse, allein im Jahre 2011 wurden im Freistaat 279 Ermittlungsverfahren wegen Körperverletzung im Amt durchgeführt, aber es kam nur zu einer Verurteilung durch die Justiz, die den Korpsgeist der Polizei unterstützt. In einer *Spiegel-TV*-Reportage schildert zum Beispiel ein etwa 50-jähriger Radfahrer, wie er von bayrischen Polizisten ohne Vorwarnung oder auch nur die Aufforderung anzuhalten, zu Boden gerissen wurde, wobei er mit dem Kopf auf den Boden knallte, wie ihm die Arme verdreht wurden, der Polizist ihm das Knie auf den Kopf presste. Eine Zeugin bestätigte die Schilderung: »Sie falteten ihn zusammen wie ein Stück Vieh.«[5]

Das Vergehen des Mannes: Er war trotz roter Ampel über eine Straße gefahren, doch als er die Polizisten sah, umgekehrt. Die Polizisten behaupteten im Protokoll, der Mann sei vom Rad gefallen. Im Gerichtsprozess sagten sie schließlich, er sei gegen einen Laternenmast gefahren.

3. ETAPPE

Das Rad als solches

17.

Weil man Fahrräder noch selbst reparieren kann

Welcher Junge hat nicht gern am eigenen Fahrrad herumgeschraubt? Da musste eine Glühlampe ausgewechselt, die Spannung der Kette und die Höhe des Sattels korrigiert werden, das Fahrrad wollte gereinigt, die Kette geschmiert oder geölt werden. Das Schutzblech war locker, der Gepäckträger wackelte oder war gar gebrochen.

Der Klassiker: das Flicken der Schläuche. Fast jeder hat wohl schon erlebt, dass der Schlauch leicht einklemmen kann oder geknickt wird und ein neues Loch hineinreißt, gerade im letzten Moment, wenn man den Mantel schon fast auf die Felge gezogen hat.

Ein gesondertes Problem: das Licht. Gerade in der Stadt empfiehlt es sich, ausnahmsweise mal die Vorschriften des Gesetzgebers einzuhalten. Vor allem die Beleuchtung hinten ist enorm wichtig; für Autofahrer kann es wirklich schwierig sein, Radfahrer im Dunkeln zu erkennen.

Jemand wie ich, der zwei unterschiedliche ökonomische Systeme kennengelernt hat, wird sich immer wieder fragen, weshalb es heute, da viel raffiniertere Technik als noch vor 25 Jahren zur Verfügung steht, schwierig sein soll, ein Fahrrad mit zuverlässigem Licht zu versehen. Da brennen Birnen durch, und Drähte, die ein paar Tage zuvor in der Werkstatt gelötet wurden, reißen.

Man muss schon 100 Euro investieren, um auf dem Fahrrad in der Nacht gut sehen zu können. Das sogenannte Halogenlicht ist ja sehr effektiv, mit manchen Lampen kann man in der Dunkelheit 50 Meter weit sehen.

Wenn ich zwischen Berlin und Saratow im Dunkeln fahre, dann immer mit zwei reflektierenden Leuchtstreifen auf dem Gepäck und zweien um die Waden gewickelt. Ich setze mir außerdem noch eine Stirnlampe auf, die ich nach Bedarf einschalte.

Hinten sollte mindestens ein Katzenauge das Licht der Autos reflektieren, außerdem eine eigene Lichtquelle für rotes Licht sorgen.

Wieder der Seitenblick zum Autofahrer. Was kann er an einem modernen Auto reparieren? Er ist von der Ehrlichkeit der Monteure abhängig, von den Vorschriften der Autokonzerne beziehungsweise des Gesetzgebers. Die Elektronik des Autos versteht er sowieso nicht. Und das Zusammenspiel von Elektronik und Mechanik auch nicht. Will der Fahrer etwas an seinem Auto ändern, so bleiben ihm nur wenige Möglichkeiten. Selbst eine neue Farbe muss er sich schriftlich bestätigen lassen.

18.

Weil jedes Fahrrad unverwechselbar ist

In der Fabrik mögen alle Fahrräder einer Serie noch gleich aussehen, auch im Geschäft noch. Nach und nach aber nimmt das Rad eine Individualität an; je älter es wird, desto mehr. Da sind Kratzer auf dem Lack, weil ein Fahrrad ja auch mal umfällt, da rosten Schrauben und reißen Sattelpolster, weil man zu faul war, das Rad bei Regen in den Keller zu stellen. Schutzbleche brechen, werden ausgetauscht, Lenker werden mit Griffband umwickelt. Und nach einiger Zeit, wenn es nicht geklaut wurde, »wächst einem das Fahrrad ans Herz«.

Selbst in einer Stadt wie Berlin sieht man fast nie zwei Fahrräder gleichen Typs, gleicher Farbe, ausgenommen die Miträder der Deutschen Bahn. Rennräder und Mountainbikes fahren neben Tandems, Oldtimer aus der Weimarer Republik oder aus DDR-Zeiten neben Liegerädern. Die Hersteller überbieten sich mit neuen Kreationen. Jede Saison gibt es etwas Neues, weil man den Kunden stets etwas Besonderes und Unverwechselbares bieten möchte. Das Rad kann zwar nicht neu erfunden werden, aber die neuen Materialien, die für die Erforschung des Kosmos produziert wurden, wollen auch auf der Erde benutzt werden.

Das erste Fahrrad, mit dem ich an die Wolga fuhr, hieß Cabriolet. Ein sprechender Name, zweifellos, doch kein sonderlich origineller, denn ein Dach über dem Kopf hatte ich nicht erwartet. Es war schon mehrere Jahre alt, ich hatte es gebraucht gekauft. Ich konnte es mit einem Finger lenken, es war nicht widerspenstig, verlangte keine besondere Aufmerksamkeit, hatte einen gutmütigen Charakter.

Es Cabriolet zu nennen, kam mir aber nicht in den Sinn. Es wäre opportunistisch gewesen, den Taufnamen des Herstellers zu akzeptieren.

Dann fuhr ich auf ihm durch ukrainische und russische Dörfer. Viele Leute staunten, klatschten, jubelten. Ein Deutscher, der sich körperlich anstrengte, um zu ihnen zu kommen? »Ein Tourist aus Berlin! Europa hat uns entdeckt!«, rief man mir mehrmals zu.

Es war, als würde ich auf einem Elefanten reiten. Aber auf einem blauen Elefanten, über den man lachen kann, einem angeheiterten und berauschten, dessen Hautfarbe ein Scherz der Natur ist.

Der erste blaue Elefant hatte einige Nachteile. Zunächst einmal schmale Reifen, was auf feuchten Wald- und verschlammten Feldwegen natürlich zu einigen heiklen Momenten führte. Doch ich hatte ja vorher nicht gewusst, in welchem Gelände ich fahren würde.

Mein schlimmster Fehler war, mit einem breiten, weichen Kunststoffsattel zu fahren. Diesen Sattel hatte ich jahrelang benutzt, aber fast nur innerhalb von Berlin. Nur einmal hatte ich eine Probefahrt über 70 Kilometer ins Berliner Umland unternommen.

Der Sattel war also aus Kunststoff und weich gepolstert, was eine zusätzliche Dummheit ist. Der weiche Untergrund verleiht keinen Halt, er bleibt nicht in der Form, die dem Hintern angemessen ist. Man muss ihn jedes Mal wieder neu formen, er reibt auf der Haut.

Deshalb ein dringender Rat an alle, die anspruchsvollere Touren planen: unbedingt einen harten, schmalen Sattel benutzen, möglichst einen aus Leder. Empfehlen kann ich die altehrwürdige Firma Brooks. Deren Sattel sehen nicht nur schön aus, sie bleiben sich auch treu, das heißt in der Form, in die der Hintern sie gepresst hat.

Die Firma Brooks wurde 1866 in England gegründet, sie fertigte Pferdesättel an. John Brooks konnte sich nach dem Tod seines Pferdes kein neues leisten und borgte sich deshalb ein Fahrrad, um zur Arbeit zu fahren. Der Holzsattel war so unbequem, dass Brooks beschloss, eine bequemeren zu entwerfen. 1886 meldete er dann sein erstes Patent auf einen Sattel an.

Als der Autor Robert Penn, der alle Kontinente mit dem Fahrrad durchquert hat, die Firma Brooks in Birmingham besucht, sagt ihm ein Mitarbeiter: »Stellen Sie sich einen Brooks-Sattel wie ein Paar Lederschuhe vor. Sie sind unbequem, wenn man sie zuerst anzieht. Sie drücken hier ein bisschen und zwicken da ein wenig. Aber nach einer Weile werden sie wunderbar passen und die bequemsten Schuhe sein, die Sie 20 Jahre lang tragen. Ich sage immer: Biker nehmen Plastik, Radler wählen Leder.«[6]

Nach sechs Jahren und mehr als 30.000 Kilometern mit einem einzigen Brooks-Sattel kann ich sagen: Er ist das Abbild meines Hinterns und hat nirgendwo Risse. Besser kann ein Sattel wahrscheinlich nicht sein.

Das Produkt verbessert sich mit dem Gebrauch, bemerkt Robert Penn. »Wir leben in einem dystopischen Zeitalter, wo beinahe alles, was wir kaufen, in dem Augenblick zu verfallen beginnt, wo wir es aus der Verpackung nehmen. Ein Brooks-Sattel mit seiner legendären Lebensdauer könnte eines der ersten Produkte einer utopischen Wirtschaft werden.«

19.

Weil Fahrräder so alt wie Galapagos-Schildkröten werden können

Einer meiner Freunde fährt oft mit einem 50 bis 60 Jahre alten MIFA-Rad durch Berlin, zu wechselnden Arbeitsorten. Die Vorzüge des alten Fahrrads sieht er in der Form. Auf keinem anderen Rad habe er jemals so bequem sitzen können. Dass dieses aus DDR-Zeiten stammende Exemplar ziemlich schwer ist, stört ihn nicht. Fast ist der Freund versucht, dem Fahrrad Charakter und Persönlichkeit anzudichten. Er weiß, aus welchem Material der Rahmen ist – aus Stahl –, er weiß, dass dieser nur schonend geschweißt werden darf. Er achtet darauf, dass in der Werkstatt das Felgengummi mit Talkum, die Kette mit Öl (oder Wachs) eingeschmiert, die Speichen festgezogen werden, das Licht funktioniert. Das Fahrrad ermöglicht ihm überhaupt erst die Teilnahme am Arbeitsleben, denn er hat eine Öffentliche-Verkehrsmittel-Phobie, er findet einerseits das Streckennetz in Berlin zu verwirrend, andererseits nervt ihn die viele Werbung in den S-Bahn-Zügen.

Gut gepflegt kann ein Fahrrad sehr alt werden, zumal einige Teile ausgetauscht werden können, etwa die Pedale, die Schutzbleche, der Sattel. Solange der Rahmen, der Lenker und die Lenkergabel Originale sind, bleibt etwas von seinem ursprünglichen Wesen erhalten, es lebt noch und kann auf ein Geburtsdatum verweisen. Manchmal wird ein Fahrrad innerhalb einer Familie von Generation zu Generation weitergereicht. Und wenn es nicht innerhalb der Familie bleibt, so hat es bei anderen Liebhabern überlebt, wurde auf Flohmärkten gehandelt, verschenkt oder vererbt. Es dürfte wenige Geräte oder Gegenstände geben, deren Gebrauch so demokratisch und zeitlos möglich ist.

Während Computer eine durchschnittliche Lebensdauer von wenigen Jahren haben und Autos im ständigen Gebrauch selten mehr als 25 Jahre alt werden, können Fahrräder so alt wie Galapagos-Riesenschildkröten werden, also 100 bis 150 Jahre. Wer's nicht glaubt, dem stelle ich gern einen Hochradfahrer vor, der auf seinem Gefährt aus dem 19. Jahrhundert zur Arbeit fährt, natürlich standesgemäß gekleidet mit Frack, Zylinder und Lackschuhen, um sich von dem gemeinen Volk zu unterscheiden. Selbst die Polizisten zeigen bei solch einem theatralischen Auftritt Verständnis dafür, dass sein Bremsweg etwas länger ist, und pfeifen ihm manchmal die Kreuzung frei.

Ein Fahrrad aus der Stalinzeit, das ich auf einem ukrainischen Provinzbahnhof sah, in Losowa, gefiel mir so gut, dass ich es fast gegen meinen blauen Elefanten getauscht hätte. Der Besitzer, ein junger Familienvater, wäre auf den Tausch eingegangen. Die Farbe seines musealen Gefährts, ein blasses Grün, wirkte verblüffend transparent, wie ein Versprechen. Die Form applaudierte dieser Botschaft. Mir schien es, als hätte der Konstrukteur ein Seidentuch auf ein Blatt Papier fallen lassen, die Linien des Tuches nachgezeichnet und so die ideale Form für ein schönes Fahrrad gefunden. Die Schweißnähte waren gleichmäßig gezogen, keine grobe Hand hatte die Übergänge zwischen den Rohren verunstaltet.

Seltsamerweise schien das Fahrrad noch die Originalfarbe zu tragen. Das schien mir das größte Wunder. Die vorrevolutionäre russisch-ukrainische Fahrradindustrie war stark von der deutschen und französischen beeinflusst gewesen, vielleicht hatten die sowjetischen Ingenieure Zeichnungen aus dieser Zeit benutzt. Oder ein kleiner Fabrikant hatte in der Planwirtschaft überleben können.

20.

Weil man Fahrräder so leicht pflegen kann

Viele Fahrräder brauchen pro Saison nur einige Tropfen Öl, um jahrelang gut zu funktionieren. Wenn sie im Winter ordentlich aufgehängt werden, damit die Reifen geschont werden und die Speichen sich nicht verziehen, und wenn sie nicht allzu oft dem Regen ausgesetzt werden, genügt es oft, die Pedale und die Kette einzufetten. Ob nun mit Spray, Öl oder Wachs, ob aus der Dose oder aus der Flasche, das möge jeder ausprobieren, abhängig von der Landschaft und von der Jahreszeit.

Manche Hersteller und Fachhändler behaupten, Wachs und Öl wirkten unterschiedlich. An einer gewachsten Kette sollen Staub und Dreck schwerer haften als an einer geölten. Eine gewagte Behauptung, wie ich finde. Im Übrigen ist nach einem heftigen Regenguss von dem einen wie von dem anderen oft nur noch wenig zu sehen.

Der schlimmste Dreck, der einem das Radfahren vermiesen kann, ist nasser Lehm. Er setzt sich unter den Bremsbacken fest, so man keine Scheibenbremse hat, er klebt im Profil der Reifen und kann sie um etliche Zentimeter erweitern, er hängt in Klumpen an der Fahrradkette, und dann trocknet er auch noch schnell an der Luft und wird steinhart.

Eines der wenigen Male, da ich auf meinen Touren an die Wolga beinahe geheult habe, war auf einem nassen, lehmigen Feldweg in Russland. Wie oben beschrieben – nach jedem groben Säubern der Kette, der Bremsbeläge und der Reifen dauerte es nur wenige Meter, bis wieder Batzen Lehm am Fahrrad hingen. Das Fahren war unmöglich, das Schieben eine Quälerei.

Zu allem Hohn schien auch noch die Sonne, kein Wölkchen schwebte am Himmel, aber unter mir dampfte der Boden und der Lehm schlug Blasen. An einigen Stellen gelang es mir, mich mit beiden Beinen abzustützen und auf dem Fahrrad einen Hügel herunterzurutschen. Aber selbst an kleinen Anstiegen rutschte ich auch wieder zurück.

Der Weg zog sich einige Kilometer zwischen Maisfeldern hin, ich konnte auch nicht zur Seite ausweichen. Als ich dann endlich trockenen Boden erreichte, floss dort gleich auch ein Bach, als sei mein heftigster Wunsch von einer höheren Macht erhört worden.

Ich zog mich aus, setzte mich ins kalte Wasser und redete mich den ganzen Abend lang als Held an.

Natürlich musste die Kette nach dieser Aktion wieder neu gewachst werden, nachdem ich das Gepäck abgeschnallt und das Fahrrad ebenfalls im Bach gewaschen hatte.

Nach meiner Erfahrung muss die Kette bei trockenem Wetter etwa alle 1.000 bis 1.500 Kilometer neu geschmiert werden. Bei häufigem Regen aber alle zwei Tage.

21.

Weil der Besuch im Fahrradgeschäft ein emotionales Erlebnis ist

Für die zweite Tour de Wolga musste ich mir also ein neues Fahrrad kaufen. Diesmal konnte ich schon besser einschätzen, welche Eigenschaften es für solch eine lange Strecke haben sollte. Das Allerwichtigste: eine zuverlässige Beleuchtung. Denn auf der ersten Tour war ich in dieser Hinsicht etwas leichtsinnig gewesen. Einzelheiten erwähne ich hier lieber nicht.

Außerdem wollte ich Klickpedale ausprobieren. Ein befreundeter Radfahrer hatte von ihnen geschwärmt. Man spare Kraft, die Muskeln wüchsen organischer, weil man nicht nur beim Treten Kraft auf die Pedale übertrage, sondern auch beim Ziehen des Fußes. Ich war anfangs skeptisch. Ich will doch keine Kraft sparen, sondern welche bekommen, dachte ich. Man kann sich zunächst gar nicht vorstellen, dass man auf dem Klickpedal Halt finden kann. Schließlich sind sie schmaler und kürzer als herkömmliche Pedale. Unter die Schuhe, die man dafür braucht, sind metallene Dreiecke in den Sohlen verschraubt, die in die Pedale mit einer seitlichen Drehung des Fußes »eingeklickt« werden. Man kennt die Klick-Technik auch vom Skisport.

Nach mehr als 30.000 mit Klickpedalen gefahrenen Kilometern kann ich die genannten Vorteile bestätigen. Man setzt seine Kraft besser ein, weil man nicht das seitliche Abrutschen des Fußes verhindern muss. Insbesondere bei Regen ist das ein Vorzug.

Es gibt jedoch noch einen Vorteil, den ich bald entdeckte. Klickpedale schützen das Fahrrad vor Diebstahl. Es erfordert nämlich einige Übung, mit diesem Rad zu fahren, zumal wahrscheinlich kaum ein Dieb die passenden Schuhe trägt. Manche Menschen fragen sich beim Anblick dieser Pedale, wie dieses Fahrrad überhaupt fortbewegt wird, ob etwa in der Hinterachse ein Motor versteckt ist. Die einzuhakenden Formen unter den Schuhen können sie ja nicht sehen. Das Klickpedal wirkt albern und kindisch, man sieht ihm seine Qualitäten nicht an.

Vorsicht jedoch beim Gebrauch in der Stadt! Wnimanije! Wnimanije! Wenn man erst ins Rutschen kommt, kann die Sekunde fehlen, die man braucht, um Pedal und Fuß voneinander zu lösen – mit einer leichten Drehung der Ferse nach außen. Mit festgeklemmten Füßen sollte man nicht über Straßenbahnschienen oder Bordsteinkanten fahren, und in Berlin nicht an den schrecklichen spitzen Eisengittern vorbei, die wenige Zentimeter über dem Boden das Laub vom Gebüsch trennen und die Fläche für die Hundescheiße markieren.

Mein neues Fahrrad sollte außerdem breite Reifen haben, um besser durchs Gelände und auf weichem Boden fahren zu können. Es sollte für Querfeldein-Fahrten geeignet sein, aber dennoch gut auf der Straße liegen. Der Lenker sollte nicht mehr gerade sein, sondern ich wollte einen Renn- oder Bügellenker ausprobieren, einen geschwungenen also, auf dem man die Position der Hände verändern kann, den man tiefer oder höher, außen oder innen greifen kann.

Man sollte sich beim Kauf vom Fachhändler garantieren lassen, dass der Lenker anerkannte Stabilitätstests bestanden hat. Mindestens mündlich. Pfusch am Lenker kann tödliche Folgen haben! Das Brechen eines Lenkers ist ein Albtraum. Mir ist es einmal in Berlin passiert, glücklicherweise bei geringer Geschwindigkeit. Ein Auto vor mir bremste, ich träumte, prallte mit der Brust auf den Lenker, mit dem Kinn auf die Kofferhaube, hörte es krachen, lag auf der Straße und hielt beide Teile des Lenkers noch in den Händen. Ich war nicht schneller als 20 Stundenkilometer gefahren. Doch das reichte, um mir einen mächtigen Schreck einzujagen und froh zu sein, dass nicht mehr passiert war. Seitdem erkundige ich mich beim Kauf eines Fahrrads nach der Qualität des Lenkers, auch wenn das humorlos erscheinen mag.

In Berliner Fahrradgeschäften können mir wenigstens keine sprachlichen Fehler unterlaufen wie in der Ukraine. Ich hatte meine Luftpumpe verloren. »Luftpumpe« heißt auf Russisch »nasos«. In einem Geschäft, in dem Gartengeräte, Werkzeug, Tapeten und auch Fahrräder angeboten wurden, bat ich die Verkäuferin also um eine Luftpumpe. Doch statt »nasos« sagte ich »sasos«. »Na« und »sa« sind im Russischen Vorsilben, die das Gleiche bedeuten können. »Na-sdorowije«, »sa-sdorowije«, »auf« oder »für die Gesundheit«, beide Trinksprüche sind gebräuchlich. Doch »sasos« heißt »Knutschfleck«.

Die Verkäuferin kicherte in ihre Hand. Ich wiederholte meine Bitte: »Geben Sie mir bitte einen Knutschfleck.« Ich zeigte mit der linken Hand, wie man eine Luftpumpe hält, und mit der rechten, wie man Luft aufpumpt. Dass diese Geste auch sexuell verstanden werden kann, war mir in diesem Moment nicht bewusst.

Sie rief ihren Chef.

»Sie haben Fahrräder«, sagte ich. »Vielleicht haben Sie auch einen Knutschfleck?«

Er lachte.

»Sie wollen eine Luftpumpe?«, fragte die Verkäuferin. »Wam nado nasos, ne sasos?«

»Da, nasos.«

Dummer Ausländer. Eine interessante Erfahrung, in Fallen zu tappen, über die einheimische Kinder mit Leichtigkeit hinwegspringen.

Den Verkäufer in Berlin fragte ich zunächst, welche Fahrradmäntel er mir empfehlen könne. Mäntel reißen nach langer Belastung zuerst an den Seiten, noch bevor das Profil durchgefahren ist. Sehr wichtig ist also die seitliche Festigkeit, die Qualität des Drahtgeflechts im Innern des Gummis. Außerdem sollte der Mantel gute Haftungseigenschaften haben, er darf nicht flattern.

Der Verkäufer in einem Berliner Fachgeschäft empfahl mir Reifen von der Firma Continental. Mit dieser Marke habe er schon vor 25 Jahren gute Erfahrungen gemacht. Er sei damals Radrennen gefahren.

»Dann kommen Sie also aus dem Westen?«, fragte ich.

»Nein«, sagte er. Er sei DDR-Meister gewesen, habe auch an Rennen im Baltikum und in der Sowjetunion teilgenommen. Man sei mit Material aus dem Westen ausgerüstet worden, die Technik des Feindes war besser.

Sieh da, sieh da, unsere privilegierten Staatssportler.

Ein Profi also. Nachdem die Reifenfrage geklärt war – aufs Geld darf man da nicht gucken –, empfahl er mir ein Gefährt namens Ideal. Der Name passte natürlich, besser als Cabriolet. Auch gefiel mir die Form des Rahmens mit der schrägen Stange zwischen Sattel und Gabel. Außerdem hatte es Stoßdämpfer, eine Federgabel. Ich dachte an die Abfahrten, an Situationen, in denen ich plötzlich bremsen musste. Dass eine Federgabel dabei größere Sicherheit gewährleistete, leuchtete mir ein.

Und noch ein Argument lockte: Der Dynamo war in der Nabe des Vorderrads versteckt und bestimmt zuverlässiger als Dynamos mit Antriebsrädchen, die außen an den Reifen gedrückt werden.

Es gab nur ein Gegenargument: Das Fahrrad sah angeberisch aus, weil alle halbwegs freien Stellen mit silbernen Reklameschriften beklebt waren. IDEAL prangte auf beiden Seiten der Stange und noch allerlei Schnickschnack-Botschaften.

Doch wozu gibt es Farbe? Der neumodische Quatsch wird abgerissen und mit grüner Farbe überstrichen, dachte ich mir. Mein Fahrrad soll alt und billig aussehen, ich will der Diebstahl-Gefahr vorbeugen und abends unauffällig im Wald verschwinden können.

Nach einer Probefahrt fiel die Entscheidung nicht schwer. Das war ein optimistisches Fahrrad, eines, mit dem ich angreifen und offensiv fahren konnte, unabhängig vom Gelände.

Zu Hause bemerkte ich, dass ich statt der grünen blaue Farbe gekauft hatte. Ich deutete dies als Zeichen. Der blaue Elefant will eben blau sein, nicht grün!

22.

Weil man als Radfahrer mit Helm lustig aussieht

Vor meiner ersten Reise an die Wolga hatte ich nie einen Helm getragen. Wie oft stürzt man so unglücklich, dass der Kopf gefährdet ist? Als mein Lenker brach, hätte ein Helm auch nicht geholfen.

»Fußgänger sind nach zurückgelegten Kilometern mit 45 Todesfällen pro einer Milliarde km gefährdeter als Fahrradfahrer (34), wobei Gehen […] nie als sonderlich gefährlich bezeichnet worden [ist]«, konstatieren britische und australische Wissenschaftler.[7]

Alle 30 Millionen geradelten Kilometer stirbt also ein Radfahrer. Soll ich mich deshalb wirklich wie ein Supersportler kleiden? Sieht man unter dem Helm nicht ein wenig vertrottelt aus? Und die Haare kleben, und der Kinnriemen drückt.

Ich fragte einen Freund, einen überzeugten Helmträger. Mein Argument: »In der Ukraine und in Russland benutzt kein Radfahrer einen Helm. Man wird mich sofort als Ausländer erkennen.«

Seine Antwort: »Dort benutzt auch niemand Kondome.«

Was sicherlich nicht stimmt, aber nehmen wir einmal an, es sei so. Ich konnte mich auch nach dieser Antwort nicht entscheiden und fuhr zunächst einmal helmlos los.

In Lublin aber, kurz vor Verlassen der EU, beschloss ich, einen Helm zu kaufen, auch, weil es kalt war und regnete. Es kann ja nicht schaden, dachte ich mir. Wegschmeißen kann ich ihn immer noch.

In der Ukraine bemerkte ich, dass es die richtige Entscheidung gewesen war. Nicht, weil die Autofahrer rüpelhafter fuhren als in Polen, sondern weil das exotische Kleidungsstück jedem zeigte: »Dieser verrückte Radler muss von weither kommen. Ein Fremder! Wie kann man mit ihm ins Gespräch kommen? Am leichtesten, indem man ihm Hilfe anbietet. Er sieht zwar albern aus, wie er mit seinem Helm auf dem Kopf durch Sonnenblumenfelder und durch unsere friedlichen Städte fährt, aber er zeigt damit auch, dass man an seine Sicherheit und an die Zukunft denken kann. Bravo!«

Seitdem benutze ich das gute Teil immer auf meinen Fernreisen. In Berlin jedoch sehr selten, obwohl dort das Radfahren wahrscheinlich gefährlicher ist als auf einer ukrainischen Landstraße.

Bei Erlebnissen wie diesem hilft der Helm bestimmt:

Sonniger ukrainischer Morgen, ich radle durch einen Mischwald. Da steht ein Schild am Straßenrand, auf dem behauptet wird, dass hier BERLIN beginnt. Schwarze kyrillische Großbuchstaben auf weißem Untergrund, russische, keine ukrainischen. Ein Scherz, denke ich. Zwischen Wiesen und Äckern soll die deutsche Hauptstadt liegen. Kühe muhen in den Morgen, ein Traktor rattert über die Straße.

Oder hat ein Spaßvogel das Schild aufgestellt, um Reisende zu narren? Vielleicht stammt das Schild aus Deutschland? Es könnte das Souvenir eines Soldaten der Roten Armee sein gewesen, ein Beutestück aus einer sowjetischen Kaserne?

Ich untersuche es, kann aber keine deutschen Schriftzeichen sehen, auch keine Jahresangabe in Russisch. Ich radle an einigen weißen Häusern vorbei.

Die Berliner hier tragen schwere silberne Kannen zur Sammelstelle, setzen sich in den Schatten und warten auf das Milchauto. Ich rolle langsam auf sie zu. Sie schweigen und gucken mich ernst an.

Ach, denke ich, ich werde versuchen, die Berliner aufzuheitern.

»Guten Morgen! Entschuldigen Sie bitte, sind wir hier wirklich in Berlin? Ich komme gerade aus Berlin. Ich dachte, ich sei nach Osten gefahren? Können Sie mir sagen, wo die Friedrichstraße ist? Dort hinter den Linden vielleicht?«

»Mit dem Fahrrad aus Berlin?«, fragt ein Mann. Er lutscht an seiner Pfeife.

»Gibt es hier auch Straßenbahnen?«, frage ich.

»Bald werden wir eine Straßenbahn bekommen«, antwortet er.

»Und einen Flughafen!«, ruft eine Frau mit geblümtem Kopftuch.

»Eine Berliner Rente wäre noch schöner!«

Leider habe ich das nicht zu entscheiden, und so radle ich weiter. Im Buswartehäuschen hängt ein Mosaik, es stellt Eishockeyspieler dar, die um einen Puck kämpfen. Das passt doch zu Berlin, ein Gruß an die Eisbären.

4. ETAPPE

Vor- und Nachteile des Radfahrens

23.

Weil man als Radfahrer die wahren Feinde erkennt

Ich saß in einem ukrainischen Internetbüro, draußen regnete es. Eine Behörde namens JobCenter hatte mir eine Nachricht geschickt. Ich sollte erklären, wie ich es hatte wagen können, mir ein Fahrrad zu kaufen. Das sei eine größere Anschaffung, solch ein Kauf müsse genehmigt werden. Dabei hatte ich zum Zeitpunkt des Kaufs gar keine staatliche Stütze bezogen, nur kurz zuvor war ich arbeitslos gemeldet gewesen.

Alle Schimpfworte, die ich kannte, sprudelten durch mein Gehirn. Für mich war das Fahrrad ein Arbeitsinstrument, schließlich konnte ich über meine Reise mit ihm ein Buch schreiben (*Auf einem blauen Elefanten – 8353 Kilometer mit dem Fahrrad von Berlin an die Wolga und zurück*, Berlin 2009). Und dessen Veröffentlichung sicherte im Verlag Arbeitsplätze – wie mir der Verlag dankenswerterweise auch bestätigte. Meine Reise an die Wolga war sozusagen eine Arbeitsbeschaffungsmaßnahme.

Zum Dank dafür wurde ich aufgefordert, meine Vermögensverhältnisse offenzulegen, damit eine Strafzahlung festgelegt werden könne. Der Vorwurf: »Mir ist bekannt geworden, dass Sie im Zeitraum Januar bei ??? Einnahmen erzielt haben.«

Die drei Fragezeichen fand ich besonders pervers. Ich fragte zurück: »Sind Ihnen auch Doppelpunkte als Arbeitgeber bekannt?«

Zur gleichen Zeit erhielt ich ein Stipendium des Berliner Senats zur Förderung meiner literarischen Arbeit, was als Auszeichnung zu verstehen sei, wie der Bürgermeister schrieb. Von 450 Bewerbern erhielten 14 Autoren dieses Stipendium (sechs Monate je 2.000 Euro). So verworren sind die Verhältnisse, wenn man sich dem Risiko des freiberuflichen Daseins aussetzt.

Schon wenn ich das Wort »JobCenter« höre, dreht sich mir der Magen um. Einmal erhielt ich an einem Tag gleich drei Briefe von einer Sachbearbeiterin dieser Behörde. Im ersten Brief hieß es, ich erhielte Arbeitslosengeld. Im zweiten, ich erhielte keins. Im dritten, ich sei verpflichtet, 3.000 Euro Arbeitslosengeld zurückzuzahlen.

War die Frau bei Sinnen? Manche ihrer Sätze waren beim besten Willen nicht zu verstehen. Ich rief beim »Service-Center« an. Die Briefe bestünden aus Textbausteinen, deshalb könne es zu unlogischen Formulierungen kommen, sagte man mir. Die Frau hatte eben getrennte Vorgänge bearbeitet, die zufällig ein und dieselbe Person betrafen.

Einmal hatte mir die Behörde mitgeteilt: »Menschen wie Sie sind vom Gesetzgeber nicht vorgesehen.« Was tun? Mich vergasen? Paragraf werden?

Jedenfalls, ich las die Nachricht in der Ukraine. Gleich darauf begab ich mich zur Toilette, um dem Brechreiz nachzugeben. Eine natürliche Reaktion, wenn man bloß eine Sache ist, eine Nummer, ein Vorgang.

Ich setzte mich aufs Fahrrad, es regnete immer noch. Der Asphalt war glatt und seifig, es ging bergab, unten im Tal war ein Kreisverkehr. Ich sah von rechts ein Auto kommen und dachte, der Fahrer werde doch meine Vorfahrt beachten.

Das tat er aber nicht. Ich bremste, so fest ich konnte, das Fahrrad rutschte über den Asphalt, ich unter das Auto. Der Fahrer ließ die Scheibe herunter. Ich sprang hoch, betastete meine Knie, meine Hose. Der Fahrer sah, dass ich stehen konnte, und fuhr weiter. Ich rieb mir die blutende Kniescheibe.

Wer also sind die Feinde des guten Lebens? Man nennt sie Effizienz-Apostel. Alles muss seine Ordnung haben und soll zum Resultat führen, alles muss sich *heute* rechnen, aus diesen Prinzipien leiten sie ihre Urteile ab. Moralisches Sperrfeuer liefern sie mit den Begründungen: »Das machen *wir* immer so. Dafür sind *wir* nicht verantwortlich.« Ein Einzelner spricht im Namen aller, ein Kollektiv bestimmt die Regeln, ist aber nicht erreichbar – wie in der DDR. In der Medien-Industrie lauten die dementsprechenden branchenüblichen Floskeln: »Das kommt aus den USA; das ist ein neuer Trend.«

Der Große Bruder als Vorbild, das hatten wir doch schon einmal, denkt der dumme Ostler. Er hat die Werte der Freiheit noch nicht verinnerlicht. Statt mit den Ahnungslosen zu streiten, singt er lieber: »Aristokraten an die Laterne«.

Was? Das verstößt gegen die Menschenrechte!

Aber das Lied ist doch so schön: »Aristokraten an die Laterne, die Aristokraten, hängt sie dran, und wenn sie alle hängen, marsch, haut man ihnen die Schippe vorn Arsch.«

Was haben wir uns da bloß eingehandelt? Baut die Mauer wieder auf!

Schön wär's ja, wenn man sie gar nicht erst abgerissen, sondern als Touristenattraktion erhalten hätte.

24.

Weil man als Radfahrer vielen Verführungen ausgesetzt ist

Lag es am Bier, dass ich bereit war, mich von einer 65-jährigen Frau vernaschen zu lassen? Nennen wir sie Swetlana. Wir saßen auf einer Holzbank vor einem Dorfgeschäft, irgendwo zwischen Nikopol und dem Asowschen Meer. Nachdem die üblichen Fragen – »Wo kommen Sie her, wo wollen Sie hin?« – geklärt waren, begannen wir einander zu necken. Sie blies mir den Schweiß von der Stirn, lockte mit Komplimenten, prüfte meine Beinmuskeln, ich hielt ihre kräftige Hand fest. Sie erzählte von ihrem Häuschen, wo ich mich erholen könne, von ihrer schönen Badewanne, ihrem stillen Garten.

Ich merkte, dass sich in meiner Hose etwas tat. Wir tranken jeder noch ein Bier. Wieder befühlte sie meine Beine. Sie sei eine sehr gute Masseuse, sagte sie. Und sie kenne Kräuter, deren Einnahme mich von jedem Schmerz heilen würde. Eine Hexe also, eine weiße, die gute Magie betrieb.

Wir scherzten wie Kinder bei Doktorspielen. Erst nachdem sie erzählt hatte, dass sie nicht allein lebe, sondern zusammen mit ihrer Schwester und ihrem Schwager, ließ bei mir die Lust nach. Zusammen mit drei Rentnern wollte ich nun doch nicht unterm Apfelbaum sitzen.

Eine andere Swetlana, an einem anderen Ort. Mir steckten 170 Kilometer in den Beinen, es war schon dunkel. Ich fand das Zentrum der Siedlung nicht, nicht das Restaurant, in dem eine Kellnerin arbeitete, die ich treffen wollte.

Da stand eine Frau auf der Straße, sie hielt ihr Fahrrad fest und einen Schirm in der Hand. Ich fragte sie nach dem Weg, sie bat mich, den Schirm zu halten.

»Sind Sie Deutscher?«

Ich bejahte.

»Das ist fantastisch, ja, ja, ja!«, sagte sie auf Deutsch.

Inzwischen kannte ich diese Phrase schon, sie stammt aus deutschen Pornofilmen, die zwischen Lwiw und Wladiwostok sehr populär sind. Wenn ein Deutscher im Dorf auftaucht, denkt man nicht mehr an Hitler, sondern an Sex.

»Folgen Sie mir«, rief die Frau, setzte sich aufs Fahrrad und fuhr los, durchaus in die Richtung, in der ich das gesuchte Zentrum der Siedlung vermutete.

Was blieb mir anderes übrig, als ihrem Wunsch oder ihrem Befehl Folge zu leisten, da ich noch immer ihren Schirm hatte?

Doch statt in das gewünschte Restaurant lotste die Frau mich zu einer Freiluft-Disco. Niemand tanzte auf den Steinplatten, aber die Musik war so laut, dass die Stühle und Tische zitterten. Da ich Hunger hatte, bestellte ich zunächst etwas zu essen. Die Frau bat um Wein, ich bestellte auch den. Sie war etwa 40 Jahre alt und tänzelte wie ein junges Mädchen zur Theke und zurück, schwenkte die Hüften, lief beinahe auf Zehenspitzen. Ich musste kichern, so albern sah das aus.

Dann begannen die Verhandlungen. Ich wollte weg, sie wollte mich begleiten. Mindestens einen ruhigen Platz zum Zelten wolle sie mir zeigen.

Auch diese Swetlana pries ihre Massagekünste, wie witzig. Ich wurde sie nicht los. Sie sei erst dann beruhigt, wenn sie mich in Sicherheit wisse. Dabei war sie die einzige Gefahr.

Ich fuhr aus der Siedlung heraus über dunkle Felder. Swetlana folgte mir. Egal, was ich sagte, sie war der Meinung, sie könne in meinem Zelt schlafen.

Ich warnte sie.

»Du hast kein Licht am Fahrrad. Du musst allein zurückfahren. Später ärgerst du dich.«

Sie begann zu schimpfen, »Du bist ja kein richtiger Mann.«

Ich stoppte, ging nah an sie heran, sagte zwei Sätze auf Deutsch, das reichte, um sie umkehren zu lassen.

»Faschist«, rief sie noch von Weitem.

Ich hatte sie also richtig eingeschätzt.

Was sagt uns das? Begehrt zu sein kann lästig sein? Man kann sich Schlimmeres vorstellen.

25.

Weil man vom Radfahren süchtig wird

Nach einer Pause kann ich es kaum erwarten, mich wieder aufs Fahrrad zu setzen. Manchmal esse ich zu hastig, verzichte auf Kompott oder auf eine Tasse Tee, weil ich radeln will. Die Beine tun mir weh, die Augen brennen, an den Handballen haben sich Blasen gebildet, zum nächsten Restaurant sind es 90 Kilometer. Egal, ich will fahren.

Denn als Radfahrer kann ich in viele Rollen schlüpfen. Von außen mag es so aussehen, als ob ich bloß radle. Tatsächlich greife ich den Erzählfaden auf, den ich vor der Pause abgelegt habe.

Manchmal rede ich mit Dostojewski, den ich schamlos Onkel nenne. Er hat mich verführt, nach Russland zu reisen. Ich wollte die Verhältnisse sehen, aus denen seine Figuren stammten – die Gespaltenen, die Kellermenschen, die Geschändeten wie etwa Nastassja Filippowna, und natürlich auch die Guten wie den komischen Myschkin, die Hure Sonja oder den Knaben Alexej Karamasow.

Weil das Radeln nicht viel Aufmerksamkeit verlangt, ist der Kopf frei. Irgendetwas klappert am Fahrrad fast immer, die Pedale, das Schutzblech. Schöne Monotonie. Die Außenwelt verschmilzt mit dem Innern, der Fahrer wird Teil der Landschaft, er ist ein Freund des Wiesels, das seine Schnauze aus dem Erdloch schiebt.

Ich radle im Stehen, nur weil es mir Spaß macht, meine Kraft zu spüren. Ich trinke Wasser, das besser als Champagner schmeckt. Selbstverliebt wie Narziss betrachte ich im Spiegel meinen Körper und staune über die Muskeln an meinen Beinen, über mein kindliches Gesicht.

Ich bin süchtig, und je süchtiger ich werde, desto besser geht es mir. Was sind schon zehn Stunden auf dem Fahrrad? Ich will mehr! Und wenn nachts die Füße frieren, wickle ich Plastiktüten über die Schuhe. Ein alter Partisan sagt: »So etwas habe ich zuletzt im Krieg gesehen.« Und ein Taxifahrer, den ich um Auskunft bitte und der lange auf meine Füße schaut: »Haben Sie Fieber? Ich kann Ihnen das nächste Krankenhaus zeigen.«

Sehr witzig. Gegen dieses Fieber gibt es kein Medikament. Es müsste ja ein Medikament gegen das Glück sein.

Versteht man, weshalb ich für Autofahrer nur ein müdes Lächeln übrig habe? Wen wundert es, dass die Kinder im Auto nerven und sich streiten. Klar, sie wollen sich bewegen, die Welt entdecken, das können sie in den Blechschüsseln nicht.

26.

Weil man sich als Radfahrer häutet und verjüngt

Die vielleicht schönste Eigenschaft des Fahrrads: Man kann es ironisch fahren, einhändig, in Schlängellinien, schaukelnd, den Kopf im Nacken. Es gibt keine Mindestgeschwindigkeit, die man als Radler einhalten muss. Man kann bummeln, muss die Minuten nicht zählen. Walter Benjamin sagte einmal über den Haschischraucher: »Versailles ist dem, der Haschisch gegessen hat, nicht zu groß, und die Ewigkeit dauert ihm nicht zu lange.«[8] Das Gleiche gilt für den Radfahrer.

Fährt man in der Gruppe etwa durch einen Wald, so staunt man, dass selbst ältere Herren wieder kindlich werden und herumalbern, die Beine heben und in der Luft strampeln, Wettfahrten veranstalten und johlen, den Kuckuck rufen und wie Schweine grunzen. Das Pferd fordert den Reiter auf: »Spiele mit mir! Wir sind in Gottes freier Natur!«

Sogar das Klingeln macht Spaß. Und wie brav die Fußgänger zur Seite treten! Warum nur? Weil die Radfahrer gewöhnlich nur klingeln, wenn sie wirklich Vorfahrt haben, schließlich könnten sie andernfalls leicht vom Rad gestoßen werden.

Beim Radfahren werden die Gefühlskonserven geöffnet. Man rast einen Hügel hinab und hat für Momente den Wunsch, sich aus dem Sattel zu erheben und zu fliegen. Akrobaten auf dem Mountainbike belassen es nicht beim Gefühl, sondern fliegen richtig, schlagen Salto, drehen Schrauben, machen Handstand.

Die Form des modernen Fahrrads ist deshalb so genial, weil sie so einfach ist und so vieles ermöglicht. Zwei Dreiecke, meist aus Stahl, zwei Räder, ein Lenker, Sattel, Bremse, das sind im Wesentlichen die Bauteile eines Fahrrads. Schon Kleinkinder, die kaum den Buntstift halten können, malen außer Häusern, Blumen und Bällen gerne auch Fahrräder. Verständlich ist das ja, schließlich strampeln sie auch den ganzen Tag mit den Beinen, kommen aber kaum vorwärts, während der Radfahrer in ihren Augen bis hinter den Mond fliegen kann.

Ein Rad mit Fahrer aus dem Gedächtnis zu malen, das gelingt auch Erwachsenen nicht immer. Wobei das Herrenrad wohl etwas leichter zu malen ist als das Damenrad. An das vordere, starke Dreieck zwischen Sattel und Lenker kann man sich oft noch gut erinnern. Aber zum Rahmen gehört normalerweise noch ein zweites Dreieck, unter dem das Hinterrad hängt. Und diese Form wird vom Schutzblech und den Stützen des Gepäckträgers überdeckt. Nicht jedem ist klar, dass beide Dreiecke einen gemeinsamen Schenkel haben, den zwischen Sattel und Pedalen.

27.

Weil man als Radfahrer den Unterschied zwischen Kämpfer und Krieger erkennt

Nichts gegen das Spiel, nichts gegen den Wettbewerb, nichts gegen den Wunsch, innerhalb bestimmter, demokratischer Regeln der Erste sein zu wollen, der Stärkste, der Schnellste. Gerade die Dialektik des Spiels macht es für fröhliche Geister so attraktiv. Man tut so, als sei es ernst, reicht sich aber doch im entscheidenden Moment die Hände, ob als mongolischer Steppenreiter oder als Teilnehmer an einem Freizeit-Fahrradrennen.

Das Spiel wurde natürlich auch erfunden, um die Langeweile zu besiegen, diesen über die Zeit verteilten Schmerz. Das ist besser als Krieg, besser als die Lust am Töten. Sublimation, Verfeinerung ist Voraussetzung aller Kultur, aller Raffinesse.

Stärker zu sein als andere, das kann die anderen auch beschämen. Deshalb gibt es den Unterschied zwischen dem Krieger und dem Kämpfer. Der Krieger will morden und über andere siegen, er will Ruhm und Eitelkeit, ob für sich oder für einen Herrscher oder für eine modische Idee. Er wird gebraucht und benutzt, als Normenbrecher wie Stachanow oder Adolf Hennecke, als Scharfschütze in Armeen, als Befehlsempfänger, als vorbildlicher Bürokrat.

Der Kämpfer jedoch findet in sich selbst seinen Maßstab, er ist ein Erfinder seiner selbst. Er will nicht benutzt werden und keine abrechenbaren Resultate vorweisen. Er liebt das Wachsen, nicht die Zerstörung. Er braucht keine Opfer, um sich gut zu fühlen.

Bei dem Radfahren, das man nur zum Vergnügen betreibt, tut es keinem weh, wenn man gegen sich selbst gewinnt.

28.

Weil man sein Fahrrad auch tragen kann

Start in Czernowitz, im Süden der Ukraine, Heimat Paul Celans und Rose Ausländers. Vorbei an Barockbauten und an zugenagelten Häusern. Seit Wochen hat es geregnet, Felder sind überschwemmt, Menschen ertrunken, wie in den Nachrichten zu hören war.

Ich will über die Karpaten, wovor mich ukrainische Freunde allerdings gewarnt haben: »Das schaffst du nie!« Die Berge sollen angeblich zu steil sein.

Zunächst ist die Landschaft flach, die Sonne scheint, es ist schwül, die Gärten und Felder dampfen. Der Geruch frischer Melonen, Birnen und Äpfel schmeichelt meiner Nase. Dann beginnt es zu regnen, zunächst nur leicht, und die Straße wird steiler. Ich denke an Bilder von der Tour de France, an gedopte Radfahrer, die ohne Gepäck fahren können.

Wenn die Strecke zu schwer wird, kann ich ja anhalten, mein Zelt aufschlagen, wo immer ich will. Nur der nächste Meter zählt.

Die Straße führt höher und höher, schließlich muss ich in einer Kurve anhalten, weil zwei Drittel des Asphalts den Hang heruntergespült wurden. Hier wird kein Auto mehr durchkommen, mich aber mit meinem Fahrrad trägt der Rest der Straße noch.

Dann setzt ein Gewitter ein, wie ich es schon lange nicht mehr erlebt habe. Ich halte an, warte ab. Da der Schweiß vom Regen sowieso nicht zu unterscheiden ist, fahre ich bald weiter. Beim Warten friert man nur.

Bald stehe ich vor einem Fluss, der dort fließt, wo Tage zuvor noch eine Straße war. Auf einer Länge von etwa 15 Metern gähnt ein Abgrund. Unmöglich, ihn zu überspringen, mit oder ohne Fahrrad. Ich kraxle den Hang hoch, um herauszufinden, ob weiter oben das Wasser schmaler fließt, der Fluss sich vielleicht in mehrere Bäche unterteilt.

Der Hang ist zu steil, das Wasser zu stark. Der Boden selbst scheint zu fließen, sich aufzulösen, brauner Schlamm kriecht schmatzend abwärts. Ich rutsche wieder nach unten. Neben meinem Fahrrad stehen inzwischen eine Frau aus dem nahen Dorf und ein Milizionär. Der Milizionär ist sich sicher, dass man hier mit dem Fahrrad nicht weiterkommt. Die Frau zeigt einen Weg, der etwas unterhalb der Bruchstelle entlangführt. Sogar ein paar Bretter hat jemand schon übers Wasser gelegt.

Ich wage es, schultere das Fahrrad samt Gepäck, taste mich Schritt für Schritt vorwärts. Vorher bitte ich Olga noch, mich zu fotografieren. Vielleicht wird es das letzte Foto sein. Aber nass bin ich ja schon. Auf die Idee, das Gepäck abzuschnallen, die Rutscherei zweimal zu wagen, komme ich nicht. Einmal ist gefährlich genug. Der Steg misst kaum eine Fußbreite, Wasser strömt über das Holz. Es ist etwa einen Meter tief, schwer zu schätzen. Zwei Meter breit. In der Mitte liegt ein fester Stein. Dort ist wahrscheinlich der gefährlichste Abschnitt. Der Milizionär wünscht mir Glück, er überlässt mir das Risiko. Höflicher Mensch, er will sich nicht einmischen. Es steht ja kein Schild da, welches verbietet, mit einem Fahrrad über den Fluss zu klettern. Trotz der seifigen Bretter ist es leichter als befürchtet. Kaum bin ich drüben, kommen mir Leute entgegen, auch sie rutschen, aber den Hang herunter. Ein Mann trägt, wie im *Erlkönig*, sein Kind im Arm. Na bitte, was der schafft, das schaffe ich mit meinem Elefanten auch.

Ich komme in ein Dorf, das auf einem Plateau liegt. Die Stromversorgung ist unterbrochen, wie man im Dorfgeschäft erklärt, heißen Tee gibt es deshalb nicht. Stattdessen aber Spektakel. Wo früher die Dorfwiese war, da ist jetzt ein Teich. Ein Mann will ausgerechnet jetzt sein Auto auf eine Rampe fahren, die halb im Wasser steht. Vielleicht will er Freunde beeindrucken, vielleicht ist er betrunken, ganz egal, es knallt, das Auto hängt mit zwei Rädern im Wasser, in einem Winkel von satten 45 Grad.

Der Verkäufer regt sich nicht auf, so etwas passiert hier eben. Vor der Bude sitzen Arbeiter unter einer Plane. Wodkaflaschen liegen auf dem Boden. Leere Flaschen bleiben nicht auf dem Tisch, sonst bringt es Unglück, so der Mythos, den man sich wohl überall da erzählt, wo Wodka wie andernorts Coca-Cola getrunken wird – in Bechern, zum Abkühlen und zur Förderung der Verdauung. Die Flaschen sollen aber auch deshalb vom Tisch, weil man den Vorwurf nicht sehen will. Wer zählt schon, was getrunken wurde?

Der Verkäufer erklärt mir, weiterzufahren sei ganz unmöglich, die Straße sei von Geröll verschüttet. Aber auf dem Plateau weht der Wind besonders heftig, hier zu zelten ist nicht ratsam. Der Boden ist steinig und nur karg bewachsen, bisschen Moos, ein paar Krüppelkiefern.

Dafür viele neugierige Blicke von Holzfällern, Teerkochern und Maschinisten.

Also fällt die Entscheidung leicht. Einige Kilometer geht es flott abwärts, gegen oder mit dem Regen, der mir ins Gesicht peitscht. Dann das Hindernis, wie vorausgesagt, eine Gerölllawine, Schlamm meterhoch. Braune, lehmige Pampe, dazwischen Fichten und Steine. Ich lasse das Fahrrad stehen, taste mich vorwärts, versinke bis zu den Knien. Links die Schlucht, rechts der Berg. Das könnte knapp werden. Aber egal. Ich hole das Fahrrad, trage es samt Gepäck wieder auf der Schulter, versinke diesmal bis zur Hüfte. Leichte Panik, dass ich aus diesem Dreck nicht wieder rauskommen und samt dem lehmigen Brei ins Tal rutschen werde. Doch ich erreiche festen Grund, zwar bis zur Hüfte mit Lehm verschmiert, aber den kann der Regen abwaschen.

Am Straßenrand sitzen drei Waldarbeiter, eine Plane über den Köpfen, zitternd, frierend.

»Guten Tag, Bürger! Warten Sie schon lange hier?«

Solch eine Zirkusnummer wie mich haben sie wirklich nicht erwartet. Offene Münder, keine Antwort. Wenn ich jetzt noch eine Flasche Samogonschik, Selbstgebrannten, aus der Tasche ziehen würde, wäre das Wunder perfekt.

Stattdessen bitte ich sie, mich zu fotografieren. Sie tun es, immer noch sprachlos.

Ich rolle weiter hinunter ins Tal. Da hat der Fluss – die Schwarze Tyssa – nur ein paar Steine von der Straße übrig gelassen. Ein Bagger steht im Wasser. Der Baggerführer winkt mir zu, lachend, mit Siegergeste. Auch er hat seinen Spaß und lässt sich nicht unterkriegen. Für mich räumt er ein paar große Brocken aus dem Weg. Wieder mit dem Fahrrad auf dem Rücken, hangle ich von Stein zu Stein. Über mir dröhnt ein Hubschrauber, wahrscheinlich wundern sich selbst die Rotorblätter.

In der nächsten Siedlung herrscht Chaos. Manche Leute stehen stumm da, jemand schreit, ein anderer gibt Anweisungen, die offenbar befolgt werden. Der ist der Richtige für mich – jemand, der den Überblick behalten hat.

Ich frage ihn: »Ist es möglich, geradeaus weiterzufahren?«

»Es ist möglich. Aber müssen Sie denn weiter?«

Ich, ohne nachzudenken, antworte: »Selbstverständlich.«

Er schüttelt den Kopf und wünscht mir Glück.

Nach ein paar Schritten fällt mir ein, dass ich hier vielleicht der einzige Mensch bin, der gar nichts muss. Aber etwas treibt mich vorwärts. Vielleicht das Selbstvertrauen nach 6.000 Kilometern auf dem Fahrrad. Pro Woche ein Tausender, das war der normale Schnitt.

Ich folge ein paar Leuten, die durch Gärten krabbeln, rutschen und dabei fluchen. Links von uns war einmal eine Straße, jetzt fließt dort eine braune Pampe, immer noch Schwarze Tyssa genannt.

Erstaunliches leisten die Menschen: Im Fluss schwimmt das Dach eines Hauses, doch auf der festen Seite des Ufers hämmert jemand an einem Balken, als könnte er so verhindern, dass sein Haus weggespült wird. Oder als wolle er gerade hier für alle Ewigkeit wohnen.

Ich erreiche einen gepflasterten Platz, das Wort »Hotel« steht an einer Fassade. Ein paar Männer stehen davor und rauchen.

»Gibt es hier freie Zimmer?«, frage ich.

Sie streiten darüber, ob das Gebäude, das Hotel sein will, jemals ein Hotel war. Auf die Lösung des Rätsels zu warten habe ich keine Zeit. Ich fahre weiter, wieder bergauf.

Nach ein paar Kilometern finde ich im Wald einen Felsvorsprung, auf dem ich mein Zelt aufschlage, nun auch fluchend, weil es immer noch regnet.

29.

Weil Radfahren das Selbstvertrauen stärkt

Regelmäßiges Radfahren stärkt das Selbstvertrauen in einem Maße, das sich ein träger Mensch kaum vorstellen kann. Ein Freund meinte zu mir, nachdem er sich die Schilderung der vorigen Etappe angehört hatte: »Ich würde ja gerne mal mit dir mitfahren, aber du bist so hart zu dir.«

Diesen Einwand musste ich entschieden zurückweisen. Ich liebe lediglich Herausforderungen. Der Rest ergibt sich von allein. Ob man den Stachel, der einen antreibt, nun mit Hinweisen beklebt wie »Ich will nicht umsonst gelebt haben« oder »Ich will etwas Unbekanntes entdecken«, ist gleichgültig, das sind ja doch nur nachgereichte Gründe.

Da ich mehrere Radfahrer kenne, die ähnlich lange Touren bestreiten, kann ich die Hobby-Psychologen trösten: Man braucht keine besondere Motivation, um die Entbehrungen zu ertragen. Alle Langzeitradfahrer berichten vom Vergessen von Raum und Zeit, von der gänzlichen Hingabe ans Fahren, von der Freude über flüchtige Begegnungen unterwegs, vom Rausch.

Meine erste Nachtetappe bewältigte ich in Polen. Es hatte tagsüber geregnet, ich hatte gefroren. Am Abend fragte ich in einer Jugendherberge nach dem Preis für ein Zimmer oder ein Bett. Mir fehlte ein Euro, vier Zloty, um den Preis bezahlen zu können. Für einen Euro wollte ich keinen Bankautomaten suchen, und die Frau an der Rezeption ließ sich nicht erweichen, einen Preisnachlass zu gewähren, auch nicht, als ich anbot, keine Bettwäsche zu benutzen, sondern im eigenen Schlafsack zu übernachten.

Fluchend fuhr ich weiter. Trotz ist ja ein herrliches Gefühl. Nun ist es im mittleren Polen aber schwer, einen wilden Zeltplatz zu finden, viel schwerer als in der Ukraine oder in Russland. Viele wichtige Städte ballen sich dort, und im Osten ist der Großraum Warschau natürlich stark besiedelt. Kaum ein Stück freier Erde wird nicht landwirtschaftlich genutzt, die Entfernungen zwischen den Städten sind kurz.

Im Schnellrestaurant neben einer Tankstelle aß ich ein Steak, trank heißen Tee, kaufte Wasser. Dann fuhr ich hinaus in die Nacht. Und es kamen die wahnwitzigen Momente: der Donner so laut, dass die Ohren wehtaten, Blitze, die sich horizontal entluden. Jedoch regnete es nicht. Ich fuhr schneller, um aus dieser Zone herauszukommen. Die Gewitter folgten mir. Dann riss die Wolkendecke über mir auf und der Vollmond erschien über der Straße, fast konnte ich ihn anfassen, so nah schwebte er über der Erde. Und links und rechts und hinter mir tobten sich weiter die Gewitter aus. Und niemand sonst sah dieses Schauspiel. Etwa zehn Minuten dauerte es, dann schoben sich schwarze Wolken über den Mond.

Du bist nicht allein, auch in dieser Nacht nicht, hatte er mir zugerufen. Ich verstand, weshalb Menschen dieses Gestirn Tausende Jahre als Gottheit angebetet haben.

Erst nachts um zwei baute ich im Wald das Zelt auf, nach 200 Kilometern und elf Stunden und elf Minuten reiner Fahrzeit. Hätte es nicht geregnet, wäre ich wohl bis Lwiw weitergefahren und am Morgen dort angekommen. Eine Woche zuvor hatte ich noch diverse Zipperlein und meine Hypochondrie gepflegt, nun, nach einer Durchquerung Polens, traute ich mir zu, 300 Kilometer Rad zu fahren, ohne zu schlafen. Man muss es nur tun, muss es sich zutrauen. Ich verstand vielleicht zum ersten Mal, dass das Fahrradfahren eine Metapher für das Leben ist. Ein Zurück gibt es nicht, es gibt nur den nächsten Berg. Nachdem man diesen aber überwunden hat, gleicht der nächste Anstieg einem Witz, den man nur pointiert erzählen muss.

30.

Weil man beim Radfahren träumen und denken kann

Das Radfahren ist eine körperliche Aktivität, die auch Kontemplation, also Beschaulichkeit ermöglicht. (Autofahren ist dementsprechend eine körperliche Inaktivität, deren Ausübung andauernde Aufmerksamkeit verlangt.) Das Erstaunen darüber, wie einfach das Leben sein kann, dass man nur durch eine schöne Landschaft zu radeln braucht, um mit sich und der Welt einverstanden zu sein, weckt in fast jedem das Bewusstsein für die Vielzahl der eigenen Möglichkeiten. Schließlich soll jeder geistig gesunde Mensch pro Tag bis zu 60.000 bewusste Gedanken haben. Und wie viele nutzt man von ihnen produktiv?

Von den elf Millionen Sinneseindrücken, die man pro Sekunde als Mensch angeblich wahrnimmt, kann das Bewusstsein nur 40 verarbeiten. Mit Hilfe dieser 40 von elf Millionen Informationen formuliert das Ich seine Wünsche und seine Grenzen, fällt es politische Urteile, plant es die Zukunft, trifft es lebenswichtige Entscheidungen, wie etwa die Wahl des Berufs oder des Partners. Der große Rest bleibt ungenutzte Reserve. Und natürlich redet das bequeme Ich sich gerne ein, dies und jenes nicht zu können, dies und jenes immer schon so gemacht zu haben. Es pflegt seine Gewohnheiten, statt das Alphabet täglich neu zu erfinden.

Beim Radfahren bemerkt man, dass man der Erfinder seiner selbst ist, jedoch oft kein besonders geschickter. Denn man hat ja Zeit und kann ohnehin nichts anderes machen, als die Gedanken schweifen zu lassen. Und viele Pflichten und Freuden aus dem gewöhnlichen Leben wirken so klein und nichtig, als hätte man vorher auf einem anderen Planeten gewohnt.

Friedrich Nietzsche, obwohl kein Radfahrer, meinte in *Ecce homo*, man solle »keinem Gedanken Glauben schenken, der nicht im Freien geboren ist und bei freier Bewegung, in dem nicht auch die Muskeln ein Fest feiern«.

In Polen habe ich bei jeder Reise Albträume, in denen mich Autos an- und überfahren. Der schnelle Wechsel zwischen meinen Existenzen am Schreibtisch und auf dem Sattel muss ziemlich hart für das Gehirn sein. Es muss erst begreifen, dass diese verrückte Person, für die es denken soll, monatelang vor einem Bildschirm wie ein Kleinkind Buchstaben tippt, am nächsten Tag aber neben Autos radelt, die mit einer Geschwindigkeit von 100 Stundenkilometern an ihm vorbeirasen und nur eine Armlänge entfernt sind. Gestern Stille und Konzentration aufs Wort, heute röchelnde Motoren und die Hoffnung, nicht vom Sattel in den Straßengraben katapultiert zu werden. Im Schlaf fahren die Autos deshalb nicht nur hauchdünn neben mir, sondern auch über mich hinweg und durch meinen Bauch. Die Autos in Polen können fliegen und mich essen, sie verhalten sich manchmal wie in einem Stephen-King-Roman.

In der Ukraine, nach etwa einer Woche, hat das Gehirn endlich begriffen: Autos hinterm Hintern müssen keine tödliche Gefahr sein. Zumal es nicht so viele sind wie in Polen, zumal die Straßen breiter und Radfahrer nicht die einzigen langsamen Verkehrsteilnehmer sind. Man teilt sich die Lust an der Langsamkeit mit Pferdekutschern und reitenden Hirten.

Nun treten in den Traumbildern häufig Schmuggler auf, Verkäufer bieten goldene Wasserhähne an, Kinder verkaufen Sand, Wölfe fressen Schafe oder mich.

31.

Weil das Fahrrad ideal für Fitnessmuffel ist

Starke Willenskraft braucht man nicht, um auf ein Fahrrad zu steigen. Der Gang ins Fitnessstudio wäre aufwendiger. Bei keiner anderen Sportart werden mehr Muskeln gleichzeitig und dabei schonend bewegt als beim Radfahren. Außerdem erholt man sich ja beim Radeln. Man lässt das Rad rollen, und ab einer bestimmten Geschwindigkeit schiebt jeder Tritt ein paar Meter vorwärts. Zum Strampeln wird man verführt, weil die Belohnung gewiss ist.

Zugegeben, das Gerücht, Radfahren sei belastend für den Rücken, wird am Kaffeetisch, bei Kuchen und Sahne, gern hervorgekramt. Zumindest zwei Fallbeispiele beweisen das Gegenteil – mein eigenes und das eines Bekannten, der wegen seiner Rückenprobleme vorzeitig berentet wurde. Er kann keine schweren Lasten heben, doch wenn er von Berlin bis zum Nordkap, der nördlichsten Spitze Europas in Norwegen, und wieder zurück radelt, verschwinden die Schmerzen, und für ein paar Wochen läuft er wie ein Tanzbär durch Berlin.

Meine Erfahrung ist die gleiche. Radfahren tut dem Rücken gut. Nach einigen Tagen auf dem Rad hat man allenfalls Muskelkater, auch werden außer den Beinen die Hände beziehungsweise Handgelenke stark belastet, doch die Rückenmuskulatur wird gestärkt. Es kommt natürlich darauf an, wie man sich beim Fahren bewegt und wie das Fahrrad überhaupt eingestellt ist. Die Pedale, Sattel und Lenker sollten unbedingt auf die Größe des Fahrers abgestimmt sein.

Will man überflüssige Pfunde loswerden, so ist ausdauerndes Radfahren eher zu empfehlen als ausdauerndes Laufen. Man kann sich längere Zeit bewegen und schwitzen. Allerdings werden die Bauchmuskeln kaum beansprucht, außer beim Fahren mit dem Liegerad.

Und bitte keine Präparate einnehmen, weder Vitamintabletten noch Anti-Krampf-Mittel. Der Körper ist viel klüger als der Kopf, so es um seine Bedürfnisse geht. Wenn man sich das Vergnügen gönnt und eine mehrtägige Radtour unternimmt, wird man bemerken, dass dieser schlaue Körper sich über ungesüßten Tee, Wasser, Nüsse und Obst aller Art mehr freut als über Aufbau- und Stärkemittel, die von Maschinen in Fabriken gepresst wurden.

32.

Weil man beim Radfahren nicht rauchen kann

Tabak ist die einzige Droge, von der man nichts hat, die keinen besonderen Rausch bewirkt, zu keinen genialen Einfällen führt, den Schmerz nicht lindert, die nicht munter, sondern müde macht. Raucher reden sich natürlich ein, sie könnten dank des Rauchens länger wach bleiben und sich für kurze Zeit besser konzentrieren.

Jeden Sommer gewöhne ich mir das Rauchen ab. Es kommt mir oft vollkommen widersinnig vor, dass ich qualme. Deshalb ist dies einer der wichtigsten Gründe, das Radfahren zu lieben – die Hände müssen den Lenker halten. Bei all meinen Entwöhnungsversuchen war es immer am schwersten, die Hände zu beschäftigen. Dieses Problem ist auf dem Fahrrad zu meiner Zufriedenheit gelöst. Je näher der Tag rückt, an dem ich wieder zur Wolga radle, desto sicherer bin ich mir, dass ich es diesmal schaffen werde, das Rauchen für immer aufzugeben.

Und tatsächlich, am letzten Abend, wenn das Rad geputzt in der Wohnung steht, die Ausrüstung schon verstaut ist, drücke ich die letzte Kippe im Aschenbecher aus, schmeiße den Tabak und das Zigarettenpapier in den Müll. Geschafft! Nie wieder!

Am Morgen wird die Versuchung nicht so groß sein, schließlich locken die Landstraße und das freie Leben. Und ich will in der Wolga baden und nicht vorher einen Herzinfarkt erleiden. Mit Grausen erinnere ich mich an die Momente vom vorigen Jahr, da ich vom Rad stieg und mir eine Kippe anzündete.

Nach ein paar Tagen als Nichtraucher bin ich mir sicher, der Versuchung für immer widerstehen zu können. Und wie ich sonst bewusst den Tabakrauch einatme, so beim Radfahren die meistens frische Luft. Würde ich rauchen, hätte ich viel weniger Kraft, wäre meine Stimmung schlechter, hätte ich mir etwas vorzuwerfen. Wie absurd wäre es auch, diese Chance auf dem Rad nicht zu nutzen! Da leiste ich so viel für meine Gesundheit, philosophiere ich so gern über die Willenskraft und das Vorstellungsvermögen, und soll zu schwach sein, den eigenen Mund nicht als Ofen zu benutzen? Es ist ja deprimierend, sich so zu erleben. Man kennt all die Argumente gegen das Rauchen, man hat den einen oder anderen Ratgeber gelesen, *Endlich Nichtraucher* natürlich, aber geholfen hat es nicht lange.

Der erste Test: Ich sitze in der ersten ukrainischen Bierbude hinter der Grenze, die Männer am Tisch rauchen, es stört mich nicht. Der Rauch brennt in der Nase und in den Augen, das allerdings gefällt mir nicht. Ich betreibe meine Forschungen, frage die Arbeiter nach ihrer Muttersprache, nach ihren Tätigkeiten, ihrem Einkommen, nach der Familie. Fast nie kommt es vor, dass meine Fragen nicht beantwortet werden. Da der Lohn meist schrecklich niedrig ist, kann man auch darüber reden, er ist ja ein Beweis dafür, dass man betrogen wird, von der Weltgeschichte wie von den Oligarchen und den korrupten Politikern.

Die Hälfte der Männer sind Schmuggler, und sie sagen das auch ganz offen, sie sind aus dem Zigarettengewerbe. Der Schmuggel hat eine lange Tradition auch in diesem Grenzgebiet, man kann es nachlesen in dem 1937 erschienenen Roman *Der Geliebte der Großen Bärin* von Sergiusz Piasecki. Piasecki war im Grenzgebiet zwischen der Sowjetunion und Polen in den 1920er-Jahren selbst Schmuggler und Räuber. Wilder Westen im Osten – Piasecki schildert das damalige kriminelle Gewerbe ziemlich wirklichkeitsnah, Schießereien mit der Grenzpolizei und mit den Kollegen, Streit um Frauen, die Geheimsprache der Ganoven, ihre zwanghafte Liebe zur Gefahr. Piasecki wurde 1930 für einen Bahnüberfall zu 15 Jahren Zuchthaus verurteilt. Der Roman wurde in mehrere Sprachen übersetzt und 1971 von Valentino Orsini unter anderem mit Senta Berger verfilmt.

Der zweite Test, nach zehn Tagen als Nichtraucher: Ich sitze mittags auf der Veranda eines Cafés, das im Western-Stil erbaut und eingerichtet wurde. Bis auf das Waschbecken scheint alles aus Holz zu sein. In den Balken und Brettern sind jede Menge Schnitzereien: Namen, Herzen, Geburtsdaten, ein Flugzeug, ein Galgen. Ich lese, esse Borschtsch, trinke ein Bier. Da fährt ein Mähdrescher vor, ein Kleinbus hinterher, einige Männer steigen ab und aus. Traktoristen, Leute vom Feld. Sie sehen mich, das schöne Fahrrad weckt ihre Neugierde. So laden sie mich ein, mit ihnen dieses Treffen zu feiern, das noch gar nicht stattgefunden hat. Das Buch ist spannend, und mittags will ich eigentlich noch keinen Wodka trinken, zumal bei der Hitze. Dass Wodka getrunken wird, muss gar nicht erörtert werden, die Kellnerin weiß das auch, sie bringt ihn schon, da habe ich noch gar nicht alle Hände geschüttelt.

»Tschut-tschut«, sage ich vorsorglich, »ein bisschen«. 20 Gramm, 50, keinesfalls 100. Aus tschut-tschut wird doch ein bisschen mehr, und meine Freunde bieten mir an, mich die nächsten 40 Kilometer mit dem Mähdrescher zu transportieren, in luftiger Höhe könne ich meinen Rausch ausschlafen. Und wieder hält mir ein falscher Freund eine Zigarette unter die Nase; die Hälfte der Männer raucht. Ach, was soll's, eine kann nicht schaden, denke ich. Es ist doch so witzig, dass ich auf dem Mähdrescher durch die Ukraine zotteln kann. Ein feiner Witz. Da kommt es auf eine Zigarette gar nicht an. Schon nach drei Zügen ist mir übel.

33.

Weil Radfahren ein gutes Mittel gegen Computersucht ist

Wie jedes Ding ist auch der Computer eine widersprüchliche Erscheinung. Er spart und frisst Zeit. Vieles, was man früher mühsam in Bibliotheken suchen musste, findet man jetzt nach wenigen Mausklicks im Internet. Andererseits verläuft man sich in dessen Weiten schnell. Man spielt Schach und sieht Filme, liest Nachrichten, obwohl man die Steuererklärung machen sollte.

Der Gebrauch des Computers trainiert die Reflexe. Die Ein- und Ausschaltgeräusche der Programme klingen auf allen Kontinenten gleich, ob im Sandsturm bei Timbuktu oder in einer Berliner Mietskaserne. Seite aufrufen, Speichel tropft. Das Gehirn wird industrialisiert. Das Wort Mausklick benutzt man heutzutage so oft wie früher den Namen des Herrn. Hätte mir 1993 jemand etwas von PDF-Datei, E-Mail, Browser und Textbaustein erzählt, ich hätte ihm wohl ein Fieberthermometer gereicht. 1993 bekam ich mein erstes Telefon, einen Festnetzanschluss, wie man so unschön sagt. Vor diesem märchenhaften Ereignis musste man Briefe schreiben oder jemanden persönlich aufsuchen, wollte man ihm etwas mitteilen. Je länger ich mit dem Fahrrad unterwegs bin, desto grotesker erscheinen mir meine Bedürfnisse als Sesshafter. Muss ich wirklich jeden Morgen fünf Zeitungen durchstöbern? Warum spiele ich im Internet Schach, statt ins Café zu gehen und mit echten Menschen zu spielen? Warum liefere ich mich so bereitwillig der Technik aus? Dem Himmel sei Dank: Glücklicherweise kann ich ohne Fernseher leben.

Der Radfahrer muss sich körperlich anstrengen und motivieren, um vorwärtszukommen. Berge lachen ihn aus und rufen ihm zu: »Mich wirst du nicht bezwingen, mir fährst du nicht auf der Glatze herum!« Es kann helfen, dann an Steinzeitmenschen zu denken, die es schließlich auch nicht leicht hatten. Man kann sich auf die Abfahrt freuen, auf die kalte Dusche am Abend.

»Du Riese, auch wenn ich für dich ein Zwerg bin, so habe ich doch einen Vorteil dir gegenüber.«

»Ach ja, und welchen? Ich werde hier noch in Tausenden Jahren stehen, dann bist du nichts mehr, nicht einmal ein Erdkrümel. Ich werde den Weltuntergang erleben, du nicht!«

»Mag sein, aber du kannst die Welt nicht sehen, denn du kannst dich nicht bewegen, ätsch.«

Redet man so mit einem Computer? »Warum machst du nicht, was ich will?«, das dürfte wahrscheinlich die häufigste Klage sein, die man diesem Gerät gegenüber äußert. Man sieht ihm nicht an, was es kann.

Als Radfahrer wundert es mich nicht, dass psychische Krankheiten so weit verbreitet sind, angeblich sogar immer mehr zunehmen. Es ist schwer, in der Gegenwart einfache Wahrheiten zu erkennen. Unterschiede sind oftmals nicht fassbar, weil die Resultate vieler Tätigkeiten abstrakt bleiben und nur kurze Zeit gebraucht werden.

Mir genügt ein Beispiel zum Verständnis der heutigen Arbeitswelt. Eine langjährige Freundin arbeitet als Redakteurin eines öffentlich-rechtlichen Radiosenders in einem Großraumbüro. Morgens geht der Chef schweigend durch den Raum. Von seinem Büro aus begrüßt er einzelne Mitarbeiter per E-Mail. Durch eine Glasscheibe kann er alle Kolleginnen und Kollegen beobachten. Persönliche Begegnungen meidet er, manche Mitarbeiter erleben nur selten die Gnade, mit ihm sprechen zu dürfen. Dieser Fall scheint mir deshalb besonders aussagekräftig, weil an Orten wie einem Radiosender im Sinne der Aufklärung eine Kultur des Dialogs gepflegt werden sollte.

Auch auf diesem Sender wird natürlich das Thema »Mobbing am Arbeitsplatz« regelmäßig von Experten analysiert und betroffenen Hörern werden mitfühlende Ratschläge erteilt.

5. ETAPPE

Metaphysik des Radfahrens

34.

Weil man sich als Radfahrer
frei entscheiden kann

Während der bedauernswerte Autofahrer funktionieren, im Stau warten, sich an Geschwindigkeitsbegrenzungen halten, Parkplätze suchen, Parkscheine kaufen, Termine für Abgas- und TÜV-Untersuchungen einhalten und Steuern zahlen muss, ist der Radfahrer viel freier in seinen Entscheidungen. Mit dem Rad kann man jederzeit anhalten und den Ort würdigen, an dem man sich befindet.

Man kann damit durch Wälder fahren, über Wiesen und auf Trampelpfaden, man kann es auf einem Segelboot mitnehmen, in die S-Bahn und in den Zug. Für ein Fahrrad findet man fast überall einen freien Platz, selbst in einer kleinen Wohnung; Jack Londons berühmter Romanheld Martin Eden zum Beispiel hängt es unter die Decke.

Weil der Autofahrer funktionieren muss, wird er auch so schnell aggressiv. Man hat ihm das Gefühl von Freiheit versprochen beim Kauf seiner Kiste, doch täglich von Neuem wird er daran erinnert, dass er sich an Dutzende Regeln halten muss, schließlich sind die Straßen nicht beliebig breit. Deshalb wird um Zentimeter gekämpft, als hinge das eigene Leben davon ab, und die mindere Intelligenz rüpelt sich den Weg frei. Kaum macht ein anderer Verkehrsteilnehmer einen Fehler, wird gebrüllt, geschimpft und geflucht.

Zwar gibt es auch rücksichtslose Radfahrer, die Fußgänger erschrecken und auf Gehwegen viel zu schnell fahren, aber an und für sich ist das Fahrrad ein Gefährt, das zu Friedfertigkeit anregt und diese vermittelt. Eine Klingel klingt eben weniger aggressiv als die Hupe eines Autos, das Surren von Fahrradreifen weniger bedrohlich als Motorengeräusche. Auch haben Fahrräder weniger Angriffsfläche und Masse als Autos, man erreicht mit ihnen keine so hohe Geschwindigkeit. Und wer als Radfahrer andere überholen möchte, der muss ordentlich in die Pedale treten und dafür eine gewisse Kraft aufbringen.

Im Gegensatz zum Autofahrer habe der »strampelnde Mensch auf dem Rad [...] nie als Sinnbild von Hybris« getaugt, schreibt Maximilian Probst in seinem Aufsatz *Der Drahtesel – Die letzte humane Technik*. »Das Fahrrad war die letzte große Technik, die mit und für den Menschen war, weil er sie noch verstehen und überblicken konnte. Mit dem Auto oder genauer: mit dem Motor kommt hermeneutisch betrachtet etwas in die Welt, was wir nicht mehr verstehen, nicht mehr ganzheitlich erfahren, sondern nur noch in Spezialdiskursen wissenschaftlich erklären können.«[9]

Der Radfahrer sollte mit einer Portion Fatalismus ausgestattet sein, will er am öffentlichen Straßenverkehr teilnehmen. So vernünftig er auch fährt, er ist vor allem von der Vernunft der Autofahrer abhängig.

35.

Weil das Radfahren zu einer Entkrampfung der Sitten beiträgt

Als Radfahrer kann man seinen sozialen Status verbergen, sei es im privaten Kreis, im Verein oder beim Einkaufen. Man fährt ohne dicken Benz vor (sponsored by Omi), und schon kann es für andere schwer sein, einen einzuschätzen. Man gibt Rätsel auf, was in Firmenverhandlungen vorteilhaft sein kann. Als Parlamentarier kann man mit dem Fahrrad zu einer über Krieg und Frieden entscheidenden Versammlung radeln, man gilt als Mensch, der die Bodenhaftung nicht verloren hat.

Je mehr eine Gesellschaft in den Radverkehr investiert, desto mehr Freiraum gönnt sie den Menschen. Zum Radfahren in der Stadt braucht man Zonen der Langsamkeit, geeignete Wege, kultivierte Autofahrer, halbwegs intelligente Polizisten. Da ist das Fahrrad ein erfolgreiches Instrument für Demokratisierung, es schafft Platz für viele und fördert die Akzeptanz lockerer Kleidung.

Bereits der erste »Fahrrad-Boom« im letzten Jahrzehnt des 19. Jahrhunderts veränderte das gesellschaftliche Leben sehr stark. Handwerker, Dienstboten, Lehrerinnen, Krankenschwestern und Verkäuferinnen konnten unabhängig von öffentlichen Verkehrsmitteln, etwa der teuren Pferdedroschke, zur Arbeit radeln. Und Radfahrer waren auch noch doppelt so schnell wie Kutschen mit trabenden Pferden. An den Wochenenden waren Ausflüge aufs Land nun auch für die ärmeren Leute leichter möglich. Die Menschen wurden mobiler und unabhängiger. Und sie bewegten sich mehr, waren häufiger an der frischen Luft. Sie konnten aus eigener Kraft schneller vorankommen als selbst der schnellste Läufer des Landes, das war eine prägende Erfahrung für alle Radfahrer.

Das Fahrrad wurde bald als Freiheitsmaschine bezeichnet, es revolutionierte den Alltag in einer ungeahnten Weise. Adlige und Arbeiter fanden Vergnügen am Radfahren, auch berühmte Dichter wie Hugo von Hofmannsthal, Arthur Schnitzler, Ernest Hemingway und F. Scott Fitzgerald.

Verlierer gab es natürlich auch, neben den Kutschern und Hufschmieden die Schuster und Hutmacher: »Fahrradfahrer verschleißen weniger Schuhe, hieß es. Sie tragen keine Hüte, trinken kein Bier, gehen seltener ins Theater, spielen nicht mehr Klavier und haben keine Zeit fürs Bücherlesen. Sogar die Juweliere schienen unter dem Fahrradboom zu leiden, denn unter dem Weihnachtsbaum drohte das Fahrrad die goldene Uhr und das Perlencollier zu verdrängen. Auch die Religion bekam die Fahrradbegeisterung zu spüren, denn viele Radler zogen bei schönem Wetter eine Radtour dem Gottesdienst vor. Manche Kirchen in den USA gingen dazu über, Fahrrad fahrende Mitglieder aus der Gemeinde auszuschließen.«[10]

36.

Weil das Fahrrad zur Selbstbestimmung der Frauen beitrug

Das Fahrrad half den Frauen, sich aus ihrer Unmündigkeit gegenüber dem männlichen Geschlecht zu befreien. Weil lange oder aufgeplusterte Röcke beim Radfahren stören beziehungsweise sogar gefährlich sind, lieferte die massenhafte Verbreitung des Fahrrads Ende des 19. Jahrhunderts ein gewichtiges Argument für sportlichere und bequemere Frauenkleidung.

Vor der neuen Mode warnten Ärzte und Tugendwächter. Frauen galten schließlich als zarte Wesen, die melancholisch seufzen und hysterisch in Ohnmacht fallen durften, aber keinesfalls den Männern überlegen sein sollten. Doch nicht die schwächere Konstitution der Frauen war die Ursache für ihr häufiges Kollabieren, sondern die zu eng geschnürten Korsette.

Rad fahrende Frauen waren nun auf einmal schneller unterwegs als dickbäuchige und Zigarren rauchende männliche Fußgänger, was diese als beleidigend empfanden. Man unterstellte den Frauen, das Radfahren würde ihnen zur heimlichen Masturbation dienen und warnte, wie etwa die *Deutsche Medizinische Wochenschrift* aus dem Jahr 1896, es schränke die Gebärfähigkeit ein.[11]

Natürlich war es für viele Männer ein Kulturschock, Frauen auf dem Sattel nun gar nicht mehr passiv, sondern kämpfend zu erleben, etwa, um einen Anstieg zu bewältigen. Und die Pferdekutscher waren doch auch Männer! Eine Frau, die den Drahtesel selbst lenkte, selbst für ihr Fortkommen sorgte – wie beleidigend für die Machos der damaligen Zeit!

Heutzutage wirken diese Vorurteile – zumindest in den meisten Ländern der Welt – nur noch komisch und lächerlich. Heute können auch Frauen allein weite Radreisen unternehmen. So traf ich im vorigen Jahr eine Frau aus München, die über Tschechien und

Polen allein nach Odessa in der Ukraine radelte. Niemand belästigte sie, viele Männer äußerten ihren Respekt. Eine allein reisende Radfahrerin wecke in vielen Menschen einen Beschützerinstinkt, meinte sie.

Heute findet es auch niemand mehr komisch, wenn eine Frau lieber auf einem Herren- als auf einem Damenrad fährt. Schließlich ist die »flattrige« Rahmenkonstruktion der Damenräder beim Bergauf- und Bergabfahren ein Handicap, was den meisten Männern gar nicht bewusst ist.

37.

Weil man sich als Radfahrer auch verkleiden kann

Zumindest in westeuropäischen Ländern ist die Kleidung anderer Leute heute kein Grund zur Aufregung mehr. In einer Stadt wie Berlin kann jeder den Narren spielen. Manche Radfahrer radeln durch die Straßen, als sei jeden Tag Fasching. Einer trägt einen Helm, an dem er Pfauenfedern befestigt hat, dazu umhüllt ihn ein rosa Kleid, das zuletzt seine Großmutter in ihrer Jugend in Clärchens Ballhaus getragen hat. Ein anderer fährt auf dem Hochrad vorbei, mit Smoking und Zylinder, als schriebe man das Jahr 1870. Eine Frau zieht hinter dem Rad einen Anhänger mit zwei Kindern her, sie quietschen und blasen Seifenblasen gegen den Fahrtwind. Im Sommer sieht man Radler, die mit freiem Oberkörper durch die Stadt fahren, was zur Zeit der erstmaligen massenhaften Verbreitung des Fahrrads wohl noch zu einer Verhaftung geführt hätte. Fahrradkuriere mit Eilbriefen oder Haschischtüten im Rucksack schlängeln sich zwischen Autos hindurch, manche verwechseln die nächste Ampel mit der Signalflagge der Tour de France. Polizisten auf Rädern bemühen sich, streng auszusehen, trotz des witzigen

Gefährts unter ihrem Hintern. Freigänger aus der Psychiatrie nutzen die Gelegenheit, das zu genießen, woran auch Gesunde Freude haben. Da die Hände den Lenker halten, schweigen die Dämonen für eine Weile.

Wenn Fortschritt die Zunahme von Möglichkeiten ist, so ist das Radfahren eine der größten kulturellen Leistungen des Menschen.

Wie kann dagegen der arme Autofahrer auf sich aufmerksam machen? Vor allem durch Lärm, indem er das Radio aufdreht, die Techno-Rhythmen oder den Motor dröhnen lässt, einen Kaltstart hinlegt. Er will auch gesehen werden, will eine Braut kennenlernen, möchte umarmt werden. Aber er kann sich nur primitiv äußern. Manchmal kommt es zum Flirt mit einer Fahrerin auf der Nebenspur, aber die Chancen für ein Rendezvous sind gering. Zu kompliziert das Ganze, zu wenig Zeit, schon schaltet die Ampel auf Grün.

Welche Kleidung der Autofahrer trägt, ist belanglos. Man sieht ihn ja doch nicht oder nur sein Gesicht, es sei denn, er fährt im Cabrio.

38.

Weil das Fahrrad die Erfindung des Flugzeugs inspirierte (und leider auch die des Autos)

Hätten Sie es gewusst? Die Brüder Wright, die das erste motorgetriebene Flugzeug der Welt bauten, waren eigentlich Fahrradmechaniker. »Sie schlossen von ihrem Verständnis des Gleichgewichts beim Radfahren auf das mögliche Verhalten von Flugmaschinen. Sie schraubten Tragflächen an ein Rad, um vergleichende Tests über Auftriebskraft und Luftwiderstand durchzuführen. Sie nutzten Fahrradritzel-Ketten, um die Propeller anzutreiben. Mit den Einnahmen ihrer Radwerkstatt finanzierten sie komplett Forschung, Entwicklung, Konstruktion und Erprobung des Wright Flyer.«[12]

Auch Carl Benz (1844–1929), der Erfinder des Automobils, war ein begeisterter Radfahrer. Im Alter von 22 Jahren fuhr er sein erstes Velocipede. Als er am 29. Januar 1886 für sein »Fahrzeug mit Gasmotorbetrieb« das Deutsche Reichspatent 37435 erhielt, waren viele Teile dieser neuen Erfindung vom Fahrrad inspiriert – die Räder, die Vollgummireifen, die Speichen, die Lager, die Vorderradgabel und sogar die Rahmenrohre. Am Kutschenbau orientierte sich Benz erst, als er einen Motorwagen mit Karosserie entwickelte.[13]

Das Fahrrad hatte gegenüber dem Auto und dem Flugzeug einen Entwicklungsvorsprung von mehreren Jahrzehnten. Der badische Erfinder Karl von Drais hatte seine Laufmaschine 1817 patentieren lassen. Die Laufmaschine war dem Pferd nachempfunden, statt der Zügel hielt der »Reiter« den Lenker. Drais' Idee: Mit diesem Gerät sollte der Hafer für die Pferde gespart werden. Das Neue an diesem Fahrzeug war, dass es aus zwei hintereinander angeordneten Rädern bestand.

Der nächste Entwicklungsschritt wurde mit dem Velocipede (Schnellfuß) vollzogen, das am Vorderrad mit Pedalen angetrieben werden konnte. Pro Pedaltritt konnte aber nur eine Radumdrehung erreicht werden. Deshalb wurden die Vorderräder vergrößert zum sogenannten Hochrad. Zeitzeugen berichten zwar immer wieder, wie gefährlich das Fahren auf diesen Rädern gewesen sei, doch gibt es Liebhaber, die auch heute noch mit ihnen fahren und schwören, weder sich noch andere zu gefährden; auch die Polizei akzeptiert Hochradfahrer als vollwertige Teilnehmer am Straßenverkehr.

Um 1880 setzte sich bei den Fahrradmonteuren die Erkenntnis durch, dass der beste Antrieb über Pedale gewährleistet werden könne, die über eine Kette mit dem Hinterrad verbunden sind. Schließlich erfand 1885 John Kemp Starley im englischen Coventry das Rover-Sicherheitsrad. Vorder- und Hinterrad hatten dieselbe Größe, der Fahrer konnte in einer bequemen Position sitzen und mit natürlichen Bewegungen sicherer und schneller als mit allen vorherigen Modellen fahren. Die Grundform des Fahrrads war gefunden worden und sollte bis heute so bleiben.

Doch für das Fahrrad musste nicht nur eine effiziente Form gefunden werden, auch das Material war wichtig. Holzreifen federn schlecht. Die ersten Fahrräder mit Drahtspeichen wurden dann in England erfunden. Der schottische Erfinder Robert William Thomson (1822–1873) entwickelte bereits 1845 den vulkanisierten Gummireifen für Fahrräder und ließ ihn patentieren, jedoch fand sich kein Fabrikant, der einen Nutzen in dieser Idee sah. Erst 1889 hatte der französische Industrielle Édouard Michelin (1859–1940) mit der Erfindung eines Luftreifens mit Schlauch wirtschaftlichen Erfolg. Das Unternehmen Michelin existiert bekanntlich noch heute und ist der zweitgrößte Reifenhersteller der Welt.

Oft vergessen, aber doch eine entscheidende Verbesserung war die Erfindung von Karbidlampen. Mit beleuchteten Rädern ab 1894 konnte man auch nachts fahren.

39.

Weil man als Radfahrer kein Schmarotzer ist

Was wird man in 100 oder 200 Jahren über die gegenwärtigen Autogesellschaften denken? Ich fürchte und hoffe: nur Schlimmes. Gipfel menschlicher Dummheit, Paradebeispiel eines gigantischen Selbstbetrugs, Zeugnis von Dünkelhaftigkeit und Arroganz, so die Stichworte, die sich meiner Überzeugung nach durchsetzen werden.

Wie ein Freund sagte: Wenn der Erfinder der Autos auf dem Marktplatz erzählt hätte, er habe da etwas gebaut, dessen massenhafte Verbreitung jedes Jahr Zehntausende Menschen das Leben kosten wird, für dessen Gebrauch man Millionen Kilometer Natur asphaltieren und Kriege führen müsse, hätte man ihn wahrscheinlich ins Irrenhaus gesperrt oder gesteinigt.

Den Konsumenten wird jedoch eingebläut, die Autoindustrie sei die wichtigste, sie schaffe die meisten Arbeitsplätze. Man verweist auf die Steuern beim Benzinpreis, auf die Staatseinnahmen. Ein Wirtschaftsminister von der FDP fürchtet anlässlich der Diskussion über die Einführung von Mautgebühren auf Autobahnen gar, wie so viele andere Auto-Lobbyisten, die Autofahrer würden zur »Melkkuh der Nation«.

Die Wahrheit ist jedoch: Der Autoverkehr verursacht Kosten, die von der ganzen Gesellschaft getragen werden, auch von denjenigen, die kein Auto fahren. Jedes in Deutschland angemeldete Auto erzeugt statistisch gesehen Kosten zwischen 1.000 und 2.000 Euro pro Jahr, die auf andere Personen als den Fahrzeughalter umgelegt werden. Verkehrsopfer müssen medizinisch betreut werden, Schadstoffe verursachen Krebs, die medizinische Behandlung von lärmbedingten Krankheiten kostet Geld.

Im EU-Raum verursacht der Autoverkehr jährlich Kosten in der Größenordnung zwischen 258 Milliarden und 373 Milliarden Euro. Zu dieser Erkenntnis gelangte der Verkehrswissenschaftler Udo Becker 2012 im Rahmen einer Studie der Technischen Universität Dresden.[14] Die Autofahrer und die Automobilkonzerne müssten an diesen Kosten eigentlich beteiligt werden.

Die wirtschaftliche Bedeutung der Autoindustrie wird häufig überschätzt. Ihr Anteil am Bruttoinlandsprodukt beträgt nämlich nur 2,7 Prozent.[15] Zahlen wie diese sind natürlich auch Milchmädchenrechnungen, da sich die einzelnen Industriezweige gar nicht klar voneinander trennen lassen. Aber es sagt doch einiges über eine Gesellschaft aus, wie stark sie aufs Auto fixiert ist.

Das Fahrrad ist ein Beispiel dafür, dass man Technik auch vernünftig nutzen kann, ohne künftigen Generationen Müllhalden und verseuchte Böden zu hinterlassen, ohne Landschaften für die Gewinnung von Öl zu verwüsten. Sicherlich, auch für die Herstellung von Fahrrädern braucht man Metalle und Stoffe, die transportiert werden müssen. Aber im Vergleich zum Auto doch viel weniger.

Das Fahrrad symbolisiert die Mäßigung, den Verzicht, die Entschleunigung, das Auto eine potenziell tödliche Kraft und Geschwindigkeit. Als Autofahrer muss man akzeptieren, dass man für eine andere eine tödliche Gefahr sein kann. Ein falscher Schritt eines Fußgängers auf die Straße, schon ist es geschehen. Ein Kind läuft einem Ball hinterher, das ist der Klassiker.

Auch bei Zusammenstößen mit Radfahrern können Fußgänger sich Verletzungen zuziehen, aber selten schwere oder gar tödliche. Gleiches gilt, wenn zwei Radfahrer zusammenprallen, etwa weil einer auf dem Radweg in die falsche Richtung fährt, ein Geisterfahrer gewissermaßen.

40.

Weil man als Radfahrer keine Bonuskarten braucht

Als Radfahrer staune ich immer wieder, woran sich Menschen in der Zivilisation gewöhnen können. An welche Reize, an welchen Lärm, an welches Geschwätz.

Ich stehe in einem Geschäft in den ukrainischen Karpaten, zwischen Uschhorod und Chust. Auf der Straße rasen Lkw mit Anhängern, Busse und Trucks vorbei. Der Boden wackelt wie bei einem Erdbeben, das Gebäude ächzt. Dieser Lärm wird jedoch übertönt von einem Pfeifton. Ich vermute ein Geräusch der Klimaanlage. Es ist jedenfalls in einem Frequenzbereich angesiedelt, den ich als schmerzhaft empfinde, weit schmerzhafter als den Krach der Autos.

»Hören Sie diesen Ton den ganzen Tag?«, frage ich die Verkäuferin.

»Nur im Sommer«, sagt sie.

Mir bleibt die Luft weg. Ich hatte gehofft, es höre gleich auf. Wann hat die Frau aufgegeben, sich die Ohren zuzuhalten? Mir ist nach wenigen Minuten schon speiübel. Wahrscheinlich ist sie froh, diese Arbeit zu haben. Falls sie in dem Geschäft als Angestellte arbeitet, wird ihr Monatslohn 100 bis 150 Euro betragen. Falls es ihr eigenes Geschäft oder das ihrer Familie ist, so wäre eine Arbeitszeit von 16 Stunden pro Tag nicht ungewöhnlich.

Ihre Kolleginnen in Deutschland müssen jeden Kunden fragen: »Sammeln Sie Bonuspunkte?« Oder gar »Treueherzen«. Vorher haben Mathematiker und Psychologen ausgerechnet, wie oft eine Verkäuferin die Kunden befragen muss, damit am Ende eines langen Prozesses irgendein Geldsack – neuerdings CEO genannt – noch eine Million Euro mehr erhält, nicht verdient.

Und damit die Verkäuferinnen ihre Arbeit auch ehrlich verrichten, auch wirklich jeden Kunden belästigen, werden sie mit Hilfe von Kameras überwacht. Oder die Gespräche werden, wie in Callcentern, aufgezeichnet, natürlich nur, um die Service-Qualität zu sichern.

In vielen Berufen werden die Angestellten heute minutiös kontrolliert. Natürlich ist nicht nur eine einzige böse Kraft schuld an dieser Entwicklung. DIE Wirtschaft, DIE Politik, DIE Konzerne, das sind blasierte Begriffe.

Aber erstaunlich ist es doch, was Menschen alles mit sich machen lassen.

6. ETAPPE

Tour de Wolga I

41.

Weil der Radfahrer weiß, wie kostbar Wasser ist

In der russischen Steppe, zwischen Don und Wolga. Laut Karte führt kein Weg in den Norden. Es ist Sonntag und heiß, alle bewegen sich etwas langsamer. So auch die Verkäuferin beim Sprechen.

»In dieser Himmelsrichtung war ich noch nie«, sagt sie, als ich nach dem Weg frage.

Solch eine Antwort habe ich auch schon in deutschen Dörfern bekommen. Eine Straße führt in die Kreisstadt im Süden, dort kauft man Möbel und Kleidung, erledigt das Behördliche. Im Osten ist ein See, da fängt man Fische. Im Westen kennt man das nächste Dorf, da hat die Tochter geheiratet. Für eine Reise nach Norden gibt es keinen Grund.

Im nächsten Geschäft sind gleich drei Frauen der Meinung, dass im Norden die Welt zu Ende sei. Es sei unmöglich, dorthin zu fahren. Mindestens die nächsten 40 Kilometer sei nur Grasland, man könne sich, zumal als Fremder, nicht orientieren.

Wie? Kein Fluss als Hindernis, kein Militärgelände? Nur Gras? Weiter nichts? Ich bin im Hagelsturm gefahren, über glitschige Äcker.

Ich kaufe ein Schokoladeneis, frage nach der Stimmung im Dorf. Die Frauen seufzen, heute gebe es keine Ehrlichkeit mehr. Ich breite meine Karte aus, wir studieren gemeinsam die Wege und schwatzen ein wenig. Ein Lebensmittelgeschäft ist ja nicht nur ein Ort, an dem man einkauft. Man ruht sich aus, trinkt ein Bierchen, erzählt sich Witze, trauert um die Verstorbenen, schließt Geschäfte ab, ermahnt die Betrunkenen.

Eine Frau kommt herein und beschwert sich, dass in der soeben gekauften Tüte Zucker ein Loch sei, sie reklamiere die Ware. Die Verkäuferin prüft die Tüte, wiegt sie nach. Ich habe den Verdacht, dass das Loch nur ein Vorwand ist, auch diese Frau will schwätzen.

Auch sie ist der Meinung, dass ich das nächste Dorf im Norden mit dem Fahrrad nicht erreichen könne.

Ich fahre dennoch los, will mich auf meinen inneren Kompass verlassen. Die Frauen stehen vor dem Geschäft und winken zum Abschied. Zunächst gibt es noch einen Weg, auf dem stampft eine Herde Kühe, ein Hirt ist nicht zu sehen. Die Erde ist braun und trocken, seit Wochen hat es nicht geregnet. Nach einigen Hundert Metern endet der Weg. Links liegt noch eine Tränke, doch wieder ist niemand zu sehen, obwohl Hunde bellen.

Ich habe zwei Liter Wasser bei mir, das wird wohl reichen für gut zwei Stunden. Ich ermahne mich, geradeaus zu fahren. Doch die Landschaft ist hügelig, das Dorf schon bald nicht mehr zu sehen. Und im Norden ist der Horizont ein Strich.

Nach ein paar Kilometern sehe ich immerhin Traktoren und Mähdrescher. Die Staubfahnen, die sie aufwirbeln, bieten einige Zeit Orientierung. Meine Aufgabe ist eigentlich ganz einfach: Fahre parallel zu diesem Punkt.

Doch es ist so heiß, dass mir der Schweiß literweise den Körper herunterfließt. Ich trinke beim Fahren, schütte mir Wasser auf den Kopf. Das kühlt für Momente, ein Taschentuch unter dem Helm hält für kurze Zeit die Feuchtigkeit.

Seltsam, aber wahr: In Berlin fließt das Trinkwasser aus der Leitung. Wie kann man sich in solchen Wohnungen streiten, sich anschreien, sich gar ermorden?

Nach etwa einer Stunde bin ich mir sicher, dass ich das Dorf im Norden erreichen werde. Vorerst schlägt mir das Gras gegen die Knie, Wiesel verschwinden erschrocken in ihren Erdlöchern, Bussarde kreisen über mir. Ich trinke und fahre, kämpfe mich den nächsten Hügel hoch, rutsche vorsichtig den nächsten Abhang hinunter.

Dann, endlich, sehe ich einige Häuser in einer Senke. Das kann nur das nächste Dorf sein! Das ist das Ziel! Ich habe kaum noch Wasser, aber dort gibt es bestimmt Brunnen.

Ich fahre an den ersten Häusern vorbei, an trockenen Maispflanzen und Kartoffelfeldern. Niemand ist zu sehen, bis ich auf die Straße komme. Da stehen drei Frauen vor einem Geschäft und winken.

Dieses Geschäft kenne ich. Und diese Frauen habe ich schon einmal gesehen. Das sind die Verkäuferinnen! Ich bin im Kreis gefahren.

Ich erspare mir die Peinlichkeit, meinen klugen Ratgeberinnen meine Niederlage zu gestehen. Blind geradeaus zu fahren, das ist doch nicht so einfach.

42.

Weil man als Radfahrer etwas lernen kann

Nachdem ich meinen Reisebericht *Auf einem blauen Elefanten – 8353 Kilometer mit dem Fahrrad von Berlin an die Wolga und wieder zurück* (Berlin 2009) geschrieben hatte, sollte das Manuskript als Buch gedruckt werden. Ich bot dem Verlag Dutzende Fotos zur Auswahl an. Der für die Gestaltung verantwortliche Mitarbeiter wählte fast nur Fotos mit menschenleeren Landschaften aus – Felder und Straßen bis zum Horizont, einen Grasweg in der Steppe, einen Ziegenbock auf einer Weide, einen See auf einem Acker.

Ich fragte ihn, weshalb er diese Motive gewählt habe.

»So stellt man sich Russland und die Ukraine doch vor«, sagte er.

Mein Gott, war ich denn Tausende Kilometer mit dem Rad gefahren, um das zu sehen, was Millionen Touristen vor mir gesehen hatten? Um zu zeigen, was »man« schon kennt? Um Klischees zu bestätigen?

Kaum ein Dokumentarfilm über Russland kommt ohne Balalaikaklänge aus, doch viele Russen haben, außer im Fernsehen, noch nie eine Balalaika gesehen. Wenn man durch die Straßen einer russischen Provinzstadt spaziert, wird man den Singsang von Popsongs, gestampfte Techno-Rhythmen, klassischen westlichen Rock und häufig Reklamegeschrei hören, aber so gut wie nie die Musik, die man im Westen mit Russland verbindet, weder *Kalinka* noch Soldaten-Chöre oder schwermütigen Chansons.

Berichte über das russische Dorfleben, in denen nur Alkoholiker, Faulpelze und betende Frauen vorkommen, werden im deutschen Fernsehen immer wieder gern gezeigt. Die meisten Russland-Filme spielen auf dem Land, oft in Sibirien. Sie heißen *Geheimnisvolle Seele Sibiriens, Sibiriens goldene Träume, Der Baikal – Wunder der Natur, Der Ruf der Taiga, Russlands Ströme – Russlands Schicksal, Aufbruch ins russische Eis – Geheimnisvolle Tundra*. Dann tragen alle Großmütter Kopftücher, melken Ziegen und kochen fettes Essen, die Männer fischen und trinken Wodka. Manchmal treten die Superreichen auf, die feiern dann nur Partys, telefonieren und erklären, warum sie keine Moral haben, aber doch nette Kerle sind.

Die großstädtische Intelligenz, ja selbst der kleinbürgerliche Durchschnitt werden so gut wie nie dargestellt. Unter anderem, weil diese Milieus sich von westlichen kaum unterscheiden, sowohl in Bezug auf die Ausstattung der Haushalte mit technischen Geräten wie Waschmaschinen, Computern mit Internetanschluss oder Staubsaugern, als auch in Hinsicht auf ihre Verhaltensweisen und moralischen Maßstäbe.

Ich muss dem oben zitierten Mitarbeiter jedoch zugutehalten, dass auch mein Gehirn viel zu oft mit Vorurteilen verstopft ist. Tatsächlich hatte ich in den Dörfern häufiger die traditionellen Lehmhütten fotografiert, das Russland, wie es auch vor 200 Jahren schon aussah, als die zahlreichen modernen Häuser. Doch selbst an alten Hütten kleben zwei oder gar drei Satellitenschüsseln, mit denen man bis zu 1.500 Fernsehprogramme empfangen kann, von Kuwait TV bis zu deutschen Pornokanälen.

Wie sehr ich selbst in Klischees denke, merkte ich bei einer Veranstaltung in Saratow. Ich hatte von meiner Fahrradreise berichtet, dann fragte eine Dozentin: »Sie suchen immer wieder nach den

Unterschieden zwischen Russland und Deutschland. Haben wir nicht viel mehr gemeinsam, als uns trennt?«

Die Frau hatte recht. Ich will vom Besonderen erzählen, von den Ereignissen, die in Deutschland aller Wahrscheinlichkeit nach nicht stattfinden könnten, vergesse aber oft dabei, wie vieles identisch oder einander ähnlich ist. Eine Mahnung zur passenden Zeit.

43.

Weil man als Radfahrer Vorurteile widerlegen kann

Es ist immer wieder das gleiche Trauerspiel: Je weiter man nach Osten fährt, desto lauter erklingen die Warnungen, dass es noch weiter östlich unglaublich gefährlich sei. Ausgewanderte Russen warnen in Nürnberg vor ostdeutschen Nazis, ostdeutsche Kleinbürger warnen vor diebischen Polen, fleißige polnische Häuslebauer vor der ukrainischen Mafia, ukrainische Schachtarbeiter vor gewalttätigen Russen, russische Bauern vor faulen Kasachen ...

Die Richtung ist klar: Im Westen geht es vorwärts, im Osten siedeln das Dunkle, das Schmutzige und das Böse. Im Osten auch westlicher Großstädte stehen die stinkenden Fabriken, im Westen die feinen Villen der Schmarotzer. Der reinigende Wind wird von der Erdrotation angetrieben. Und weil die Erde sich, wie alle Planeten, mit Ausnahme der Venus, gegen den Uhrzeigersinn um ihre eigene Achse dreht, sollen im Osten die Barbaren leben.

Doch für die Ausrichtung der Vorurteile gibt es andere sachliche Gründe. Sie sind in dem Phänomen zu verorten, das bereits der deutsche Philosoph Georg Wilhelm Friedrich Hegel (1770–1831) beobachtet hat. Die Tatsache nämlich, dass die Frontlinie der menschlichen Entwicklung seit langer Zeit von Ost nach West um den Erdball wandert und immer an den Küsten entlang.[16] Von Mesopotamien über Ägypten, das antike Griechenland, das Römische

Reich, Spanien und Portugal – nach päpstlichem Richterspruch Herrscher über die ganze bekannte Welt –, Frankreich im 18. Jahrhundert bis zum Ende der Herrschaft Napoleons (nach Hegel »der Weltgeist zu Pferde«) und Großbritannien mit seinem Empire (jeder vierte Erdenbürger ein Untertan des britischen Königshauses!), schließlich, nach Hegels Tod, die USA und im 21. Jahrhundert wohl China, dann Indien … und im 22. vielleicht wieder das Zweistromland? Oder Nigeria mit einer Milliarde prognostizierten Menschen? Oder doch wieder Europa?

Die Frontlinie der menschlichen Entwicklung ist dabei natürlich nicht nur, aber hauptsächlich ein Begriff des Krieges, der Macht und der Verfügungsgewalt über Rohstoffe und Menschen. Doch auch die Kultur, die Sprache, die Religion, das Recht, die Kunst und die Moden werden überwiegend in den jeweiligen Metropolen kreiert und als Zeichen der Hegemonie exportiert.

Für die europäische Perspektive gilt: Auch die Menschen, vor allem die Fachkräfte, die qualifizierten und risikofreudigen Menschen, die Künstler und Intellektuellen, wandern vom Osten in den Westen. Die Ukraine hat seit dem Zusammenbruch der Sowjetunion wahrscheinlich sieben Millionen Menschen fast ausschließlich durch Auswanderung verloren.

Viele dieser Menschen sind in den Westen gezogen, weil sie sich hier ein besseres Leben als in ihren Herkunftsländern erhoffen. Sie sind nicht nach China oder in die Mongolei ausgewandert. Sie vergleichen den Lebensstandard, die Kriminalität, die Lebenserwartung, die Gesundheitsfürsorge, die Rechtssicherheit, den Respekt gegenüber dem Individuum und werden in allen diesen Aspekten die Vorteile des Westens erkennen. Und sie warnen vor dem bösen Osten.

Als ich zum ersten Mal mit dem Fahrrad in den Donbass fuhr, in das Kohlerevier im Osten der Ukraine, hatte ich schon viel Schlechtes über die dort lebenden Menschen gehört. Nostalgiker aus der westlichen Ukraine, die vom Anschluss an Österreich träumten, hatten mir erklärt, dass es der Ukraine viel besser gehen würde ohne die rückständigen Gebiete Donbass und Saporiska oblast, wo »die Russen« leben. Die Kohlearbeiter im Donbass, das seien nur Schläger, Alkoholiker und Stalinisten. Man müsse die Ukraine teilen, das Land sei zerrissen zwischen seinem Osten und seinem Westen, zwischen dem demokratischen Europa und dem asiatischen Russland.

Soll aus Kiew ein zweites Jerusalem werden?, fragte ich mich, als ich dem bekanntesten ukrainischen Vertreter dieses Blut-und-Boden-Denkens in Berlin bei einer Veranstaltung in der Akademie der Künste zuhörte. Der Mann erhielt viel Applaus, weil er anti-russische Vorurteile fütterte, das Publikum wähnte sich im Boot des Fortschritts, die Fahne der Menschenrechte flatterte im Winde.

Ich hatte nichts zu verlieren und radelte über Tscherkassy und Nikopol in die angeblich schmutzigste Gegend der Ukraine. Zunächst war ich überrascht, wie mild das Klima dort ist. Am Straßenrand standen Zitronenbäume, die Weintrauben waren so groß wie andernorts Pflaumen, die Pflaumen so dick wie Äpfel. Ich wich nach Norden aus und kam in einen der schönsten Naturparks der Ukraine, den Nazionalny Park Swiati Hory zwischen Isjum und Kreminna. Ich sah mehrere Erholungsheime in Kiefernwäldern, fuhr an Badeseen vorbei, aber nicht an Kohleschächten beziehungsweise Fördertürmen.

Ich fuhr weiter nach Süden, in das Zentrum des Donbass. In einem Restaurant für Sportler wurde mir ein dreigängiges Menü aufgetischt, das ich nur mit einem Autogramm bezahlen durfte. Früh am Morgen lud mich ein Schachtarbeiter zu sich nach Hause ein, er lockte mich mit dem Versprechen, mir zu Ehren ein Schwein zu schlachten. Drei Geschäftsleute in einem schwarzen BMW, die ihre Augen hinter Sonnenbrillen versteckt hatten, fuhren im Schritttempo neben mir her, versprachen mir »Frauen ohne Defekte«, falls ich ihr Gast sein würde.

Ich traf Griechen, Armenier, Tschetschenen, Dagestaner, Türken, Weißrussen und Litauer mit ukrainischer Staatsbürgerschaft, aber keine Russen. Die ersten Russen, die ich traf, waren zwölf Taubstumme. Ich war genau 111 Kilometer gefahren (die Elf ist meine Glückszahl) und hielt in Welika Nowosilka vor einem Restaurant. Die Menschen, die an den Tischen am Straßenrand saßen, verständigten sich mit Zeichen. Sie zupften sich an den Ärmeln, rissen die Münder auf, weiteten die Augen, zeigten auf mein Fahrrad. Einem Mann gefiel mein Helm, eine Frau schrieb mit den Händen die Form meines Hinterns in die Luft.

Ich setzte mich zu diesen noblen Herrschaften. Obwohl ich stummes Russisch nun wirklich nicht verstehe, begriff ich doch, was sie vor allem anderen interessierte – wo ich herkam. Ich zog meine Ukraine-Karte aus der Schutzhülle der Lenkertasche und breitete das kostbare Stück auf dem Tisch aus. Jeden Abend hatte ich die gefahrene Strecke eingezeichnet. Ich zeigte auf Lwiw und Winnyzja, Städte, in denen sie nie gewesen waren. Ihr Staunen war ein schönes Dankeschön.

Dann legte ich eine kleinere Karte auf den Tisch, auf der ein Teil von Deutschland, Polen, die Ukraine und der europäische Teil Russlands zu sehen waren. Auf dem Papier betrug die Entfernung zwischen Berlin und Saratow nicht mehr als 20 Zentimeter.

Stummer Beifall, gurgelnder Neid.

Meine neuen Freunde konnten natürlich lesen und schreiben, deshalb interviewte ich sie schriftlich.

»Wo leben Sie? Leben Sie schon lange hier? Bekommen Sie eine Rente? Womit beschäftigen Sie sich?«

Ich hatte schon ein Heim mit Kleinwüchsigen besucht, Waisen- und Altenheime und Schulen. Mir war schon klar, dass es hier keine Behindertenwerkstätten gab und dass die Sozialhilfe, die sie vom Staat bekamen, zum Leben nicht reichte.

Eine Frage brannte mir auf der Zunge: »In welcher Sprache verständigen Sie sich?«

Aber wie fragt man Taubstumme so etwas?
»Zeigen Sie Russisch? Sind Ihre Zeichen russische?«
So versuchte ich es.

Sie nickten, einer schrieb in mein Notizbuch: »Da, my goworim po-russki.« Ja, wir sprechen russisch. Und sie lachten.

Die Kellnerin, die sprechen konnte, meinte, ihre Mutter sei Ukrainerin, ihren Vater habe sie nicht gekannt.

44.

Weil Radfahrer auch von Kohlekumpels akzeptiert werden

Weil es in Welika Nowosilka so schön war, fuhr ich die nächsten fünf Jahre immer wieder mit dem Fahrrad dorthin. Die Siedlung ist ziemlich weitläufig, die meisten Häuser sind einstöckig und nicht unterkellert. Offiziell leben hier 17.000 Einwohner, doch genau weiß es niemand, zu viele Arbeitsmigranten sind im Ausland.

Drei schmale Flüsse kreuzen sich in Nowosilka, auf den Wiesen weiden Kühe und Ziegen, man kann angeln und baden. Nach wenigen Hundert Metern Fußmarsch erreicht man Birken- und Erlenwälder.

Kultur gibt es in Welika Nowosilka auch, ein Museum über den Baron Korf. Baron Korf war ein aufgeklärter Adliger und Freund von Anton Tschechow, er verbrachte hier seine Jugend, gründete dann in Moskau ein Theater. Auf dem Museumsgelände befindet sich heute ein Kinderferienlager, 200 Euro kostet der Aufenthalt für zwei Wochen, das können sich nur die Reichen leisten.

Im Umkreis von 60 Kilometern gibt es meines Wissens nicht einen einzigen Kohleschacht. Nach mehreren Fahrten durch den gesamten Donbass kann ich einschätzen, dass die Fläche, auf der dort Kohle gefördert wird, nur wenige Prozent der Gesamtfläche ausmacht. Weil in der Ukraine wie auch in Russland nichts unmöglich ist, schaffte ich es auch, auf ein Schachtgelände zu kommen, Kohlekumpel beim Verlassen des Schachts und Lokführer bei der Arbeit zu fotografieren, mir die Förder- und Veredelungsanlagen anzusehen, das betriebseigene Museum zu besuchen. Ich war für den Wachdienst kurzerhand zum Reporter der Betriebszeitung ernannt worden.

Mit ein paar Kumpels ging ich anschließend in ein feines Restaurant und interviewte sie, erfuhr von ihren hohen Löhnen, von ihren langen Urlaubs- und kurzen Arbeitszeiten. In den mir bekannten Medienberichten waren Schachtarbeiter immer als schlechtbezahlte Hungerleider vorgestellt worden, die unter primitivsten Bedingungen tagtäglich lebensgefährliche Tätigkeiten verrichteten. In Wirklichkeit empfanden sie sich als privilegiert, auch wenn es alle paar Jahre zu schweren Unfällen kommt, zu Methanverpuffungen und zum Einsturz von Schächten. Aber nicht in ihrem Schacht, versicherten sie.

Sie hatten keinen Grund, mir gegenüber Schönfärberei zu betreiben, ich galt als Freund eines Freundes, als Radfahrer aus Deutschland, der sich aus privaten Gründen für ihre Arbeit interessierte. Ich zeigte ihnen Fotos von meinen Reisen, sie hieben mir ihre Pranken auf die Schulter und akzeptierten mich als einen, der das Schwitzen aus eigener Erfahrung kennt.

Es gibt im Donbass auch wilde Schürfstellen, wo die Ärmsten der Armen sowohl für den eigenen Verbrauch als auch zum Verkaufen Kohle abbauen, sie in Säcken und Handwagen abtransportieren, wobei sie noch Schmiergeld an selbst ernannte Aufseher bezahlen müssen.

In dem Dokumentarfilm *Schacht Nummer 8* wird der damals 15-jährige Junge Jurij Sikanow gezeigt, der, um sich und seine beiden Schwestern ernähren zu können, solch einer gefährlichen Arbeit in einer Kopanka, einer Buddelstelle, nachgeht. Sein Vater ist gestorben, er wollte Selbstmord begehen, doch er starb mit dem

Strick in der Hand an Herzversagen. Die Mutter ist Alkoholikerin, »manchmal ist sie so betrunken, dass sie sich mit dem Schrank unterhält«, erzählen Jurijs Schwestern.

Es ist ein verdienstvoller, interessanter, auch poetischer Film, der auf Filmfestivals gezeigt wurde und auch internationale Aufmerksamkeit erlangte. Aber typisch für Kohlearbeiter im Donbass ist das Schicksal dieses Jungen nicht. Es handelt sich vielmehr um eine Ausnahme, die Medienklischees und Vorurteile bestätigt.

45.

Weil dem Radfahrer das wahre Leben gezeigt wird

Nach Welika Nowosilka fuhr ich auch deshalb mehrmals, weil ich dort Wasja kennengelernt hatte. Er lud mich nach dem Treffen mit den Taubstummen zu sich nach Hause ein, führte mich an seinem kaukasischen Hütehund vorbei, der mir so heftig entgegensprang, dass ich fürchtete, er werde die Eisenkette zerreißen, die ihm nur einen Laufweg von wenigen Metern ermöglichte. Wasja zeigte mir zuerst seine Pistole, um mir zu beweisen, dass wir in seinem Haus sicher seien. Er war eine Zeit lang als Waffenhändler tätig gewesen, aber das Geschäft war nicht gut gelaufen, der Bedarf an Pistolen und Gewehren war doch nicht so groß gewesen, wie er gehofft hatte.

Schießen habe er als Soldat in Afghanistan gelernt, erzählte er. Seine Frau Luisa jedoch, eine Lehrerin für ukrainische Geschichte, spottete über diese Behauptung. Wasja könne weder Fotos noch Zeugen aus dieser Zeit vorweisen. Die lange Narbe an seinem Bein, die er als Folge einer Schusswunde beschrieb, rühre wahrscheinlich von einem Unfall her, sagte sie.

Die Wahrheit ist jedenfalls, dass Wasja ein Tschernobylnyetz ist, als solcher erhielt er eine Ehrenrente von 14 Euro im Monat, die inzwischen mehrmals gekürzt wurde. Als Tschernobylnyetz werden die Helfer bezeichnet, die 1986 in Tschernobyl nach der Reaktorkatastrophe deren Folgen einzudämmen versuchten. Gemeinhin versteht man darunter Liquidatoren, die auf dem Dach des explodierten Blocks, oft mit bloßen Händen, die Trümmer beseitigten. Wasjas Aufgabe als Busfahrer hatte darin bestanden, die Einwohner von Primskoje nach Kiew zu evakuieren. Er war also nicht in der heißesten Gefahrenzone gewesen.

Ob es nun stimmt oder nicht, jedenfalls erzählte Wasja, an jenen Abenden sei er zusammen mit seinen Kollegen in Primskoje in die Disco gegangen. Zuzutrauen ist es ihm. Ein paar Kilometer weiter kocht die Erde, von dort aus wird halb Europa verstrahlt, und Wasja tanzt zu Dschinghis Khan mit einer Blondine im Arm.

Wenn er Geld hat, findet er auch einen Anlass zum Feiern und zum Trinken, in dieser Eigenschaft sind wir uns ähnlich. Und wenn er keins hat, lässt er anschreiben. Luisa schimpft natürlich darüber, dass Wasja so wenig Geld nach Hause bringt. Oft müssen sie zu dritt von ihrem Gehalt als Lehrerin leben, von 200 Euro im Monat. Während meines letzten Besuchs mussten noch zwei Kredite von jeweils 20 Euro monatlich abgezahlt werden – Wasja war mit dem Skooter in den Straßengraben gefahren, hatte sich dabei die Schulter gebrochen, er konnte einige Wochen nicht arbeiten, das Moped musste verschrottet werden.

Einmal gingen wir in Welika Nowosilka ins Krankenhaus, weil seine Tochter Julia eine Fischgräte verschluckt hatte. Als die Ärztin ihn sah, redete sie ihm ins Gewissen. Er sei schon seit einem Jahr nicht zur Routineuntersuchung erschienen, er solle am nächsten Tag zu ihr kommen, sie könne ihm als Tschernobylnyetz eine kostenlose Kur verschreiben.

Wasja nickte brav. Draußen erzählte er mir dann, dass er die Kur nicht antreten könne, weil er arbeiten und Geld verdienen müsse. Außerdem müsste er auch während einer solchen Kur verschiedene ärztliche Leistungen bezahlen. Offiziell sind in der Ukraine und in Russland wie in sowjetischen Zeiten ärztliche Leistungen zwar kostenlos, in der Praxis jedoch hängt es meistens vom Geld ab, ob und wie man behandelt wird.

Der Chirurg im Krankenhaus hatte in Julias Hals übrigens keine Fischgräte gefunden. Als Julia weiterhin über Schmerzen klagte, suchte Wasja selbst danach, er fand die Gräte und zog sie heraus.

Wasja hat goldene Hände und kann Autos, Waschmaschinen oder mein Fahrrad reparieren, als Handwerker ist er ein Universaltalent. Er hilft der älteren Nachbarin und arbeitet auch, wenn man ihn mit Eiern bezahlt. In einer Region mit einer Arbeitslosigkeit von bis 70 Prozent ist der Naturalhandel eine übliche Überlebensstrategie.

Manchmal träumen wir, Wasja könnte mich auf meinen Reisen begleiten. Lustig wäre das bestimmt. Er hat einen Blick für kuriose Menschen und ist ein guter Scout. Er liebt es, mit mir durch Nowosilka zu spazieren und mich vielen Leuten vorzustellen. Er genießt die Verblüffung, die er mit der beiläufigen Bemerkung erzielt, ich sei mit dem Rad aus Berlin hierhergefahren.

Da er Zugang zu den finstersten Kaschemmen hat, kann er mich auch in Kreise einführen, in die man als Fremder sonst niemals eingelassen wird. So durfte ich auch Zeuge sein, wie im Donbass Selbstjustiz ausgeübt wird.

Typisch Wasja, er schaut mich prüfend an und stellt eine harmlose Frage.

»Du musst keine Brille tragen? Du kannst auch mit Linsen sehen?«

»Natürlich, das weißt du doch.«

»Du willst doch die kriminelle Welt kennenlernen? Heute brauchst du Linsen. Heute bekommst du diese Möglichkeit. Nimm kein Geld mit. Dort leeren sie dir die Taschen schneller, als du gucken kannst.«

Mehr verrät er nicht. »Komm mit, du wirst sehen.«

Wir fahren in zwei Autos über die Dörfer und flaches Land. Dass unter uns auch ein Milizionär ist, ahne ich noch nicht. Einige Absprachen erfolgen, man reicht ein Dokument hin und her. Offenbar hat jemand einen Motor geklaut und will ihn nun verkaufen. Wasja trinkt, auch meine Laune bessert sich nach einem Schluck aus der Pulle.

Am Zielort steigen noch zwei starke Männer ein. Eine Frau spielt den Lockvogel. Wir warten auf ihren Anruf. Sie soll sich bei dem Dieb als Interessentin ausgeben. Wir verfahren uns aber im Häusergewirr. Der Lada fliegt über die Löcher im Asphalt. Ein zweiter und dritter Anruf, neue Hinweise, und wir sind da.

Wasja greift sich den Dieb gleich im Schwitzkasten. Der dicke Milizionär tritt ihm gleichzeitig in den Allerwertesten; das arme Schwein heult fast schon, dabei hat er nicht mit Wasjas Stirn gerechnet – die knallt ihm gegen die Augenbrauen, das Blut spritzt ihm ins Gesicht. Nun vermischen sich Blut und Tränen.

»Alles verstanden, mein Freund?« Der Dicke hält ihm das Dokument vor die Augen, Wasja streichelt ihm zärtlich das Kinn. »Papier wirst du wohl haben? Hast du nicht? Haben wir aber.«

Der Motor liegt im Gras, die Nummer wurde längst überprüft. Nun muss der Dieb notieren: »Ich habe von ... am ... einen Motor zum Preis von ... gekauft. Nummer des Motors, Herstellungsjahr, Typ, Größe.«

Heulend schreibt er, was ihm gesagt wird. Wasja besitzt die Frechheit, sich vor ihm hinzuhocken. Er tatscht ihm weiter im Gesicht herum. Der Dieb blickt zu seiner Frau. Die will verhandeln. »Wir sind doch auch nur arbeitende Leute!«

Ihr Sohn, wohl kaum älter als acht, neun Jahre, schwingt sich aufs Rad, er will den Großvater holen – so ruft er es dem Vater zu. Der Großvater kommt, aber was will er ausrichten gegen uns fünf?

Der Dieb weint und schreibt noch immer. Wasja hat ihm einen Fetzen Papier gereicht, damit er sich das Blut aus den Augen wischen kann. Schließlich haben wir, was wir haben wollen, das Geständnis und den Motor.

Der Sohn des Diebes hat zwei Großmütter vom Feld gerufen, die kommen mit Sense und Harke und prügeln, während wir ins

Auto springen, auf alles ein, was sie noch erwischen können – auf die Autotür und auf mein Schulterblatt.

Verdammt, jetzt müssen wir gegen alte Frauen kämpfen, und zwar mit bloßen Händen. Eine Sense kann der Oma entrissen werden und fliegt über den nächsten Gartenzaun, die Harke folgt. Der Knirps hat inzwischen einen Stein gefunden, den will er Wasja an den Kopf werfen. (Wäre der Vater so tapfer, hätte er nicht geklaut.) Die Mutter brüllt ihn an: »Verschwinde! Geh ins Haus!«, aber er ist nun einmal ein Kämpfer. Ich warne Wasja, damit er nicht durch das unachtsame Handeln eines Kindes noch zu Schaden kommt.

Wie auch immer, wir sind die Sieger, die jammernde Familie bleibt zurück.

Ich frage Wasja im Auto nach dem Wert des Motors: »1.300 Griwna!« (130 Euro), ein ganzer Monatslohn. Der Milizionär erklärt, den Dieb zu verklagen dauere einfach zu lange, sei zu aufwendig. Der rechtmäßige Besitzer des Motors, selbst ein Familienvater, ist jedenfalls froh.

In der Kneipe erholen wir uns dann. Mit den Trinksprüchen achten wir wie immer die Traditionen. Der erste Toast wird auf das Treffen angebracht, auf die Freude über das Beisammensein. Für den zweiten Toast darf man sich etwas ausdenken, beliebt sind kurze, weise Erzählungen und Ratschläge für das Leben. Der dritte Toast gilt den Frauen, ihrer Schönheit und Weisheit. Der vierte Toast, das heißt auch der vierte Wodka, würdigt die Männer, uns Helden und Ritter. Ab dem fünften Wodka darf der Erfindergeist sich austoben, auch der verstorbenen Freunde wird gedacht.

Wir leben jetzt und heute, das ist der Gedanke, der mitschwingt. Wir haben Kartoffeln im Garten, ein Dach über dem Kopf, wir haben Freunde und Wodka, mehr brauchen wir nicht. Die Musik kostet nichts, singen können wir selbst.

46.

Weil man als Radfahrer jederzeit eingeladen wird

Wir stolperten in Welika Nowosilka mitten in der Nacht aus einer Gartenkneipe, mein Freund Wasja und ich.

Wasja sagte: »Wir können noch jemanden besuchen, den du bestimmt fotografieren möchtest.«

»Jetzt? Weißt du, wie spät es ist?«

Klar, in Deutschland muss man erst anrufen, wenn man jemanden besuchen möchte, damit der Gastgeber Zeit zum Aufräumen hat und sich innerlich auf den Stress vorbereiten kann, Besuch zu empfangen. Dann wird eine Tasse Kaffee angeboten, vielleicht auch ein Glas Wein und etwas Knabberzeug.

Wasja führte mich zum Haus eines ehemaligen Offiziers der Roten Armee, in dem noch Licht brannte. Der Mann sei inzwischen 90 Jahre alt.

Wasja öffnete das Gartentor, scheuchte den Hund weg und rief in die Veranda: »Guten Abend«. Nachdem er dem alten Herrn erzählt hatte, dass ein Radfahrer aus Deutschland ihn gerne kennenlernen würde, weckte der seine Frau auf, damit sie ein ordentliches Nachtmahl zubereite. Dann zog er sich seine Uniformjacke mit den Medaillen und Orden an. Alle Widerreden halfen nicht, wir mussten essen und trinken. Ich hätte den Mann am liebsten in die Küche getragen, so unsicher war sein Gang, so schwer fiel es ihm, auf einen Stock gestützt ein paar Schritte zu gehen.

Bald standen eine dampfende Pfanne mit Bratkartoffeln, Speck und Eiern, ein Gurken-Tomaten-Salat, eine Schüssel mit heißem Borschtsch, schwarzes und weißes Brot auf dem Tisch. Und der Samogon brannte in der Kehle. Zum Nachspülen gab es Kompott aus dem eigenen Garten. Ich fotografierte den Helden des Großen Vaterländischen Krieges, er war keineswegs müde. Wäre ich mit einem Landrover in den Donbass gekommen, hätte er mich wahrscheinlich verachtet, jedenfalls nicht um Mitternacht bewirtet.

Ich dachte an einen Freund in Berlin, der mir geschrieben hatte, für die Feier meiner Rückkehr habe er eine Flasche polnischen Wodka in den Kühlschrank gestellt. Er werde ein kleines Fest organisieren, einige Schachfreunde einladen. Als wir uns dann im Schachklub gegenübersaßen und ich ihn fragte, wann er sein Versprechen einlösen wolle, sagte er: »Dafür müssen wir einen Termin finden.«

Ich bin nicht gelenkig genug, um mir ins Knie beißen zu können, hätte es aber gern getan. Zum Saufen muss man einen Termin finden, da wusste ich wieder, wo ich war. Glücklicherweise besaß der Freund genug Humor, über meine Antwort zu lachen, die nur darin bestanden hatte, seine Worte zu wiederholen.

7. ETAPPE

Komm ins Offene, Freund!

47.

Weil man als Radfahrer Unterschiede erkennt und sein Gehör schult

In ukrainischen und russischen Dörfern versorgen die meisten Menschen sich selbst mit Nahrung. Zucker, Brot und Salz werden gekauft, auch Bier und Zigaretten, ansonsten weckt man die Früchte des Gartens ein, Pfirsiche, Tomaten, Gurken, Kirschen, aber auch Pilze und Beeren aus dem Wald. Der Wein und der Schnaps (Samogon) werden häufig ebenfalls in der eigenen Küche hergestellt. Zum durchschnittlichen Haushalt gehören Hühner und Enten, Schweine, manchmal eine Kuh, manchmal Ziegen, mindestens zwei hysterische Hunde. Der gefährlichere von beiden ist nahezu immer angekettet, läuft im Kreis, würgt sich zum Millionsten Male mit dem Halsband und springt noch immer Richtung Freiheit. Der kleinere der Hunde hat die Aufgabe, zu kläffen und beißwütig vors Tor zu springen, falls ein fremder Zweibeiner sich nähert.

Nur nachts ist es manchmal still. Tagsüber rattern Traktoren durchs Dorf, neunjährige Knaben und 90-jährige Großväter fahren auf Mopeds über Schlaglöcher, oft mit schwerer Ladung auf dem Rücksitz. Motorräder, die schon im Großen Vaterländischen Krieg gedient haben, überholen chinesische Skooter, die zwei Monatslöhne kosten. Man hört, wie Sensen gewetzt werden, jemand treibt eine Kuh in den Stall, Kinder lachen und schreien, Pferdehufe schlagen aufs Pflaster und wieder bellen die Hunde.

In deutschen Dörfern sieht man als durchreisender Radfahrer selten einen Menschen auf der Straße. Anzeichen von menschlichem Leben entdeckt man schon – frische Blumen auf einer Fensterbank, Wäsche, die zum Trocknen aufgehängt wurde. Wenn man viel Glück hat, hört man sogar eine Kirchenglocke läuten. Das größte aller Nutz- und Haustiere ist zumeist die Katze. Sollte jemand einen Hund besitzen, so frisst der Büchsenfutter und schläft im Wohnzimmer, er wird zum Hundefriseur gefahren und Herrchen zahlt für ihn brav Steuern, er ist entwurmt und versichert. Kaum ein Dorfbewohner betreibt noch Landwirtschaft, die Lebensmittel werden im Geschäft gekauft. Die Autos summen, sie scheinen sich für ihr leises Geräusch entschuldigen zu wollen. Garagentüren öffnen sich lautlos, sobald man nur den kleinen Finger vorstreckt. Als störend werden oft die Baugeräusche empfunden. Jemand sägt Holz oder Steine für die Verschönerung eines Weges, jemand bohrt stundenlang Löcher in eine Wand, um ein Klettergerüst für betrunkene Partygäste zu errichten. Die meisten Tätigkeiten, meint man als Betrachter, dienen dem Vertreiben der Langeweile. Spätestens acht Uhr abends werden in deutschen Dörfern die Bürgersteine hochgeklappt, es wird Fernsehen geguckt, man verlässt das Haus nicht mehr. Ohnehin fördert die Stille im Dorf die Müdigkeit, und wer Geräusche macht, der wird auch beobachtet. Bevor man sich besucht, kündigt man sich mit einem Telefonanruf an. Gute Beziehungen zu Nachbarn sind möglich, aber nicht nötig. Man braucht einander nicht, weder aus ökonomischen Gründen, noch um sich gemeinsam gegen eine repressive politische Macht zu wehren.

In einem ukrainischen oder russischen Dorf setzt man sich spätestens acht Uhr abends vors Haus, schwatzt mit den Nachbarn, schimpft auf die Politik, berichtet Neuigkeiten von den Kindern oder Geschwistern, die oft im westlichen Ausland, in Singapur oder in Brasilien leben. Die Frauen klagen vor den Häusern über die infantilen Männer, sie halten den Laden zusammen, wenn ihre Beschützer sich gegenseitig auf die Gusche hauen. Jeder Zweite säuft sich zu Tode, ab 40 sind die Haare grau, die Zähne golden und einige Schulkameraden liegen bereits auf dem Friedhof.

Tagsüber kommt alle halbe Stunde jemand vorbei, ein Freund, Kollege oder Nachbar, der etwas bringt oder haben will, eine Bohrmaschine, Geld oder Schnaps. Wer nebenbei einen Hauptberuf ausübt, wie der Lehrer, der Polizist oder die Verkäuferin, läuft in den

Pausen nach Hause, füttert die Gänse und die Schweine, pflockt die Kühe um, leert die Reusen, isst die selbst gekochte Suppe.

Wenn man abends einen Anlass zum Feiern sucht, weil der Tag lang war, spaziert man ein paar Häuser weiter. Irgendwo sitzen immer Bekannte oder Freunde in einer fröhlichen Runde zusammen; irgendwann wird man eingeladen. Beim nächsten Mal macht man es selbst ja genauso. Der Buchhalter feiert den Tag des Buchhalters, am Tag des Specks bekommt auch das Schwein einen Wodka in den Trog, am Tag des Kosmonauten schwatzen die Alten von den ruhmreichen sowjetischen Jahren und an den kirchlichen Feiertagen halten Zaristen leidenschaftliche Reden. Der Dieb säuft mit dem Polizisten, der König der Diebe wird notgedrungen von allen umschmeichelt. Autorität im westeuropäischen Sinne hat nur der Priester. Der Staat wird verlacht, Politik gilt als Zirkus. Die Alten denken radikaler als die Jungen, nur Illusionen haben sie nicht.

Alle sorgen sich um die Zukunft der Kinder. Selbst wer ein Studium bezahlen und den Professoren das Schmiergeld überreichen könnte, würde danach kaum eine gut entlohnte, qualifizierte Arbeit finden. Man kennt die Diebe und die Schuldigen an der Misere. In Kiew stank das Leitungswasser nach Fisch. Sieben Millionen Euro würde die Sanierung kosten, hieß es in den Zeitungen, jedoch fehle den Stadtwerken das Geld. In der gleichen Woche wurde gemeldet, der Tochter des Kiewer Bürgermeisters sei in Paris die Handtasche gestohlen worden, in der sich, nach ihrer Angabe, außer wertvollem Schmuck sieben Millionen Euro befunden haben sollen. Papa ist nicht nur Bürgermeister, sondern auch Besitzer einer großen ukrainischen Bank, das war wohl ihr Taschengeld gewesen.

Anders als in der Stadt fahren auf dem Dorf auch die Fräuleins Fahrrad, üblicherweise zum Einkaufen, aufs Feld oder ins Büro. Fast jeder kann mit dem Rad fahren, aber nicht jeder besitzt oder nutzt eins. Die ältesten Modelle sind mehrere Jahrzehnte alt, wobei nicht nur ihre Haltbarkeit, sondern manchmal auch die Eleganz ihrer Form überrascht. In der ukrainischen Provinz, in Poltawa, gab es schon um 1900 ein Fahrradgeschäft, in dem ein Franzose Michaux-Räder verkaufte. Die Ukraine war innerhalb der Sowjetunion die am stärksten industrialisierte Republik; deutsche Wehrmachtsoldaten staunten bei der Eroberung Charkiws über Wolkenkratzer: »Es war wirklich ein überwältigender Anblick, so unvermittelt am Fuße dieser 15-stöckigen Gebäude entlangzuziehen, die sich über uns wie eine Stadt für sich auftürmten. Hatten wir jemals solche Bauten gesehen? In Deutschland nicht, in Paris nicht, in Belgrad nicht. Aber hier, inmitten der unendlichen Ebene, haben die Roten die Tempel ihrer Macht errichtet.«[17]

Kommt heute ein Radfahrer aus Deutschland ins Dorf, so wollen die Kinder als Erstes wissen, wie viele Gänge sein Fahrrad hat. Weitere Frage: Gibt es einen Computer? Gemeint ist ein elektronisches Gerät, das die gefahrenen Kilometer, die Durschnitts- und Höchstgeschwindigkeit, die Gesamtzeit und die Gesamt- und Tageskilometer und allerlei anderen Schnickschnack zeigt.

Ja, gibt es.

Auch sehr interessant: Wo kommt das Licht her? Aus der Nabe des Vorderrads.

Und dann werden die Kinder fragen, weshalb er ausgerechnet in ihr Dorf oder in ihre Siedlung gekommen sei. Hier sei doch gar nichts Besonderes. Und weshalb überhaupt mit dem Fahrrad und nicht mit dem Auto?

Und er antwortet: Im Auto oder im Zug hört man das Wichtigste nicht. Man hört den Fahrtwind, ganz grob Hagel und Regen, Motoren- und Bremsgeräusche, das Quietschen der Reifen. Doch das wirklich Interessante verpasst man.

48.

Weil Radfahrer das Geheimnis der Langsamkeit kennen

1985 zog ich von Lutherstadt Eisleben nach Ost-Berlin, von der trägen Provinz in die hektische Hauptstadt. Es war für mich eine neue Erfahrung, auf die Signale von Ampeln achten zu müssen, um eine Straße überqueren zu können. Doch die Fähigkeit, mich dem Rhythmus der Technik unterzuordnen, wollte ich mir nicht aneignen.

Wenn ich bei dieser Grünphase nicht über die Straße gehen kann, dann eben bei der nächsten. Wenn ich deshalb den Bus, der an der Straßenecke wartet, verpasse, werde ich eben mit dem nächsten Bus fahren. Sollte der verpasste Bus der letzte gewesen sein, werde ich laufen. Aber ich werde nicht rennen, außer in Lebensgefahr oder aus Lust an der Freude.

Längst hatte ich entdeckt, dass Momente der Langeweile in der Erinnerung oft als interessant erscheinen. Wenn nichts Interessantes zu sehen ist, hole ich eben ein Buch aus der Tasche. Lieber verbringe ich meine Zeit langsam und selbstbestimmt als hektisch und in Zwängen. Es ist besser, die Dinge auf sich zukommen zu lassen, als ihnen hinterherzulaufen. Das Warten ist meiner bescheidenen Meinung nach eine Kunst, die man lernen kann.

Die alten Griechen wussten, dass es, um zu Weisheit zu gelangen, vor allem zweier Voraussetzungen bedarf: Man muss langsam denken und staunen können. In Bereitschaft sein ist alles. Man darf nicht glauben, dass man etwas weiß oder dass das, was man häufig tut, deshalb auch gut ist.

Als ich zu meiner zweiten Tour de Wolga aufbrach, sagte mir ein Bekannter: »In diesem Jahr musst du aber eine andere Strecke fahren.«

Natürlich hatte ich ohnehin vorgehabt, auch auf dieser Reise neue Wege zu erkunden. Aber müssen muss ich gar nichts, außer sterben. Das weiß doch eigentlich jedes Kind. Und selbst wenn ich jedes Jahr genau die gleiche Strecke fahren würde, würde ich doch viel Neues erfahren und erleben. Das Mittel-Zweck-Denken ist eine furchtbare Krankheit, so man es nicht nur als eine Strategie unter vielen benutzt.

Auf dem Fahrrad kann ich in der Geschwindigkeit reisen, in der ich gut denken kann. Selbst Züge sind mir zu schnell und zu langsam, ich muss sitzen oder stehen und rase gleichzeitig voran, ich nehme in ihnen nur Splitter von der Außenwelt wahr. Im Flugzeug ist man ebenfalls einer doppelten Geschwindigkeit ausgesetzt, doch im Himmel fehlen die Markierungen, auch bei 800 Stundenkilometern meint man sanft dahinzugleiten, das Fliegen und das Sitzen scheinen einander zu entsprechen.

Als Radfahrer kann ich so langsam fahren wie ein Fußgänger geht. Da ich die Hände nicht frei habe, kann ich allerdings keine Einfälle notieren. Dieses Problem habe ich dank eines Diktiergeräts gelöst, das ich mir beim Radfahren um den Hals hänge, es ist kaum größer als ein dicker Filzstift, und ich kann es mit einer Hand bedienen.

Jeder Mensch kann selbst nach listigen Möglichkeiten suchen, um den Aufrufen zu mehr Tempo zu entkommen. Johann Wolfgang von Goethe sah angesichts der Zumutungen des »überhandnehmenden Maschinenwesens« (im *Wilhelm Meister*) nur die Wahl zwischen Flucht und Mitläufertum – »ein doppelter Weg, einer so traurig wie der andere: entweder selbst das Neue zu ergreifen und das Verderben zu beschleunigen, oder aufzubrechen, die Besten und Würdigsten mit sich fort zu ziehen und ein günstigeres Schicksal jenseits der Meere zu suchen.«

Das neue Zeitalter bezeichnete Goethe als »veloziferisch«, als Verschwisterung von Velocitas, der Eile, und Luzifer, dem Teufel.

In *Wilhelm Meisters Wanderjahre* schreibt er unter den *Betrachtungen im Sinne der Wanderer*: »Für das größte Unheil unsrer Zeit, die nichts reif werden lässt, muss ich halten, dass man im nächsten

Augenblick den vorhergehenden verspeist, den Tag im Tage vertut, und so immer aus der Hand in den Mund lebt, ohne irgendetwas vor sich zu bringen. Haben wir doch schon Blätter für sämtliche Tageszeiten, ein guter Kopf könnte wohl noch eins und das andere interpolieren [auffrischen, verfälschen – Zusatz von Chr. Br.]. Dadurch wird alles, was ein jeder tut, treibt, dichtet, ja was er vorhat, ins Öffentliche geschleppt. Niemand darf sich freuen oder leiden, als zum Zeitvertreib der übrigen; und so springt's von Haus zu Haus, von Stadt zu Stadt, von Reich zu Reich und zuletzt von Weltteil zu Weltteil, alles veloziferisch.«

Vielleicht hätte Johann Wolfgang von Goethe, wenn er ein modernes Fahrrad gekannt hätte, an die Versöhnung von Technik, Geschwindigkeit und Wahrnehmung geglaubt? So abwegig ist der Gedanke nicht, schließlich wurde auch ein technikkritischer Feingeist wie Hugo von Hofmannsthal ein begeisterter Radfahrer.

49.

Weil man beim Radfahren Geld spart

Ein anderer willkommener Grund für das Radfahren: Man spart viel Geld. Ein (gebrauchtes) Fahrrad bekommt man fast umsonst. Reparaturen, Versicherungen, Ersatzteile sind nicht allzu teuer, falls man keine hohen Ansprüche hat. Man muss keine Parkgebühren bezahlen, keine Garage mieten, man kann leichter als beim Auto einschätzen, ob eine Reparatur nötig ist. Auch die Strafen für Verletzungen von Verkehrsregeln sind relativ moderat.

Bei einigen Verkehrsverstößen wurden die Verwarngelder allerdings zum 1. April 2013 erhöht, in der Regel um fünf bis zehn Euro. Hier einige Beispiele: Fahren ohne Licht 20 bis 35 Euro, Befahren eines Radweges in einer nicht zugelassenen Richtung 20 bis 35 Euro, Benutzen eines Mobiltelefons beim Radfahren 25 Euro,

Überfahren einer roten Ampel, die länger als eine Sekunde rot war, 100 bis 180 Euro!

Ab einem Buß- oder Verwarnungsgeld von 40 Euro erfolgt ein Eintrag ins Verkehrszentralregister (VZR) und Radfahrer erhalten auch Punkte in Flensburg. Alkoholisierte Radfahrer können auch ihren Führerschein verlieren.

In Russland sollen die Strafen für Motorrad- und Fahrradfahren unter Alkohol demnächst verzehnfacht werden auf 3.000 bis 5.000 Rubel (circa 75 bis 125 Euro).

Im Gegensatz zum Fahrrad kostet ein Auto auch dann Geld, wenn es nicht benutzt wird. Die fixen Kosten wie Steuern und Gebühren für Abgasuntersuchungen müssen unabhängig von den gefahrenen Kilometern bezahlt werden.

Es soll Menschen geben, die, um ihr Auto behalten oder sich eins kaufen zu können, ihre Bücher verkaufen oder sogar aufs Essen verzichten. Als Radfahrer kann man diese verirrten Seelen nur bedauern.

50.

Weil einem Radfahrer fast immer geholfen wird

Berühmt-berüchtigt sind die Schlaglöcher in russischen und ukrainischen Straßen, die offenen Gullys, und kaum eine Autofahrt vergeht, ohne dass Einheimische bestätigt haben möchten, dass in Deutschland die Straßen viel besser seien. Oft markieren Birkenzweige und Zaunlatten die gefährlichen Stellen im Asphalt, selten steht ein Warndreieck davor. In fast allen Städten zwischen Lwiw und Wladiwostok ist die Kanalisation überaltert, nach Regengüssen überspült Schlamm den Asphalt und Fußgänger fürchten um ihre Kleidung.

Für die schlechten Straßenverhältnisse werden von den Regierungen in jeder Saison die Übergänge von Frost zu Plusgraden verantwortlich gemacht. Der ukrainische Infrastrukturminister gibt dann bekannt, wie oft es in der Wintersaison diese Übergänge gegeben habe. Während offizielle Schätzungen vor der Fußball-EM in der Ukraine besagten, dass 90 Prozent der Straßen saniert werden müssten, kann man als Radfahrer 90 Prozent des Asphalts bequem nutzen. Oft sind die Straßen auch zwischen kleineren Städten und Dörfern viel breiter als in Westeuropa, schließlich sollten sie im Kriegsfall von Panzerarmeen genutzt werden.

Mit Überraschungen muss man allerdings immer rechnen, besonders nachts, weil auch in Städten nicht alle Straßen beleuchtet sind. In der Regel vermeide ich es deshalb, im Dunkeln durch russische und ukrainische Städte zu radeln. Doch natürlich kommt es zu Situationen, in denen die Planung durcheinandergerät. So auch an einem Montagabend im Juli 2009. Ich war mal wieder im Rausch, fuhr durchschnittlich 200 Kilometer pro Tag, saß zehn bis zwölf Stunden auf dem Sattel. Statt bei Einbruch der Dämmerung einen stillen Wald zu suchen, wollte ich noch die Kleinstadt Perwomaiski (Erster Mai) durchqueren und bis zur nächsten Stadt Komsomolskoje fahren, noch etwa 30 Kilometer. Die Strecke kannte ich, schließlich führen nicht unendlich viele Wege an die mittlere Wolga.

Ich kam auch gut durch die Stadt, die Hauptstraße war in weißes Licht getaucht. Die Beleuchtung am Rad hatte ich eingeschaltet, doch ausgerechnet die Vorderlampe, die ich in Berlin für 100 Euro gekauft hatte, spendete nur noch schwaches Licht. Schon in Polen war in einem Wald das Glas aus der Fassung geflogen, und ich hatte es auch nach längerem Suchen nicht wiedergefunden. Dieses Glas aber sollte nicht nur die Birne und die Drähte schützen, sondern das Licht auch bündeln. Wenn es funktioniert, ist es schön, die Sichtweite kann dann bei klarer Luft im Dunkeln bei bis zu 50 Metern liegen. (Der Hersteller verspricht zwar etwas mehr, doch müssten die Sterne am Firmament helfen, damit die Werbung glaubwürdig wird.) Das Ersatzglas, das ich unterwegs gekauft und mit Klebeband an der Fassung befestigt hatte, schwächte das Licht zwar, aber bewahrte immerhin die Glühbirne vor Steinschlag.

Die Stirnlampe hatte ich aufgesetzt, aber noch nicht eingeschaltet, ich war ja noch in der Stadt. So kam ich zu den letzten Häusern. Straßenlaternen gab es schon längst nicht mehr. Der Asphalt war für die hiesigen Verhältnisse in einem normalen Zustand, etwas porös, aber nicht sensationell schlecht, nur hin und wieder musste ich Kuhlen und Höckern ausweichen.

Aber ich achtete auch nicht sonderlich auf die Straße, ich hatte in die Wohnungen am Straßenrand geguckt, als es unter mir knallte. Das Vorderrad steckte in einem Gullydeckel fest. Tatsächlich hatte der Dummkopf von Monteur den Deckel so gelegt, dass die Rillen entsprechend der Fahrtrichtung verliefen, statt quer zu ihr.

Ich war mit der Brust gegen den Lenker geprallt, fast hätte ich das Schutzblech knutschen können. Glücklicherweise hatten sich die Klickpedale von den Schuhen gelöst, ich war nicht gestürzt, nicht zur Seite geknickt, wodurch das Vorderrad sich wahrscheinlich verbogen hätte. In seiner Nabe steckte der Dynamo, und ein Ersatzrad dieses Typs hätte ich in keinem ukrainischen Fahrradgeschäft bekommen. Der Schlauch war geplatzt, daher der Knall.

Heiliger Bimbam. Ausgerechnet jetzt. Aber so ein Unfall kommt niemals zur rechten Zeit, welch sinnloser Fluch. Was tun? Einen Schlafplatz außerhalb der Stadt suchen, das Rad am Morgen wieder in die Stadt schieben? Oder besser in der Stadt in einem Hotel übernachten und von dort aus am nächsten Morgen ein Fahrradgeschäft suchen? Ich entschied mich zur Umkehr.

In der nächsten Tankstelle zeigte die Verkäuferin auf ein Gelände nebenan. Dort gab es eine Wulkanisazija, eine Vulkanisier-Werkstatt, eigentlich für Autos, aber vielleicht würde man auch mein Rad reparieren. Bloß heute wohl nicht mehr, es war schon kurz nach zehn.

Ich schob das Fahrrad in die Richtung, die mir die Frau gewiesen hatte. Zwei Hunde kamen mich auf zugestürmt, doch ein Nachtwächter rief sie zur Ordnung, und sie gehorchten. Der Mann erklärte, morgen früh um acht Uhr werde die Werkstatt öffnen. Ich zeigte ihm das Vorderrad, das stark zu eiern schien.

»Großes Pech, ich komme aus Berlin, haben Sie vielleicht einen Schlafplatz?«

Ich hatte keine Lust, das Fahrrad noch zwei Kilometer durch die Stadt zu schieben, wo es nach Auskunft des Mannes ein Hotel gab. Auf dem Gelände standen auch Musterhäuser aus Holz und transportable Hütten. Da es warm war und ich einen Schlafsack hatte, sollte es doch möglich sein, ein stilles Plätzchen zu finden.

»Einverstanden, kein Problem, suchen Sie sich ein Haus aus, die Hunde werden Ihnen nichts tun.«

Er lud mich zum Tee in seine Bude ein, ein Wässerchen stand auch auf dem Tisch, und es erschien mir unhöflich, mich gleich schlafen zu legen. Er kannte die Kollegen von der Werkstatt. Sie seien, so erzählte er, Fahrrad-Enthusiasten, sie würden mir bestimmt helfen können, ich solle mir keine Sorgen mehr machen. Das hörte ich gern.

Nachdem ich die Hunde mit Brot und Wurst gefüttert und in einer der Buden geschlafen hatte, weckte Wolodja mich am Morgen mit heißem Tee. Ich konnte mich waschen, holte Kaffee von der Tankstelle, frühstückte und lernte Vokabeln für das Gespräch mit den Monteuren.

Ich untersuchte das Vorderrad; es hatte zwar eine Delle, aber das Rad schlackerte weniger als befürchtet. Die Männer aus der Werkstatt freuten sich über diesen Kunden. Zwei von ihnen besaßen teure Rennräder im Wert von etwa 1.500 Dollar, für Normalsterbliche ein Jahresverdienst in der Ukraine. Da muss man das Radfahren wirklich lieben, wenn man so viel Geld dafür ausgibt. Alexej, der Chef, war schon in Norwegen Rad gefahren, sein Kollege Eduard immerhin im russischen Kaukasus. Dass sie helfen wollten, stand außer Frage. Die beiden spannten das Vorderrad aus, ich sollte mir keinesfalls die Hände schmutzig machen.

Als ich die Luftpumpe suchte, konnte ich sie nicht finden. Eigentlich sollte sie griffbereit im wasserdichten Gepäcksack stecken, aber dort war sie nicht. Alexej wies den Lehrling an, mich auf dem Moped ins nächste (und einzige) Fahrradgeschäft der Stadt zu bringen, damit ich eine neue Luftpumpe kaufen könne. Als wir zurückkamen, war das Fahrrad fertig, ein neuer Schlauch aufgezogen, nur aufpumpen musste ich ihn noch. Ich sollte den landesüblichen Preis bezahlen, viel zu wenig für solche Arbeit, aber mehr wollten sie nicht.

Ein Jahr später, erster Tag in Russland, steiler Anstieg in der Stadt Bogutschar, nicht weit vom Don. Der Literatur-Nobelpreisträger Michail Scholochow ging hier zur Schule, und es ist die Heimat von Aleksandr Afanassjew, dem bedeutendsten Herausgeber russischer Märchen, dessen Sammlungen auch auf Deutsch erschienen sind.

Ich muss bald in den niedrigsten Gang schalten, will aber nicht absteigen, trete die Pedale mit ganzer Kraft, da bricht das Schaltwerk, also die hintere äußere Schaltungsvorrichtung, nicht der Umwerfer, welcher den Lauf der Kette auf den vorderen Kettenblättern steuert. Ich kann bremsen und anhalten und sehe mir den Schaden an. Das Schaltwerk ist so gebrochen, dass es entfernt werden muss, sicherlich nicht geschweißt werden kann. Die Kette muss gekürzt werden, dann könnte ich die letzten 1.000 Kilometer bis zur Wolga in einem Gang weiterfahren.

Die Hoffnung, in Bogutschar ein passendes Ersatzteil zu finden, habe ich nicht. Es ist zwar ein Schaltwerk von der Firma Shimano, die auch in Russland bekannt ist und deren Produkte man hier kaufen kann, aber nur in größeren Städten. Auf dem Lande werden die Billigprodukte aus China bevorzugt, obwohl alle über die miese Qualität, gleich welcher chinesischen Waren, spotten.

Ich rolle auf dem Rad ins Tal. In einem Geschäft werden zwar Fahrräder verkauft, aber die Auswahl der Ersatzteile beschränkt sich auf Klingeln, Schläuche und Mäntel. So schiebe ich das Rad zu einer Awtomoika, einer Autowerkstatt. Wenn es sein müsste, könnte ich die Kette wahrscheinlich selbst kürzen, doch gemacht habe ich es noch nie, weil es noch nie nötig war. Theoretisch ist mir klar, wie es funktionieren müsste. Doch wozu gibt es Spezialisten?

Und tatsächlich, in der Avtomoika weist der Chef einen Lehrling an, die Reparatur zu verrichten. Auch er schätzt ein, dass man dieses Schaltwerk nicht schweißen kann. Was die Bezahlung angeht, so will er kein Geld, auch dem Lehrling darf ich keines geben. Sein Wille ist stärker als meiner. Doch mir fällt etwas ein.

Am Tag zuvor hatte mir ein Geldwechsler fünf Flaschen Nemiroff geschenkt, in einer Geschenkverpackung. Nach dem Motto: Schnaps kann jeder gebrauchen, auch ein Radfahrer. Ich hatte den Mann nur um eine Auskunft gebeten, doch er hatte seine eigene Meinung von der Gastfreundschaft gehabt. Da ich scharfe Getränke eigentlich nur in Gesellschaft trinke, war dieser Wodka aus der ukrainischen Stadt Nemyriw eigentlich nur Ballast. Jetzt war die passende Gelegenheit, ihn zu verschenken. Und er wurde gern genommen.

Der Chef holte mich zehn Kilometer später auf der Landstraße ein. Er fuhr langsam im Auto neben mir her, um sich zu erkundigen, ob die Kette halte und ich mit dem einen Gang fahren könne. Es war möglich, wenn auch ein bisschen langweilig und natürlich viel schwerer. Welch wunderbare Erfindung ist doch eine Gangschaltung!

51.

Weil Radfahren eine Form der Meditation ist

Klack, klack, klack – nach etwa 200 Kilometern fällt mir auf, dass dieses Geräusch da ist. Manchmal pfiff der Wind lauter, da war es nicht zu hören gewesen, aber sonst: Klack, klack, klack. Gestern

Abend wollte ich die Kette ölen. Sie knirscht und erzeugt dieses Geräusch. Ich habe es vergessen und tagsüber nicht darauf geachtet.

Ich habe auch vergessen, was ich heute getrunken habe. Zum Frühstück einen Liter Tomatensaft, ein Glas Tee, in der nächsten Pause einen halben Liter Kwas, dann wohl zwei Flaschen Bier zum Mittagessen. Danach setzt die Erinnerung aus.

Ich habe an niemand Bestimmten gedacht, soweit ich mich erinnern kann. Über die Landschaft habe ich gestaunt, obwohl ein grobes Hirn behaupten könnte, sie sei mit drei Worten – Wiesen, Hügel und Dörfer – ausreichend beschrieben. Aber jeder Anstieg stellt tausend Fragen, wenn man ihn als Radfahrer erst einmal erklimmen muss. Fragen, die man gar nicht hören möchte. Wie lang ist der Anstieg, wo ist der nächste Bach, was kommt hinter dem Horizont, wo ist der nächste Wald, wo ist Schatten, stehend oder sitzend bergauf fahren? Oder es ertönen deprimierende Botschaften im Gehirn: Das schaffst du nicht, steige ab und schiebe, quäle dich nicht, setze dich an den Straßenrand und lies, es ist doch überall schön.

Deshalb ist die intensivste Form des Radfahrens erreicht, wenn man gar nichts mehr denkt. Das Denken in Worten hindert nur am Fortkommen. Bergauf, bergab, na goru, pad goru, klack, klack, weiße Fläche, graues Quadrat, eine Erzählung über nichts, ein Film, in dem niemand spricht. Dann kann eine Kalkwand vor einem See ein Ereignis sein, ein Windhauch auf einer Lichtung ein unerklärliches Wunder.

Mir ist an diesem ruhigen Tag zum Beispiel klar geworden, dass menschliches Verhalten sich noch immer nach steinzeitlichen Regeln ordnet. Ich stand am Nachmittag auf einem Hügel und konnte fünf Dörfer sehen, die in den Tälern ringsum verstreut waren. Fünf Dörfer, die von fünf Motorradbanden bewacht und verteidigt wurden, von Jugendlichen, die auf Mopeds und Beutemotorrädern aus dem letzten Krieg ausschwärmten, ihre Dörfer umkreisten, nach fremden Mädchen Ausschau hielten. Sie rasten Feldwege entlang, stürzten Hänge hinab, es handelte sich eindeutig um eine Form von Revierverteidigung.

Sieh an, dachte ich, so ging man vor 10.000 Jahren auf Frauenraub, so fährt man heute in der russischen Provinz auf chinesischen Mopeds zur Disco oder zur Lärmattacke gegen die Jungs vom Nachbardorf.

In den USA nennt man es Highway, zwischen Lwiw und Wladiwostok wird es mit einem Lehnwort aus dem Französischen als Trasse bezeichnet. Viele Dörfer liegen abseits der Trassen, oft müssen die Bewohner einige Kilometer Fußmarsch bis zu ihnen zurücklegen, um mit einem Bus in die nächste Stadt fahren zu können.

Manche Trassen sind Tausende Kilometer lang, so zwischen Sankt Petersburg und dem Kaukasus oder zwischen Moskau und dem Fernen Osten. Selbst in der Ukraine kann die Entfernung von einem Dorf zum anderen 100 Kilometer betragen, so man nur auf der Trasse fährt. Aus diesem Grund haben ausländische Autofahrer oft den Eindruck, das Land sei »menschenleer« und dünner besiedelt, als es in Wirklichkeit ist.

Je eintöniger die Landschaft, desto leichter sind Phasen der Absence zu erreichen; leichter als in den Bergen, wenn das Fahren Konzentration und viel Kraft erfordert. Deshalb liebe ich das Radeln in der Russischen Tiefebene. Die Höhenunterschiede sind mäßig, auch wenn es streckenweise ständig bergauf und bergab geht. Doch es ist ein herrliches Gefühl, den Raum bis zum Horizont ganz für sich allein zu haben. Ich brauche keinen Zaun zu errichten, um Land in Besitz zu nehmen.

Beim Radfahren kann man nicht nur physisch über der Erde schweben. Man kann sich stundenlang auf eine Sache konzentrieren, ohne dabei zu denken. Ich radle, also ich bin.

52.

Weil man beim Radfahren immer wieder überrascht wird

Ich habe offenbar einen Sonnenstich. In einer ukrainischen Siedlung, in Ruschyn, südlich von Schytomyr, steht am Straßenrand ein Schild. »Literarische Gedenkstätte Honoré de Balzac«. Wie bitte? Ein Balzac-Museum in der Einöde? Warum das denn? Neben dem Schild picken Hühner im Gras, von der anderen Straßenseite rufen drei Feldarbeiterinnen: »Kommen Sie! Feiern wir!«

Ganz nüchtern sind sie nicht mehr. Ich rolle zu ihnen hin. Sie kichern wie kleine Mädchen, obwohl sie in meinem Alter sind.

»Was bedeutet dieses Schild? Gibt es hier ein Balzac-Museum?«

»Ja, natürlich.«

Sie laden mich zu ihrer Feier ein, die unter einem Apfelbaum stattfinden soll, wie sie erklären, aber ich möchte dieses Balzac-Museum sehen. Es ist 17 Uhr, vielleicht hat es noch eine Stunde geöffnet. Die Damen bitten charmant, aber ich muss weiter. Eine hält den Lenker fest, die andere streichelt mein Bein.

»Söhnchen! Mein Freund! Feiern wir! Wo willst du hin? Sind wir dir nicht sympathisch genug?«

Ach, diese Frauen. Die Literatur ist wichtiger, tut mir leid.

Ich sehe mir noch einmal das Schild an und fotografiere es. Blauer Untergrund, weiße Schrift, es handelt sich um eine offizielle Information, nicht um eine Fata Morgana. Auch eine Telefonnummer steht in der zweiten Zeile.

Ich fahre bis an den Ortsrand, ein Hirtenmädchen läuft weg, als ich sie nach dem Museum fragen will. Doch eine ältere Frau steht am Gartenzaun. Im nächsten Dorf soll das Museum sein, meint sie. Noch etwa zehn Kilometer.

Hätten mir die fröhlichen Frauen das gesagt, hätte ich ihre Einladung angenommen. Denn selbst wenn das Museum heute geöffnet haben sollte, so blieben mir doch nur wenige Minuten für die Besichtigung.

Während ich so schnell wie möglich Richtung Nordwesten radle, habe ich Zeit, darüber nachzudenken, weshalb wohl der französische Schriftsteller in einem ukrainischen Dorf mit einem Museum geehrt wird. In der Taiga sozusagen. Nach meiner Erinnerung habe ich im Laufe der letzten 35 Jahre drei, eventuell vier Balzac-Biografien gelesen. Er war der Held meiner Jugend. Sein Beispiel hat mir früh gezeigt, dass es berauschend sein kann, asketisch wie ein Mönch zu leben, und dass man die Meinungen seiner Mitmenschen getrost ignorieren soll, wenn es lebenswichtige Entscheidungen betrifft, wie etwa die, ein Schriftsteller werden zu wollen. Balzac soll bis 18 Stunden am Tag geschrieben, dabei bis zu 50 Tassen starken Kaffee getrunken haben. Stefan Zweig beschreibt diese Form des Sich-Aufpumpens in seiner Balzac-Biografie sehr plastisch.

Er war ein Workaholic, würde man heute sagen. Sein Feind war naturgemäß der Alltag, er führte ein wildes Leben, war fast immer hoch verschuldet, musste eine Strafe im Schuldgefängnis absitzen. Und schrieb wohl fast 80 Romane. Er verlieh sich im Alter von 32 Jahren selbst den Adelstitel und verliebte sich in eine verheiratete polnische Gräfin namens Ewelina Hańska, eine Verehrerin seiner Romane, die ihm als geheimnisvolle Gräfin aus Odessa einen Brief geschrieben hatte.

Dunkel erinnere ich mich, dass er sie, seine spätere Frau, in der Ukraine auch besucht hatte, wo sie ein Landgut besaß. Aber wann, in welcher Gegend, wie lange? Sollte das hier sein? Und wer interessiert sich hier für Balzac, wer besucht dieses Museum? Die feiernden Frauen wussten immerhin, dass er ein französischer Schriftsteller war, das hatten sie in der Schule gelernt.

In Karabtschyjiw, dem nächsten Dorf, gibt es kein Museum, aber im übernächsten soll es eins geben. Das sagen jedenfalls alle Leute, die ich frage.

Erst kurz vor sechs Uhr, nach 17 Kilometern, stehe ich vor dem Gutshaus der Gräfin in Werchiwnja, es liegt etwas oberhalb der Straße. Der Werchiwnjansky Park sei hier 1972 auf Beschluss eines Volkskomitees der Ukrainischen Sozialistischen Sowjetrepublik eröffnet worden (Beschluss Nr. 22). Unter dem angerosteten Schild hängen die Bildnisse von Balzac und seiner Frau. Unter Balzacs Kopf ein Zitat auf Ukrainisch, »Моє життя – мої твори«. Mein Leben – meine Werke? Was könnte das bedeuten? Ich habe für mein Schreiben gelebt? Ich bin das Gesamtkunstwerk? Im Russischen würde es heißen: »Моя жизнь – мои произведения«. Spätere Recherchen ergeben, dass ein Balzac-Satz in der russischen Übersetzung bekannt ist: »Главные события моей жизни – мои произведения«. Die wichtigsten Ereignisse meines Lebens sind meine Werke. Das ist verständlicher. Auf der Denkmalstafel steht nur die abgekürzte Form des Spruchs, »Mein Leben – meine Werke«.

Arm war die Gräfin nicht. Acht wuchtige, weiß gestrichene Säulen stehen vor dem Eingang des größten Gebäudes. Niemand ist da, ich fotografiere. Ein Mann in Arbeitskleidung geht vorüber, er bleibt kurz stehen, um auf meine Fragen zu antworten.

Das Museum bestehe aus einem Zimmer, nur am Sonntagnachmittag sei es geöffnet. Das Haus sei heute ein Studentenwohnheim eines landwirtschaftlichen Instituts. Dann verschwindet er im Keller. Studenten sind nicht zu sehen. Doch aus den Zimmern in der zweiten Etage hört man die Stimmen junger Leute.

Heute ist Donnerstag. Drei Tage will ich nicht warten, um ein paar Fotos und einen Schreibtisch anzusehen, an dem vielleicht einmal Balzac gesessen hat. Ohnehin hat ihm die Eheschließung mit der Gräfin – hier in der Kirche St. Barbara – kein Glück gebracht. Balzac war schon sehr krank und starb wenige Monate später in Paris.

53.

Weil man beim Radfahren Musik
und Geschichten hören kann

Auf zwei meiner bisher sechs Wolgareisen habe ich einen MP3-Player mitgenommen und beim Radfahren Musik gehört. Laut Hersteller sollte das erste Gerät in der Lage sein, auch Radiosender zu empfangen. Ich wollte durch die Steppe radeln, dabei Sendungen wie *Die Welt aus der Sicht der Bürger von Woronesch* oder *Wie sauber ist das Wasser der Wolga* hören. Doch der Radioempfang funktionierte nur in Polen, wo der katholische Sender Radio Maryja meistens geistliche Lieder übertrug, die schlecht zum Radfahren passen.

Ich möchte auf dem Rad Musik hören, die mich aufputscht und die einen klaren Rhythmus hat. Klassischer Rock eignet sich bestens zur Motivation, die Beatles, die Rolling Stones, The Doors, aber auch Songs wie *Am Fenster* von City oder *My Way* von Elvis Presley. Von den Russen Arkadi Sewerny und Wladimir Wyssozki, außerdem Gassenhauer wie *Limonchiki* oder die *Saratow-Hymne*. Auch Zigeunerlieder. Wild, ekstatisch, schnell sollen Rhythmen sein, dann erleichtern sie das Fahren.

Wenn ich die Landschaft schon kenne und das Streckenprofil nicht zu anspruchsvoll ist, höre ich gerne literarische Sendungen, Vorträge, Interviews, Hörspiele, Erzählungen. Zu schwierig sollte der Stoff allerdings nicht sein, ein Heiner-Müller-Stück oder die Bibel zum Beispiel verlangen zu viel Konzentration.

Dabei ist es immer wieder interessant, wie zwei Realitäten sich miteinander vermischen, die Landschaft und das Gehörte, der Wind und die Literatur. Kraniche fliegen über die Straße, ein Viehtransporter mit Schweinen an Bord fährt vorbei, doch ich höre mir an, wie in Karthago gegessen wurde. »Dann wurden die Tische mit Fleischgerichten beladen: Antilopen noch mit ihren Hörnern, Pfauen in ihrem Gefieder, ganze Hammel, in süßem Wein gedünstet,

Kamel- und Büffelkeulen, Igel in Fischsauce, gebackene Heuschrecken und eingemachte Siebenschläfer. In Mulden aus Tamrapanniholz schwammen safranbedeckt große Speckstücke.« (Gustave Flaubert, *Salambo*)

Ich suche im Wald einen Zeltplatz, schiebe das Rad über Moos, sehe ein Reh vorbeilaufen und höre gleichzeitig zu, wie Bartleby, der Held aus Herman Melvilles gleichnamiger Erzählung, sich weigert, eine ungeliebte Tätigkeit auszuführen.

Ich liebe solche Verknüpfungen, wie es mir auch gefällt, mit verstopften Ohren Rad zu fahren oder durch eine Stadt zu spazieren, nur aufs Sehen konzentriert. Die Sinne bewusst zu gebrauchen, das erweitert das Maß an innerer Freiheit.

54.

Weil das Radfahren zum Dichten verführt

In vielen Liedern wird das Fahrrad als lustiges Gefährt besungen, als Symbol der Freiheit, für die Sehnsucht nach Weite. Die Texte sind meistens nicht sehr intelligent, doch das sind sie in Wagner-Opern ja auch nicht. Ein Beispiel ist der Fahrradsong von Christoph Busse aus der *Sesamstraße*: »Steig auf dein Rad und fahr davon […] Und durch die Pfützen durch mit einem großem Schwung, die Pedale kreisen im Wind.«

Selbst ein poetisches Lied wie das von Herman van Veen über den kleinen Fratz wirkt in gedruckter Form doch recht dürftig: »He, kleiner Fratz auf dem Kinderrad, gekonnt hältst du die Balance. He, kleiner Fratz auf dem Kinderrad, du führst in der Tour d'Elegance. Mit den Haaren im Wind, auf den Wangen die Sonne, saust du vorbei wie der Blitz ... flitz.«

Ganz furchtbar klingt in kultivierten Ohren der Kneipen-Song: »Ja, mir san mit 'm Radl da, Ja, mir san mit 'm Radl da, Heut' san mir mit 'm Radl da, Ja, mir san mit 'm Radl da, Ja, mir san mit 'm Radl da, Heut san mir mit 'm Radl da.«

In dem Lied von Rolf Zuckowski ist immerhin der Refrain ganz schön: »An meinem Fahrrad ist alles dran, damit so leicht nichts passieren kann. Wenn ich mich auf meinen Sattel schwing, ist so ein Fahrrad ein starkes Ding.« Andere Abschnitte wirken eher unfreiwillig komisch: »Ich hab 'ne Klingel am Lenker vorn, und nebenan ist meine Handbremse, und die bremst enorm.« Oder gar: »Der Polizist, der dieses Lied hört, denkt bestimmt: Da fehlt noch was. Doch wenn ich mit dem Rücktritt bremse, bleib ich stehn, und er wird blass.«

Freddy Mercury von Queen schrieb das beste Fahrradlied mit einer schnörkellosen Aussage: »I want to ride my bicycle, I want to ride it where I like.«

Der ostdeutsche Folk-Sänger Werner Schulz singt in *Anna* über die Erotik des Radfahrens:

Anna fährt ein Tourenrad. So eins, wie es jeder hat,
und sie hat es lieb. Es fährt sie zum Betrieb.
Wenn sie einmal Sorgen hat mit 'nem platten Vorderrad,
pump ich es ganz lieb auf per Handbetrieb.
Und ich pumpe Luft hinein, als würde es was andres sein,
Anna, bitte lass mich mal, doch sie tritt ins Pedal.

Rfr.: *Ach lass mich einmal, einmal nur dein Fahrradsattel sein.*
Dann gäb es zwischen uns die allerschönsten Reiberein.
Bislang war ich nur das Pedal. In das du tratest jedes Mal.
Ach lass mich endlich einmal auch dein Fahrradsattel sein.

Anna wohnt im Nebenhaus. Badet gern und zieht sich aus
und das bei vollem Licht, Gardinen hat sie nicht.
Mir wird meine Hose heiß und ich bade schon in Schweiß
Doch sie sieht mich nicht, bei mir brennt niemals Licht.

*Und ich mach mein Fernglas scharf, obwohl man so was ja nicht darf,
von wegen der Moral – die ist mir sehr egal.*

Rfr.: Ach ...

*Anna radelt stets allein. Männer lässt sie Männer sein.
Männer sind ihr gleich und meistens viel zu weich.
Nur ihr Sattel ist schön hart, drum ist sie ins Rad vernarrt,
gerne steigt sie drauf und dann lebt sie auf.
Katzenköpfe, Kopfsteinpflaster, das sind Annas große Laster
und die Löcher im Asphalt – von erotischem Gehalt.*

Rfr.: Ach ...

55.

Weil man beim Radfahren kostenlos singen kann

Das Singen gehört nicht zu den bevorzugten Tätigkeiten der Deutschen, auch nicht zu meinen. Zwar gibt es unzählige Chöre, doch auf privaten Feiern merkt man rasch, dass nur wenige Menschen die Texte auch nur eines Liedes auswendig können. Selbst bei Volksliedern fällt den meisten oft nur der Refrain ein. Vielleicht liegt es daran, dass das Singen in der schönen neuen Welt Geld kostet? Selbst für die Lieder, die auf Vereinsfesten, bei St.-Martins-Umzügen und in Kindergärten gesungen werden, müssen neuerdings Tantiemen an die Gema abgeführt werden.[18]

Das Geld, das die Gema kassiert, »fließt aber nicht nur an Komponisten, Texter und Musiker, sondern zu großen Teilen auch an Musikverlage, die zu Konzernen gehören und keine Urheber sind, sowie an die Gema selbst, die einen aufwendigen bürokratischen Apparat unterhält und ihren Funktionären hohe Gehälter auszahlt.«

So bekomme der Vorstandschef der Gema »380.000 Euro im Jahr ausbezahlt, während es ein Musiker unter 30 durchschnittlich auf ein Jahreseinkommen von gerade einmal 8.909 Euro bringt.«[19]

Eine kapitalistische Krake also, deren Bedürfnis nach Kontrolle nahezu unendlich ist.

Jedoch dürfen *einzelne* Radfahrer weiterhin kostenlos singen, auch in der Öffentlichkeit. Vorsicht ist jedoch geboten, wenn eine Gruppe unterwegs ist – »selbst dann, wenn ausschließlich traditionelles Liedgut gesungen wird, dessen Urheber längst tot oder unbekannt sind, wollen die Verwertungsgesellschaften Gema und VG Musikedition Geld eintreiben, weil sie Monopolschutz auf minimale Änderungen und für die Notenblätter beanspruchen.«[20]

In anderen Gegenden liebt man das Singen, und keiner denkt ans Geld. Ob Volks-, Spott-, Kinder- oder Gaunerlieder, vom Baby bis zur Babuschka singen alle mit. In der Sowjetunion, erzählte mir eine Bekannte aus Kiew, habe in jedem Kindergarten ein Klavier gestanden und jede Kindergärtnerin konnte Klavier spielen. Das mag leicht übertrieben sein, doch Tatsache ist, dass in den GUS-Staaten auch heute noch großer Wert auf die musikalische Ausbildung der Kinder gelegt wird.

8. ETAPPE

Tour de Wolga II

56.

Weil man als Radfahrer auch Steinzeitmenschen trifft

Würden Sie in einem Restaurant speisen, in dem die Gerichte »Eva-Braun-Salat mit Führersoße«, »Huhn à la Luftwaffe« oder »Steak Dicke Berta« heißen? Haben Sie Humor oder sind Sie ein Nazi?

Im Restaurant »Bruderschaft« in Saratow an der Wolga wurden Gerichte mit diesen Namen angeboten. Am Eingang hingen Porträts von Wolfgang Amadeus Mozart und Karl Marx, also von zwei echten Deutschen.

Oje, was musste ich mir von einer deutschen Lehrerin anhören, als sie erfuhr, an welchem verruchten Ort ich gewesen war.

»Ich würde da nicht hingehen. So etwas kann man doch nicht essen. Über solche Witze lacht man nicht. Wir Deutschen sollten hier Vorbild sein.«

Aber der Eva-Braun-Salat hatte gut geschmeckt, die Führersoße war allerdings etwas zu cremig gewesen. Das Restaurant war keine Nazi-Kneipe. Außer den paar Gerichten mit frechen Namen deutete nichts auf radikale Absichten der Betreiber hin, die das Konzept des Restaurants einschließlich des Angebots an Speisen von dem Vorbesitzer übernommen hatten. Dem Sieger schmecken die Bomben, na und? Dynamit zum Frühstück, Benzin zum Nachspülen, was soll daran schlimm sein?

Die Kellnerin sagte, der Vorbesitzer habe bekannte deutsche Worte ausgesucht. Woran man in Russland eben denkt, wenn man an Deutschland denkt.

Man stellt sich russische Faschisten oft als Glatzköpfe vor, die Schwächere totschlagen wollen, als saufende Dummköpfe oder als Enkel von Gulag-Aufsehern. Opa durfte foltern, ich will auch.

Doch in Russland denken viele Menschen radikal. Die beliebte Frage, wer der schlimmere Diktator gewesen sei, Stalin oder Hitler, wird inzwischen wohl mehrheitlich zugunsten des Georgiers entschieden. Stalin habe mehr Opfer auf dem Gewissen, so die Begründung für diese gruslige Rechnung, in der gern unterschlagen wird, dass Stalin länger an der Macht war als Hitler.

So war ich nicht schockiert, als ein Mensch, den ich als witzigen und gebildeten Kenner der deutschen Kultur kennengelernt hatte, mich zum vereinbarten Besäufnis mit dem Hitlergruß empfing und gleich darauf den Pioniergruß zeigte. »Sei bereit!«

Nennen wir ihn Iwan Sergejewitsch. Er arbeitete als Handwerker in einem Saratower Gymnasium. Im Flur der Schule zeigte er auf das Porträt des Gouverneurs und sagte: »Unser lieber Pate.« Ich schob mein Fahrrad hinter ihm her. Seine Freunde erwarteten uns mit französischem Kognak und mit dem Hinweis, dass dieses edle Getränk keine Beuteware sei, sondern in einem Geschäft erworben wurde, in dem auch Staatskriminelle und stadtbekannte Mafiabosse einkaufen. Man kennt sich eben und hat den gleichen Geschmack.

Iwan Sergejewitschs Freunde waren: Michail, ein ehemaliger Lagerinsasse, der als Student auf den Unterschied zwischen Lenins Theorie vom Absterben des Staates und der Praxis der totalitären Überwachung hingewiesen hatte und dafür zu sechs Jahren Lagerhaft verurteilt wurde. Die Umerziehung hatte ihn nicht zu einem besseren Menschen gemacht, wohl aber zum Alkoholiker werden lassen. Statt an die Partei glaubte er fortan an Gott.

Alexandr hingegen hatte es irgendwie geschafft, sich vor dem Militärdienst zu drücken. Er hatte in der Sowjetunion 40 Liter Blut gespendet, um mit dem dafür erhaltenen Geld auf dem Schwarzmarkt Schallplatten mit Rock-'n'-Roll-Musik zu erwerben – natürlich nur englische und US-amerikanische Originale von Künstlern wie Billie Holiday, Fats Domino, Elvis Presley, den Beatles.

Der nächste Freund wurde Hans der Deutsche genannt, weil er der illegitime Sohn eines Wehrmachtssoldaten war. Er war ein ehemaliger Feuerwehrmann und hatte als solcher am Sechstagekrieg zwischen Ägypten und Israel teilgenommen und dafür eine Medaille bekommen, obwohl er nicht zum Einsatz gekommen war, sondern nur aus der Ferne gesehen hatte, wie die von der Sowjetunion gelieferten Flugzeuge der Ägypter von den israelischen abgeschossen wurden.

Iwan Sergejewitsch hatte unter diesen Helden die geringsten Verdienste. Er hatte Geschichte studiert und war als Dozent bald entlassen worden, was mich nicht wunderte, da man ihm schon wohlwollend zuhören musste, um in seinen wirren Äußerungen die Goldkörner zu finden. Als Lehrer, der einen Stoff methodisch darstellt, konnte man ihn sich schwerlich vorstellen.

Er war an diesem Abend für die Musik zuständig. Die deutsche Sprache, so hatte er mir erzählt, sei für ihn das Fenster zur Welt. Man müsste in Deutschland lange suchen, um einen Menschen zu treffen, der so viele Texte von deutschen Bänkelliedern, Gassenhauern und Chansons auswendig kennt wie er. Dass mir der Name Trude Herr nichts sagte, löste eine Orgie von Spöttereien aus.

»Du bist überhaupt kein echter Deutscher!«, rief er aus, nachdem wir die erste Flasche Kognak geleert hatten.

Inzwischen hatte er Heino aufgelegt. *Schwarzbraun ist die Haselnuss*, wie süß. Nun ja, ich liebe russische Romanzen und russische Soldatenlieder, ich liebe das Pathos und die Melancholie in ihnen; das wiederum ist in Iwans Augen kindisch.

Als Alexandr in die Runde rief, deutsche Marschmusik sei die beste der Welt, wollte ich kotzen. Der Rhythmus vermittle Ordnung und Disziplin.

»Wir müssen von Deutschen regiert werden!«, rief Iwan Sergejewitsch. »Wir sind Sklaven, wir brauchen die Knute!«

Er wechselte die Kassette in dem Rekorder, der nur dann funktionierte, wenn man eine Tasse als Gewicht auf das Deck stellte. Nun ertönten Gesänge wie etwa *In einem Polenstädtchen, Deutschland, Deutschland über alles* und *Wir werden weiter marschieren, wenn alles in Scherben fällt.*

Eine Gesellschaft von Idioten, dachte ich.

Wie ist es möglich, dass ausgerechnet in Russland, wo die deutsche Wehrmacht viele Millionen Menschen ermordet hat, das deutsche Soldatentum ein positives Image hat? Wie kann man die Mörder der eigenen Eltern oder Großeltern lieben?

Zunächst natürlich aus Hass gegen die eigenen Dompteure, aus Protest gegen den Betrug, in der Sowjetunion Objekt eines verlogenen Experiments gewesen zu sein.

Diese verlorene Generation russischer Rentner hat nie eine Zukunft gehabt. Und wer keine Zukunft hat, will zerstören, bis »alles in Scherben fällt«. Um nach der Musik tanzen zu können, die sie liebten, hatten sie Lagerhaft ertragen oder ihr Blut spenden müssen, siehe Alexandr. Doch ihre Kinder, die mit dem akustischen Müll aus dem Genre der Popmusik aufgewachsen sind, empfinden diese Rhythmen als zu echt. Auch in Russland sind die Radiosender am populärsten, in denen nur wenige Wortbeiträge gesendet werden. Die höchsten Einschaltquoten erzielt ein Radiosender, auf dem niemals geredet wird, auf dem Computer die Musik mixen. Alles wird Coca-Cola, sieht schön aus, schmeckt nach nichts und ist ungesund.

Während im Hintergrund die Nazi-Lieder liefen, zeigte Iwan Sergejewitsch mir ein Stück Holz, das erahnen ließ, dass es einmal ein geschnitztes Flugzeug werden sollte.

»Sieh dir an, wie geduldig unsere Schüler sind«, sagte er. »Am Computer können sie Krieg spielen, aber ihre Hände können sie nicht mehr gebrauchen, geschweige denn ein gesetztes Ziel bis zum Ende verfolgen.«

»Und du glaubst, dass die Schüler unter deutscher Herrschaft zielstrebiger wären?«

Ich dachte an den Satz eines Psychologen, wonach das, was man heute als normales Alltagsverhalten ansieht, vor 20 Jahren als schwere Persönlichkeitsstörung diagnostiziert worden wäre. Ich erinnerte mich an die Computer-Cafés zwischen Lwiw und Wolgograd, in denen Jungs im Alter zwischen sechs und 14 Jahren stundenlang virtuelle Soldaten erschossen hatten.

Meine Gastgeber waren der Meinung, dass es ihnen heute besser gehen würde, wenn die Wehrmacht gesiegt hätte. Mein Argument, dass in Hitlers Rassenwahn die Slawen als »Untermenschen« definiert wurden, zur Vernichtung preisgegeben, bewies ihnen nur, dass ich ein naiver Demokrat war, der aus Angst vor Tabuverletzungen politisch korrekt dachte.

Iwan Sergejewitsch fummelte an dem Kassettenrekorder herum, das Band leierte.

»Was sind wir doch für Steinzeitmenschen«, rief er.

»Richtig«, sagte ich, »ihr seid Steinzeitmenschen. Euch braucht niemand. Deine Tochter sucht ihren Bräutigam im Internet, und du kannst nicht einmal einen Kassettenrekorder bedienen.«

Wie ungerecht.

Nachdem wir auf die Frauen, auf die Liebe, auf die Toten, auf die Freundschaft, auf die Literatur, auf die Wahrheit, auf Russlands Zukunft und auf Deutschlands Vergangenheit und ein halbes Dutzend Mal auf uns Überflüssige angestoßen hatten, schlug Iwan Sergejewitsch vor, Viktoria zu besuchen.

Iwan Sergejewitsch zeigte ein Foto von Viktoria, und Hans der Deutsche erzählte, ihr Traum sei es, sich eine SS-Uniform anzuziehen und Juden auszupeitschen. Sie habe, fügte Alexandr hinzu, einen Honigfabrikanten geheiratet, der für ihren Lebensunterhalt sorge. Deshalb könne sie sich ungewöhnliche Hobbys leisten.

Wer Viktoria nicht gesehen hat, der hat Saratow nicht gesehen, sagte Michail, der aus seiner Jackentasche ein Kindheitsfoto und eine Münze aus der Zeit der deutschen Besatzung holte und mich bat, beides nach meiner Rückkehr nach Berlin in die Spree zu werfen, in Erinnerung an seinen Vater, den unbekannten Wehrmachtssoldaten. In die Tüte, die er mir überreichte, hatte er außerdem eine blonde Locke von seinem Vater getan, die ihm seine Mutter auf dem Sterbebett überreicht hatte.

Iwan Sergejewitsch rief Viktoria an. Doch eine Stimme vom Band meldete immer wieder, dass der Teilnehmer nicht erreichbar sei.

Ich schob mein Fahrrad auf die nächtliche Straße. Iwan Sergejewitsch verabschiedete mich mit dem Pioniergruß »Sei bereit!«.

Nach diesen Erlebnissen wollte ich noch nicht schlafen. Ich fuhr zur Wolga runter. In einem Haus an der Straße brannte noch Licht. Vor einem Kamin, der bis zur Decke reichte, tanzten Mädchen in weißen Gewändern.

Ich legte meine Hand auf die Stirn, um zu prüfen, ob ich Fieber hatte.

Eine etwa 14-jährige Tänzerin blickte aus dem Fenster, sah mich und jauchzte.

»Guten Abend«, sagte ich. »Warum tanzen Sie?«

»Wir üben.«

»Was üben Sie?«

»Einen neuen Tanz. Unser Haus wurde renoviert.«

Tatsächlich sahen die Wände frisch geweißt aus.

Andere Mädchen kamen ans Fenster und kicherten.

»Was ist das für ein Haus?«, fragte ich.

»Das ist das Haus von Stolypin«, riefen sie.

Stolypin war, kurz gesagt, ein russischer Bismarck, ein reformfreundlicher, liberaler Ministerpräsident Russlands, zuvor Gouverneur in Saratow. Wladimir Putin bezeichnet ihn manchmal als sein Vorbild; Stolypin starb nach einem Attentat von Anarchisten.

»Und wo kommen Sie her? Sie sprechen mit Akzent. Sind Sie ein Ausländer? Aber Ausländer kommen nicht mit dem Fahrrad zu uns.«

Sie quietschten und kreischten nach meiner Antwort.

»Ich wünsche eine durchtanzte Nacht«, rief ich ihnen zu.

Russland hat also doch eine Zukunft, dachte ich, denn diese Tänzerinnen waren keine Steinzeitmenschen.

57.

Weil man als Radfahrer nachts
am Ufer der Wolga träumen kann

Ich bog in die nächste Straße ein und ließ mich vorsichtig hinunter zur Wolga rollen, denn die Abfahrt war ziemlich steil. Für Autos war die Uferstraße gesperrt, aber Fußgänger und Radfahrer konnten sich bis an die Kaimauer frei bewegen. Der Mond schien, Marihuana-Wolken schwebten über den Büschen, die Freunde des grünen Grases schliefen nicht. Sie riskierten ziemlich viel für ihre Träume, schließlich führt die Miliz manchmal Razzien durch. Die Qualität der russischen Pflanzen ist allerdings nicht besonders hoch, erst nach und nach gelangen Edelsamen aus Holland in die Provinz. In sowjetischen Zeiten kamen die Lieferungen aus Aserbaidschan, bezeugen einige meiner Freunde. Heute kann man das Gras über das Internet oder bei den Lieferanten in der Stadt bestellen.

Wenn es nach mir ginge, sollte Marihuana frei gehandelt und konsumiert werden. Jeder Mensch soll nach seiner Fasson selig werden können, so er andere dabei nicht verletzt. Von allen Genussmitteln ist sowieso der Tabak am gefährlichsten. Nach Auskunft der Drogenbeauftragten der Bundesregierung sterben in Deutschland jährlich etwa 110.000 Menschen an den direkten Folgen des Rauchens, etwa 3.300 durch Passivrauchen und 73.000 Menschen an den Folgen ihres Alkoholmissbrauchs. Der Genuss der bösen illegalen Drogen ist nur für etwa 1.000 Opfer verantwortlich. Durch Tablettensucht, den Missbrauch von Schokolade oder Energy-Drinks sterben mehr Menschen als infolge des Kiffens, das ist die traurige Wahrheit.

Die ehemalige DDR-Leichtathletin und Vorsitzende des Vereins Doping-Opfer-Hilfe Ines Geipel schildert in der *ZEIT* die Situation in Deutschland so: »Knapp 800.000 Kinder sind auf Ritalin, knapp zwei Millionen Studenten auf etwas, was sie entweder hoch- oder runterbeamt, knapp drei Millionen schieben sich in den Fitnessstudios Steroide oder sonst was rein, dazu die Sportler und Anti-Ager, Anti-Depressiven oder seelisch Ausgepumpten. Fast ein Viertel der Bevölkerung ist aufgrund des Hochdruckkessels permanent auf Chemie.«[21]

Andererseits ist es verständlich, dass in vielen Ländern das Konsumieren, der Besitz und der Handel von Marihuana verboten sind. Das Kiffen fördert die Fantasie und stimmt den Raucher friedlich, und das ist gefährlich für Institutionen, die ihre Existenzberechtigung aus der Bekämpfung von Gewalt beziehen, denn man könnte ja merken, dass sie nicht gebraucht werden.

Doch die Mehrheit sowohl der russischen als auch der deutschen Gesellschaft besteht aus Kleinbürgern, deren Lebensideal die Monotonie ist, und deshalb unterstützen sie die Polizei, zumindest mit radikalen Argumenten. Was sie nicht wollen dürfen, sollen andere auch nicht tun.

Das Wasser der Wolga schwappte gegen die Ufermauer. Ich stellte das Fahrrad ab und setzte mich. Einige Leute badeten noch. Der Fluss ist hier knapp drei Kilometer breit, also schmal für Wolgaverhältnisse.

Ich träume so vor sich mich hin, da ruft jemand meinen Namen. Kein Flussgeist, sondern ein Mann steigt aus dem Wasser. Bevor ich sein Gesicht erkennen kann, erkenne ich seine Stimme. Mein Freund Igor, den ich, seit ich ihn kenne, Brissenden nenne, nach dem schwindsüchtigen Dichter aus Jack Londons Roman *Martin Eden*, der die bürgerliche Öffentlichkeit, den Literaturbetrieb und das Zeitungswesen so stark verachtet, dass er sich weigert, seine Gedichte zu veröffentlichen. Geschmack haben ohnehin nur wenige, und Verleger sind Schurken, lautet nach meiner Erinnerung die Begründung Brissendens in dem 1909 erschienenen Roman.

Igor hat glücklicherweise keine Schwindsucht, sonst würde er nachts wohl kaum in der Wolga baden. Doch seine Gedichte veröffentlicht er tatsächlich nicht. Er sagt, sie seien nichts wert, es handle sich nur um Spielereien und Scherzartikel. Doch ich glaube ihm nicht. Wahrscheinlich feilt und poliert er ein 500-seitiges Gedicht, um mit ihm in 30 Jahren zu debütieren. Ich kenne doch meine Russen, sie lieben Extreme. Igor ist Feinschmecker, er liest niemals Zeitungen, dafür aber Poeme von Lord Byron und Les Murray. Sein Geld verdient er als Übersetzer aus dem Englischen und neuerdings auch aus dem Chinesischen, die Aufträge bekommt er übers Internet.

Kaum haben wir uns begrüßt, da schlägt er vor, in die Taiga zu reisen. Die ist ja nur ein paar Tausend Kilometer entfernt. Es würde mich zwar reizen, auf das Angebot einzugehen, zumal mit einem sachkundigen Führer, doch es passt nicht in meine Pläne. Mein Visum läuft in zwei Wochen ab. Das sieht er ein.

»Wir könnten für einige Tage auf eine Wolgainsel fahren?«

Beliebtes Sommerspiel vieler Menschen am Fluss, man lebt einige Wochen wie Robinson Crusoe. In der Stadt ist es sowieso zu heiß, die Schulen sind drei Monate lang geschlossen, die Behörden arbeiten noch langsamer als sonst, die Bibliothekarinnen warten vergeblich auf Leser und sowieso besteht die halbe Bevölkerung aus Pensionären.

Gegen Igors Vorschlag spricht nur ein Argument – dass ich die Stadt Saratow zu jeder Jahreszeit liebe und wirklich über jede Minute froh bin, die ich hier sein kann. Auch in solchen heißen Sommernächten, in denen die Thermometer noch 30 Grad messen.

Igor ist nicht allein. Hinter ihm steigt Roman prustend aus dem Wasser. Von allen Saratower Malern, die ich kenne, malt er die heitersten Bilder. Unverschämt heiter, könnte man sagen, angesichts der grotesken Verhältnisse ringsum. Er kreiert eine Märchenwelt, die an die Chagalls erinnert. Häuser stehen auf dem Kopf, Menschen fliegen, die Proportionen sind ins Groteske verzerrt, doch nirgendwo gibt es ein Zeichen des Bösen, keine Figur wirkt leidend oder scheint Schmerz zu empfinden.

Roman selbst ist auch mit einem freundlichen Naturell gesegnet. Im Unterschied zu Igor hat er es allerdings auch geschafft, sich vor dem Wehrdienst in der Armee zu drücken. Gereizt habe ich Roman noch nie erlebt, nur einmal ziemlich verlegen. Wir waren bei seiner Freundin, von der er sich inzwischen glücklicherweise getrennt hat. Sie hat sich in den letzten Jahren dem Hare-Krishna-Kult unterworfen, sie läuft in rosa Gewändern durch die Stadt und betet Körner und Nüsse an und murmelt vor und nach jeder Mahlzeit lange Gebete. So auch, als wir zu dritt in ihrer Küche saßen. Roman lebt zwar auch sehr gesund, raucht nicht und fährt täglich einige Kilometer mit dem Mountainbike. Aber diesen religiösen Fanatismus seiner Freundin hat er dann doch nicht lange ausgehalten.

Während er sich abtrocknet, erzählt er von einem Plan für nächstes Jahr. Vor einhundert Jahren sei der Maler Petrow-Wodkin mit dem Fahrrad von Moskau nach München gefahren, und sie wollten im nächsten Sommer seine Tour wiederholen. Ich solle mitkommen.

Angeblich – ich kann es kaum glauben – haben sie als Sponsoren sowohl das verschnarchte Goethe-Institut als auch das Französische Kulturinstitut in Russland als auch das verschnarchte Saratower Kulturministerium gewinnen können.

Das heißt in der Praxis: Sie werden von einem Arzt begleitet und von einem Auto, in dem sie ihr Gepäck verstauen können. Obwohl sie einige Jahre jünger sind als ich (Igor sechs, Roman 13), wollen sie so bequem reisen?

»Nehmt ihr auch ein fliegendes Restaurant mit?«, frage ich.

Der Name des Malers ist mir nicht bekannt. Später lese ich bei Wikipedia, dass er 1878 in Chwalynsk (heute Oblast Saratow) geboren wurde, ab Ende der 1890er-Jahre in Samara, Sankt Petersburg und München Malerei und Zeichnen studierte, 1911 Mitglied der Vereinigung Welt der Kunst und 1924 der Gruppe Vier Künste wurde, zu Zeiten der Sowjetunion als Grafiker und Dramatiker arbeitete und 1939 starb.[22] Russische Freunde bestätigen die Angaben.

58.

Weil man als Radfahrer auch nachts noch vernünftige Ideen hat

So kenne ich meine Freunde. Wollen wir in die Taiga, auf eine Wolga-Insel, mit dem Rad nach München fahren – drei Ideen nach kurzer Begrüßung. Reich sind Roman und Igor nicht, das Geld genügt aber, um sich ihr Hobby zu leisten, das Radfahren.

Igor hat ein neues Mountainbike. Ich fahre mit ihm einige Runden, er probiert mein Fahrrad aus. Seins ist hervorragend gefedert und scheint ein edles Exemplar zu sein.

»Was hat es gekostet?«

»Was denkst du?«

»700 Dollar?«

»Tysytschpitzot«, murmelt er. Eintausendfünfhundert.

»Nicht schlecht.«

»1.500 im Geschäft. Für mich die Hälfte. Der Besitzer ist ein Freund.«

»Also doch 700. Gutes Geschäft. Aber mit diesem Fahrrad willst du nicht bis München fahren?«

»Denkst du, dass es möglich ist?«

»Möglich schon, aber nicht bequem.«

Auch Roman fährt ein Mountainbike und will damit ebenfalls die lange Tour bestreiten. Zwei liebenswerte und ahnungslose Verrückte.

»Die Sponsoren sollen euch neue Räder finanzieren.«

Aber bisher gibt es offenbar nur mündliche Absprachen. Was soll das für eine Tour werden, inwiefern gilt sie als förderungswürdig? Auf den Spuren von … Kusma Petrow-Wodkin? Es lebe die Malerei? Wir kämpfen für die Kunst? Auch Russland ist eine bedeutende Kulturnation?

Wie haben sie dieses Abenteuer verkauft? Ich selbst finde es immer wieder albern, etwas so Schönes wie eine Radtour mit einer

Botschaft zu bekleben. Ich fahre Rad, weil es mir Spaß macht, so wie ich gern Wodka trinke, weil ich den Rausch liebe, aber nicht, um ein besserer Mensch zu werden.

Igor und Roman suchen tatsächlich noch nach einer griffigen Begründung für diese Reise. Ich schlage ihnen vor, sie sollten für meine alte Idee Reklame fahren, Saratow zur Kulturhauptstadt Europas zu erklären. In der EU ist es ja eine lobenswerte Tradition, jedes Jahr eine symbolische Hauptstadt der Kultur auszurufen. Doch wenn man Europa im Titel führt, dann sollten bitte auch Städte aus der Ukraine, Russland oder Transnistrien ausgewählt werden. Letzterer Staat liegt übrigens ziemlich genau in der geografische Mitte Europas. Wenn Saratow ein Jahr lang Kulturhauptstadt Europas wäre, dann könnten zumindest Zeitungsredakteure ihre Geografie-Kenntnisse verbessern. Vielleicht würden sie dann Odessa nicht mehr in Russland verorten, Rostow-na-Donu nicht mehr an der Wolga, Charkiw nicht mehr »näher an Moskau als an Kiew« und den Dnjepr nicht mehr an der polnischen Ostgrenze. Europa beginnt aus chinesischer Sicht in Wladiwostok, weil dort eine europäische Sprache gesprochen, eine europäische Religion gepflegt und die Häuser im Stile europäischer Architekturtraditionen erbaut wurden. Das klingt allerdings in vielen deutschen Ohren wie ein Schauermärchen.

Es wird sicherlich noch mindestens hundert Jahre dauern, bis man in Europa begreift, wie groß der Kontinent eigentlich ist.

Wir beschließen, ins Zentrum zu fahren. Da sind die beiden im Vorteil, denn nachdem wir auf der Tschernyschewskogo einige Hundert Meter wolgaabwärts gefahren sind, geht es in der Uliza Gorkowa steil bergauf.

Zwei Straßennamen, konzentrierte russische Geschichte: Die Tschernyschewskogo ist benannt nach dem Schriftsteller und Revolutionär Nikolai Tschernyschewski, der in Saratow geboren wurde und starb (1828–89). Wie Dostojewski wurde er vom Zaren zu einer Scheinhinrichtung und zur Verbannung verurteilt. Im Gefängnis schrieb er sein Hauptwerk *Was tun?*, in dem er darlegt, wie idealistische Menschen die Welt im Kleinen verändern können. Er sah, ähnlich wie Lew Tolstoi, in den Bauern revolutionäres Potenzial.

Das Ergebnis solcher sozialistischen Utopien konnte Maxim Gorki 70 Jahre später auf der Solowki-Insel besichtigen, in einem von Stalins Straflagern. Gorki meinte, die Zwangsarbeit sei eine großartige historische Errungenschaft. In einem Brief an Stalin schrieb er: »Großartig, geradezu genial, ist der Prozess gegen die Schädlinge aufgezogen. Ich bin, natürlich, für die ›Höchststrafe‹, aber vielleicht wäre es politisch klüger, die Lumpen in strenger Isolierung auf der Erde zu lassen. Möglich, dass das eine heilsame Wirkung auf alle ›Spezialisten‹ haben und den Feinden das Maul stopfen könnte, die immer auf eine Gelegenheit warten, lautes Geschrei über die Bestialitäten der Bolschewiken zu erheben.«[23]

In meinem Kopf dreht sich ein Karussell, die Wirkung des Alkohols ist noch nicht verschwunden. Aber Ehrgeiz habe ich auch und absteigen will ich nicht. Die beiden fahren vor mir fröhlich in Schlängellinien den Berg hoch, während ich mich im kleinsten Gang abquäle.

Nur einmal werden wir durch Autos gestört, zwei BMW-Fahrer rasen um die Wette, geschätzte Geschwindigkeit auf gerader Strecke 150 Stundenkilometer. Wie sagte ein Bekannter, bei dem ich im Auto saß und der es innerhalb der Stadt auf knapp 200 Stundenkilometer brachte – bei dieser hohen Geschwindigkeit vermute die Miliz, dass man eine Sondergenehmigung habe.

59.

Weil man vom Radfahren Appetit bekommt

Igor schlägt vor, im »Sozialismus« einzukaufen, dem Geschäft einer Lebensmittelkette, vergleichbar dem deutschen Aldi. Der Sozialismus hat natürlich 24 Stunden geöffnet. Aber das Sortiment ist für gewöhnlich überschaubar, der Fisch selten frisch, die Auswahl an Gemüse beschränkt sich meistens auf Zwiebeln und Rotkohl. Es ist ein bisschen wie früher.

Igor will nur Wein kaufen, doch ich habe Appetit und möchte etwas essen. Weiter oben, in der Moskowskaja, haben auch nachts bessere Geschäfte geöffnet. Und wenn das Angebot da ist, warum soll man es nicht nutzen? Ich habe Appetit auf einen karelischen Algensalat, auf frisches Laugenbrot, Pfefferschinken und Knoblauch.

Vor etwas mehr als einem Jahrzehnt war Saratow noch eine geschlossene Stadt, für Ausländer verboten, heute könnten zumindest die Erdgeschosse in westliche Großstädte versetzt werden, ohne dass es auffiele. Doch McDonald's hat schon geschlossen, der Irish Pub und die mexikanischen, japanischen und tatarischen Restaurants, die russischen und französischen Cafés ebenfalls. Ab 23 Uhr gilt die Sperrstunde, von der nur einige preisintensive Etablissements ausgenommen sind.

Offiziell gelten auch strenge Anti-Alkohol-Gesetze, die im Zentrum großer Städte von den Ordnungskräften auch durchgesetzt werden – Letztere nennen sich nach einer Reform wie in den Zaren-Zeiten wieder Polizei, was ältere Leute auch an die Besatzung durch die Wehrmacht erinnert. Saratow wurde allerdings nicht von der Wehrmacht erobert. Die Gier der Deutschen richtete sich vor allem auf das 400 Kilometer südlich liegende damalige Stalingrad.

»Appetit« ist das Stichwort, um über die Ernährung beim Radfahren zu reden. Igor meint, ich müsse doch unterwegs viele Sorten von Suppen gegessen haben und könnte eine Landkarte mit

Gastronomie-Tipps erstellen. Ja, und besonders gut schmeckt im Sommer Grüner Borschtsch, den ich erst seit Kurzem kenne. Und Okroschka selbstverständlich, eine kalte Suppe mit saurer Sahne. Und in Polen wurde eine Erbsensuppe in einer Schüssel aus Brot serviert.

Dass mir Okroschka schmeckt, war für eine russische Bekannte der Beweis, dass ich eine slawische Seele habe. »Normalerweise lieben die Deutschen diese Suppe nicht«, sagte sie.

Vom Radfahren bekommt man einen gesunden Appetit, anders als vom Schwimmen, das ja eher Heißhunger hervorruft. Meiner Erfahrung nach muss man aber auch auf langen Radtouren nicht übermäßig viel essen, um bei Kräften zu bleiben. Viel wichtiger ist das regelmäßige Trinken. Vier bis fünf Liter am Tag sind da durchaus normal.

Die Hungerattacken, von denen viele Radfahrer berichten, entstehen logischerweise, nachdem man seine Kräfte falsch eingeteilt und zu wenig gegessen hat.

Interessant ist an heißen Tagen die Wirkung von kühlem Joghurt. Denn dieser kühlt den Körper tatsächlich stärker als jedes Getränk. Kaltes Wasser oder kalte Säfte sorgen ja nur kurzzeitig für Erfrischung.

60.

Weil das Radfahren den sozialen Zusammenhalt stärkt

Während wir über den Prospekt Kirowa radeln (benannt nach einem bolschewistischen Funktionär, den Stalin ermorden ließ), befrage ich mich: Würde ich die Gesellschaft von Roman und Igor einige Wochen lang aushalten? Hätte ich Lust, in Gesellschaft zu fahren? Ach ja, ein Arzt und ein Kellner sollen ja auch zur Begleitung gehören, oder doch nur ein Chauffeur für das Gepäck?

Roman und Igor springen mit ihren Mountainbikes über Bordsteinkanten, fahren Kreise, stoßen Jubelrufe aus. Sie fragen, wie das Bier in München schmeckt und ob die deutsche Polizei streng sei. Sie vermuten, in Polen seien die Verkehrspolizisten besonders scharf, doch ich habe dort noch nie einen gesehen.

Eine Reise zusammen mit Igor und Roman wäre auch deshalb interessant, weil ich von ihnen viel lernen könnte über Theater und Malerei in Russland, außerdem Slang-Ausdrücke. So war mir lange nicht aufgefallen, dass die hohle politische Phrase »Plan Putina«, der Plan Putins, gleichzeitig auch »Putins Joint« heißt. »Plan« bedeutet im Russischen nicht nur »Entwurf«, sondern auch »Gras«, »Marihuana«. Geläufig war mir das Wort »trawa«, das wörtlich »Gras« heißt.

In der Gruppe Fahrrad zu fahren, das ist an und für sich verlockend. Man leidet zusammen, man albert zusammen herum, motiviert und ermuntert sich, flucht aufeinander, vertreibt sich gemeinsam die Langeweile. Gemeinsam erlebt man die eigene Nichtigkeit angesichts eines steilen Anstiegs oder heftigem Gegenwind. Das Radfahren ist eigentlich ein sehr schöner Teamsport, Sport für die ganze Familie.

Wir sind nicht allein in der Stadt, man klingelt nach uns. »Man« ist eine durchtrainierte Frau in kurzen Hosen und T-Shirt. Irina heißt sie, eine Bekannte aus der Gemeinde der Fahrrad-Freaks von der Wolga; sie fährt auch im Winter Rad, wie Igor, nachdem wir uns begrüßt haben, erzählt.

»Ich habe Muskeln wie Arnold Schwarzenegger«, sagt sie, und es klingt gar nicht eitel.

Sie begleitet uns, zum Schlafen hat keiner Lust.

Vor dem Zirkus sitzen auch jetzt noch Jugendliche, flirten und treiben Unsinn, was sonst.

9. ETAPPE

Kulturgeschichtliches

61.

Weil man Radball spielen kann

Einige Jungs spielen vor dem Zirkus Radball. Zwar nicht ganz stilecht, denn sie treten den Ball auch mit den Füßen, was im Wettkampfsport nicht erlaubt ist. Die Regeln beim Radball sind sehr streng. Hände und Füße müssen am Lenker beziehungsweise auf den Pedalen sein. Nur der Torhüter darf Torschüsse mit den Händen halten, sofern seine Füße auf den Pedalen sind. Wenn ein Spieler den Boden berührt, so muss er zunächst das Spielfeld verlassen, und zwar über die verlängerte Torlinie seines eigenen Tores. Im 2er-Radball darf immer nur ein Spieler im eigenen Strafraum verteidigen, im 5er-Radball sind es drei.

Geschossen wird mit dem Vorderrad. Ohne Ball darf man nicht in den gegnerischen Strafraum, ein Verstoß wird mit einem Freistoß geahndet. Die Spielzeit beträgt bei den Erwachsenen zwei mal sieben beziehungsweise zwei mal 15 Minuten. Demnach scheint es ein intensiver Sport zu sein. Die speziellen Fahrräder für Radball sehen seltsam aus, weil sich der Sattel direkt über dem Hinterrad befindet. Die Mannschaften bestehen aus fünf oder zwei Spielern.

Radball sollte 1916 olympische Disziplin werden, doch die für Berlin geplanten Spiele fielen wegen des Ersten Weltkriegs aus. Jährlich werden Weltmeisterschaften veranstaltet. Weltmeister wurden unter anderem 2005 die Brüder Pfaffenberger aus Sangerhausen, worauf man in ihrer Heimatregion sehr stolz ist. Die tschechischen Brüder Jan und Jindřich Pospíšil errangen zwischen 1965 und 1988 zwanzigmal den Weltmeistertitel, was einen Eintrag im Guinness-Buch der Rekorde wert war.

Derzeit gibt es weltweit mehr als 400 Vereine, in denen Radball betrieben wird, mehr als 300 davon in Deutschland.

62.

Weil man Radpolo spielen kann

Zugegeben, dass es solch eine Sportart gibt, habe ich erst bei den Recherchen für dieses Buch erfahren.

Beim Polo sitzt der Spieler auf einem Pferd, mit einem Schläger versucht er, den Ball ins Tor zu befördern. Beim Radpolo sitzt die Spielerin dementsprechend auf einem Fahrrad – Radpolo wird angeblich nur von Frauen gespielt. Eine Mannschaft besteht aus zwei oder drei Spielerinnen, gewonnen hat die Mannschaft, die als erste fünf Tore erzielt oder nach Ablauf der vorher vereinbarten Zeit (fünf bis 30 Minuten) die meisten Tore erzielt hat. Wie beim Radball darf der Boden mit dem Körper nicht berührt werden.

Deutsche Meisterschaften werden in dieser Disziplin seit 1942 ausgetragen. In England, Frankreich und Tschechien wird dieser Sport auch betrieben, es gibt jedoch keine internationalen Meisterschaften.

Da die Spielerinnen in der einen Hand den Schläger halten, müssen sie einhändig Rad fahren, was schon an die nächste Disziplin erinnert, das Kunstradfahren.

63.

Weil Radfahren auch Kunst sein kann

Ernsthaft um Siege und Medaillen wird auch im Kunstradfahren gekämpft. Diese Leistungssportart ist schwieriger auszuüben als Geräteturnen – schließlich rollt das Gerät ja. Die Akrobaten auf diesen Rädern stellen sich auf Sattel und Lenker, fahren freihändig im Kreis auf einer vorgezeichneten Linie, sie lenken mit den Füßen, stehen auf Stützen am Hinterrad, knien auf dem Sattel, machen Hand- und Kopfstand auf dem Lenker – und sehen bei all diesen

Übungen elegant aus. Im Zweier-Kunstradfahren nutzen die beiden Sportler bei einem Teil der Kür gemeinsam ein Rad, ansonsten wird in Mannschaftswettbewerben synchron gefahren.

Beim Kunstrad ist kein Freilauf vorhanden; der sogenannte »fixed gear« oder »starre Gang« ermöglicht, dass man auch rückwärts fahren kann.

Jährlich werden Welt- und Europameisterschaften ausgetragen, bei denen die Deutschen meistens Favoriten sind. In keinem anderen Land ist das Kunstradfahren so populär wie in Deutschland. Bei den Herren erkämpfte David Schnabel 2013 seinen achten WM-Titel, bei den Frauen war Corinna Hein seit dem Jahre 2003 immer unter den ersten drei.

64.

Weil auch mehrere Personen auf einem Rad fahren können

Wer mit jemandem gemeinsam eine Radtour unternehmen möchte, kann dies auch auf einem Tandem. Natürlich sollten die beiden Fahrenden sich gut verstehen; Streitereien etwa über die Trittfrequenz und das Tempo würden den Ausflug sicherlich nicht erholsam gestalten.

Der Lenkende wird Pilot genannt, der Nichtlenkende Heizer – in Anlehnung an die guten, alten Dampflokomotiven. Da der Luftwiderstand kaum größer ist als bei einem Einzelrad, kann mit dem Tandem schneller gefahren werden als mit einem klassischen Fahrrad. Auch sehbehinderte oder blinde Menschen können als Mitfahrende das Radfahren genießen.

Tandems können auch als Liegeräder gebaut werden, und es gibt sie auch für mehr als zwei Personen. Für drei Personen werden sie Triplett oder Tridem genannt.

65.

Weil man auch im Wohnzimmer Rad fahren kann

Ergometer oder Hometrainer, auch Trimm- oder Fitnessräder genannt, sind Fahrräder ohne Räder – und für manche der Gipfel des Stumpfsinns, für andere ein sinnvolles Trainingsgerät. Das Radfahren wird mit ihnen simuliert. Man kann beim Strampeln Fernsehen gucken, Musik hören, sich eine Landschaft vorstellen oder dergleichen mehr.

Im Vergleich zum richtigen Fahrradfahren ist das Radeln auf der Stelle im eigenen Wohnzimmer oder im Fitnessraum natürlich eine trostlose Angelegenheit. Doch Hometrainer sind in der kalten Jahreszeit und bei schlechtem Wetter bestens geeignet zum Trainieren. Oder zur Regeneration nach Unfällen, etwa nach einem mehrfachen Bruch des Fußgelenks, wovon ich aus eigener Erfahrung berichten kann.

An einem 13. November passierte es, ich rutschte auf Straßeneis aus, und als ich am Boden lag, zeigte meine Kniescheibe nach Norden, der Fuß nach Osten. Vier Knochen waren gebrochen, die Gelenkschale gespalten; mit Hilfe von zwölf Schrauben und zwei Schienen wurde das Gelenk im Krankenhaus wieder fixiert. Ein Jahr lang sollte die Metallkonstruktion in meinem Bein bleiben. Doch ich wollte im Sommer, wie jedes Jahr, an die Wolga radeln.

Unter den Ärzten gab es zwei Fraktionen. Die einen meinten, das sei genau das richtige Training für den Fuß, die anderen, es sei unmöglich, die noch nicht zusammengewachsenen Knochen der hohen Belastung einer über mehrere Tausend Kilometer führenden Radreise auszusetzen.

Im Januar erfolgte eine zweite Operation, eine Stellschraube wurde entfernt, welche die Konstruktion zusammenhielt. Ich begann auf dem Hometrainer, den Fuß zu belasten, täglich zweimal für etwa eine halbe Stunde. Tatsächlich fühlte sich der Fuß nach jedem Training besser an.

Während der Reise merkte ich bald, dass zwar das Fahren auf gerader Strecke und bergab weitgehend schmerzfrei möglich war, doch bei jedem Anstieg hatte ich das Gefühl, die Knochen könnten unter der Anstrengung ein zweites Mal brechen.

Bald sah ich ein, dass ich das Fahrrad bergauf nur schieben sollte. Gerade in der Ukraine, die westlich des Dnjepr sehr hügelig ist, war das streckenweise ein bisschen langweilig. Doch nach einigen Wochen und 3.000 Kilometern im Sattel konnte ich wie mit einem gesunden Fuß auch wieder Anstiege bewältigen und in einer Tag-Nacht-Etappe 290 Kilometer bewältigen.

Deshalb: Ein herzlicher Dank den Konstrukteuren und Herstellern der Hometrainer!

66.

Weil man auch liegend Rad fahren kann

Wer die Bequemlichkeit liebt, kann das Fahrrad auch als rollendes Sofa benutzen und mit einem Liegerad reisen. Das Liegerad hat gegenüber dem herkömmlichen Rad viele Vorteile – in der Sitz- oder Liegeposition ist die Wirbelsäule entspannt, der Rücken und die Handgelenke werden geschont, ebenso der Hintern. Das ärgerliche Wundscheuern auf dem Sattel entfällt, auch werden im Gesäßbereich keine Nerven eingeklemmt. Taubheitsgefühle, die beim ausdauernden Radfahren vor allem in den Füßen und Händen auftreten können, werden so vermieden. Das Fahren im Liegerad ist vielmehr gesund für die Bandscheiben, die Rückenmuskulatur wird gestärkt.

Liegeräder sind außerdem sicherer als gewöhnliche Fahrräder. Ein Sturz erfolgt aus geringerer Höhe, man fliegt nicht mit dem Kopf voran auf ein Hindernis.

Sehr niedrige Liegeräder bieten allerdings einen schlechten Überblick im Straßenverkehr. Manche Autofahrer meinen, Liegeräder seien leicht zu übersehen, während die Liegeradfahrer selbst sich mehrheitlich sicher fühlen. Jedoch können Fußgänger sich erschrecken, wenn ein Liegerad mit hoher Geschwindigkeit vorbeisaust. Denn auf Grund des geringeren Luftwiderstands, der geringeren Angriffsfläche für den Wind, können mit Liegerädern hohe Geschwindigkeiten erreicht werden, manche Fahrer berichten von 70 Stundenkilometern auf gerader Strecke bei normalem Straßenbelag. 35 bis 40 Stundenkilometer gelten durchaus als normal. Bei langen Steigungen jedoch sind sie oft langsamer, was auch an ihrem größeren Gewicht liegt.

Ein weiterer, verständlicher Nachteil: Liegeräder sind teurer als klassische Fahrräder, unter anderem, weil sie in geringerer Stückzahl hergestellt werden, aber auch, weil die Bremsen auf Grund der höheren Geschwindigkeiten von besserer Qualität sein müssen.

Die höchste Stabilität erreichen dreirädrige Liegeräder. Doch sind es dann noch Fahrräder? Betont wird die Eigenschaft des Liegens. Es gibt auch Liegetandems und Liegeräder mit Motor und Verkleidung, womit sie wie Raketen aussehen. Und es gibt Räder, die liegend auf dem Bauch gefahren werden, sogenannte Bauchliegeräder, die schon 1896 erfunden wurden.

Zurzeit bauen neun Studenten der Eidgenössischen Technischen Hochschule in Zürich ein besonders skurriles Liegetandem. Auf ihm können zwei Menschen übereinander liegen – in entgegengesetzter Richtung. Die Studenten wollen mit diesem Rad einen Weltrekord brechen, den derzeit der Schweizer Francesco Russo hält. Er kam am 2. August 2011 auf seinem vollverkleideten Spezialvelo namens Eiviestretto in einer Stunde 91,556 Kilometer weit.

67.

Weil man auch in der Luft
Rad fahren kann

Artisten können auf einem Seil in der Luft Rad fahren. Normalsterbliche staunen da nur. Der Hochseilartist Falko Traber aus der berühmten Artistenfamilie Traber überquerte 1999 mit einem Fahrrad auf einem Seil sogar die Zugspitze, wobei er auf der Lenkergabel noch einen Kopfstand machte.

Doch manche Menschen radeln in der Luft, um ihre Nerven zu beruhigen. Sie müssen mit der Nervenkrankheit Restless-Legs-Syndrom (RLS) leben, unruhige Beine, auch Rastloser Schlaf genannt. Was wie ein Scherz klingt, kann für die Betroffenen furchtbar sein.

Etwa zehn Prozent aller Erwachsenen sollen unter dieser Volkskrankheit leiden, wobei die Ursachen mal im Gehirn oder im Rückenmark, mal im Dopaminhaushalt gesehen werden. Dopamin ist ein Neurotransmitter, ein Nervenbotenstoff, der zur Steuerung der Bewegungskoordination benötigt wird. RLS kann aber auch durch eine Schwangerschaft oder durch Diabetes ausgelöst werden. Vitamin-B- und Eisenmangel verstärken die Symptome.

Manche Betroffene beschreiben das Gefühl, als ob starker Strom durch ihre Beine fließe, andere als Jucken, Brennen und Kribbeln. Die Symptome treten meistens am Abend und in der Nacht auf, bei Übermüdung, also gerade dann, wenn man schlafen möchte. Die Folgen der Erkrankung sind insbesondere Schlafmangel, Störung des Tag-Nacht-Wechsels, daraus resultierend Depressionen. Da den Betroffenen das Stillsitzen unerträglich erscheint, können sie weder vor dem Fernseher noch beim Lesen entspannen.

Die Krankheit wurde bereits 1685 von dem britischen Biologen Dr. Thomas Willis beschrieben. Einerseits führten die damals üblichen Aderlässe zu Eisenmangel, andererseits begannen die Menschen in Europa, Kaffee und Tee zu trinken. Heute weiß man, dass Koffein RLS auslösen kann.

Werden die Beine bewegt, klingen die Schmerzen ab. Linderung verschafft insbesondere das Radfahren in der Luft. Die Kranken liegen auf dem Rücken, ziehen die Beine an und strampeln – sie bewegen sich in einer embryonalen Stellung, wie auch der Fahrer auf dem Rad, so er sich tief über den Lenker beugt. Das Radfahren lernt man schon im Mutterleib; metaphysisch betrachtet ist es deshalb nicht erstaunlich, dass es die Nerven schont, die innere Unruhe beschwichtigt.

68.

Weil man Geschicklichkeitsrennen fahren kann

Besonders im Süden Deutschlands, in Baden-Württemberg und Bayern, wird der Radsport in seiner ganzen Vielseitigkeit gepflegt. Ob Radball, Radpolo oder Kunstradfahren, in allen diesen Disziplinen sind Radfahrer aus dem Süden sehr aktiv und erfolgreich. So auch im Trial. Trial wird im Gelände über Hindernisse wie hohe Steine, Baumstämme, Wassergräben, Ölfässer, Betonröhren oder Schlamm- und Schotterwege gefahren. Die Fahrer werden Trialer genannt. Sie springen, fliegen und hüpfen über die Hindernisse, gefragt sind Balancegefühl, Ausdauer und vor allem wohl Mut. Das Hüpfen mit dem Fahrrad auf der Stelle soll dabei schwieriger zu erlernen sein als das Hüpfen nach hinten. Selbst ohne Anlauf können die Sprünge bis zu zwei Meter weit sein.

Die Strecken sind oft so schwierig, dass sie sogar zu Fuß nur schwer zu bewältigen wären. Im Wettkampf ist derjenige Sieger, der den Fuß am seltensten auf den Boden setzt. Gefahren wird meist stehend, weshalb Trialräder auch keinen Sattel haben, dafür sehr gute Bremsen. Sie sind flacher als gewöhnliche Fahrräder, die Schenkel des Rahmendreiecks verlaufen fast parallel.

Dem Trial verwandt ist das Downhill, die Bergabfahrt auf dem Mountainbike, dem Bergfahrrad. Dabei erreichen die Fahrer Geschwindigkeiten bis zu 70 Stundenkilometern. Seit 1990 werden vom Radsport-Weltverband UCI jährlich Mountainbike-und-Trial-Weltmeisterschaften ausgetragen. Der erfolgreichste Fahrer ist bisher der Franzose Nico Vouilloz, der drei Mal Juniorenweltmeister wurde und sieben Mal bei den Erwachsenen gewann.

Das erste Mountainbike wurde übrigens 1973 in Kalifornien von Hippies gebaut. Die von der Industrie hergestellten Räder waren den Erfindern zu simpel, sie wollten entsprechend ihrem Freiheitsgefühl durch wildes Gelände und steile Hänge herunterfahren können. Aus einer Bastelei in der Garage wurde ein Erfolgsmodell.

Mountainbikes wurden in den 1980er-Jahren auch außerhalb der USA populär, besonders in Europa. Hier wurde es den Verkaufszahlen nach der beliebteste Fahrradtyp. 1990 wurden bereits die ersten Deutschen Meisterschaften in Kirchzarten im Schwarzwald ausgetragen. Und seit den Olympischen Spielen 1996 in Atlanta ist Mountainbiking (Cross-Country) olympische Disziplin, die ersten Olympiasieger waren der Niederländer Bart Brentjens und die Italienerin Paola Pezzo.

69.

Weil das Fahrrad vielseitig verwendbar ist

Eine weitere Unter- und Nebenart des Fahrrads ist das Hydrobike, mit dem man auf dem Wasser strampeln kann. Mit dem Amphibike wiederum kann man sowohl an Land als auch auf dem Wasser fahren.

Auch das Ski- oder Snowbike reklamiert eine Verwandtschaft mit dem Fahrrad, obwohl statt der Reifen Skier unter einen Fahrradrahmen montiert werden und das spaßige Gerät auch ohne Pedale auskommt.

Was fehlt noch? Das Nasenfahrrad? Fahrräder als Spielzeug und aus Schokolade? Gibt es Fahrräder mit Segeln? Wahrscheinlich schon. Solarfahrräder? Ja, seit 30 Jahren. Nano-Fahrräder? Vielleicht ja, aber nur wenige haben sie gesehen. Fahrräder aus Pflanzen? Das haben wir bereits gelernt. Ja, aus Bambus, Holz und Hanf. Fahrräder aus Eis wurden auch schon gebaut, aber mit ihnen konnte niemand fahren.

Eine ernsthafte Erfindung ist aber das Handbike. Es wird mit den Armen angetrieben und ermöglicht Menschen mit einer körperlichen Behinderung das Radfahren, meistens auf drei Rädern. Bereits im Jahre 1655 hat Stephan Farfler, ein Uhrmacher aus Nürnberg, ein Handbike erfunden, er war selbst nach einem Unfall in der Kindheit querschnittsgelähmt. Farfler baute sowohl ein drei- als auch ein vierrädriges Modell, die beide mit Handkurbeln und Zahnradgetrieben ausgestattet waren. Seltsamerweise geriet die Erfindung in Vergessenheit. Inzwischen, seit dem Jahre 2004 in Athen, nehmen Handbiker an den Paralympics teil.

Außerdem kann das Fahrrad auch von Tieren wie Hunden, Eseln oder Ponys gezogen werden. Nicht nur klassische Schlittenhunderassen wie der Husky eignen sich dafür, sondern alle großen und kräftigen Hunde, beispielsweise Rottweiler, Neufundländer, Doggen, Bernhardiner, Schäferhunde oder Mischlinge. Als Faustregel gilt, dass sie mindestens 50 Zentimeter Schulterhöhe haben und mindestens ein Jahr alt sein sollten. Wichtig ist, dass sie Spaß am Ziehen und Laufen haben und kräftig genug sind. Der Hund soll das Tempo bestimmen und sich leicht lenken lassen, nicht ausbrechen, kontrolliert laufen. Entsprechendes Training ist nötig, denn für den Radfahrer könnte es bei hohen Geschwindigkeiten gefährlich werden, wenn der Hund einem Eichhörnchen hinterherjagt.

Mittlerweile soll es Enthusiasten geben, die Bikejöring als eigenständige Sportart verstehen.

Sehr bekannt ist auch die Kombination des Radfahrens mit Schwimmen und Laufen beim Triathlon, die Kurzdistanz besteht hier aus 1,5 Kilometer Schwimmen, 40 Kilometer Radfahren und 10 Kilometer Laufen.

10. ETAPPE

Helden

70.

Weil man Tag-Nacht-Etappen fahren kann

Das extreme Radfahren beginnt nach meinem Verständnis bei Etappen von mehr als 200 Kilometern am Tag oder mehr als zwölf Stunden reiner Fahrzeit. In den Bergen, in der Wüste, bei scharfem Gegenwind, mit schwerem Gepäck oder auf lehmigem Boden können natürlich auch kürzere Strecken den Fahrern das Äußerste abverlangen.

200 bis 1.200 Kilometer ist ein Radmarathon lang. Das ist zum Beispiel die Strecke von Paris nach Brest und zurück oder in Bulgarien von Sofia nach Varna und zurück. Über die Schlaf- und Ruhezeiten entscheiden die Fahrer in dieser Sportart selbst. Für eine Strecke von 200 Kilometern ist ein Zeitlimit von 13,5 Stunden üblich (Durchschnittsgeschwindigkeit 15 Stundenkilometer), über 1.200 Kilometer sind es 90 Stunden und eine Durchschnittsgeschwindigkeit von 13 Stundenkilometer.

Schon eine 24-Stunden-Etappe zu fahren, nur für die Toilettengänge und das Essen zu pausieren und ansonsten in die Pedale zu treten, das ist sicherlich nicht jedermanns Sache. Auch hier gilt wie so oft die Regel: Man muss es ausprobieren, um es beurteilen zu können. Der Sprung macht die Erfahrung, nicht der Schritt.

Ich selbst liebe diese Disziplin, weiß aber, dass ein 24-stündiges Blitzschachturnier härter ist. Niemals plane ich, eine Tag-Nacht-Etappe zu fahren, es muss sich ergeben, einer Laune entspringen. Manchmal leuchtet der Mond so schön, vielleicht ist die Luft nach einem heißen Tag endlich angenehm kühl, möglicherweise ist kein passender Schlafplatz in Sicht oder es wohnt ein Freund hundert Kilometer weiter – schon fällt der Entschluss leicht, so lange zu fahren, bis der Wunsch nach Schlaf übermächtig wird.

Ein Vorteil des nächtlichen Radelns: Die Autos halten größeren Abstand, vorausgesetzt, die Beleuchtung am Fahrrad ist hell genug. Das Verhalten von Radfahrern im Dunkeln ist schwer einzuschätzen, manche kommen nachts von einer Feier, sind vielleicht angeheitert, fahren Schlängellinien, entsprechend misstrauisch oder vorsichtig verhalten sich glücklicherweise viele Autofahrer. Kaum erwärmen die ersten Sonnenstrahlen die Landstraße, muss der Radfahrer wieder um sein Leben bangen, weil die Rüpel hinter den runden Lenkern sich einbilden, den notwendigen Sicherheitsabstand genau einschätzen zu können.

Die schönste Zeit auf einer Tag-Nacht-Etappe ist für mich immer wieder die von Mitternacht bis zum Sonnenaufgang. In der Dunkelheit ist es sogar leichter als am Tage, Steigungen zu erklimmen, weil man die Schwere der Aufgabe nicht sieht. Auch am Tage ist es bergan übrigens hilfreich, den Blick nur vor sich auf den Boden zu richten, nicht auf die Bergkuppe.

Aber was rede ich über Extreme. Meine läppischen Rekorde: Saratow – Berlin, 2.768 Kilometer in 16 Tagen ohne Ruhetag; Welika Nowosilka – Poltawa, 470 Kilometer in 28 Stunden plus drei Stunden Schlaf und eine 340-Kilometer-Etappe innerhalb von 24 Stunden.

Meinen Freunden, die mich verrückt nennen, rufe ich zu: Seht euch die Helden an, die nun folgen!

71.

Weil man als Radfahrer Extreme immer noch steigern kann

Das Race Across America gilt nicht nur als das härteste Radrennen der Welt, sondern auch als der härteste Ausdauerwettkampf. So hat es zumindest eine Expertenkommission des US-amerikanischen *Outside Magazine* eingeschätzt, »America's leading active-lifestyle and adventure-travel magazine«. Faktoren wie die Länge des Rennens, der Schwere des Kurses, der Seelenqual-Faktor, die Anzahl der gescheiterten Teilnehmer wurden mit anderen Rennen verglichen. Demnach müsste man den Ironman-Hawaii-Triathlon zehnmal hintereinander bewältigen, um den Anforderungen der Race Across America zu genügen.[24] Beim Ironman kommen 90 Prozent der Teilnehmer im Ziel an, bei der RAAM die Hälfte.

Nur das Segelrennen Vendée Globe soll etwa genauso wahnwitzig und anspruchsvoll sein – die Skipper segeln so schnell wie möglich alleine um den Globus, ohne Hilfe von außen. Das Iditarod-Hundeschlittenrennen wird vom *Outside Magazine* mit etwas Abstand nur an dritter Stelle geführt. Auf dem Iditarod-Schlittenhundepfad kann im Winter auch mit dem Mountainbike gefahren werden, wobei man mit Läufern und Skiläufern konkurriert. 1.600 Kilometer durch die Wildnis Alaskas, viel Spaß! Die Fahrer auf den Mountainbikes sind übrigens fast immer am schnellsten.

Das Race Across America führt quer durch die USA, von Oceanside nach Annapolis, vom Pazifik zum Atlantik. Seit 1982 wird dieses Rennen ausgetragen. Die Fahrer müssen 4.800 Kilometer zurücklegen und dabei eine Gesamthöhendifferenz von über 50.000 Metern überwinden. Das Zeitlimit, in dem diese Strecke bewältigt werden muss, beträgt zwölf Tage und fünf Stunden, pro Tag muss man also durchschnittlich 400 Kilometer schaffen, mindestens zwei Tour-de-France-Etappen.

Der Deutsche Michael Nehls sorgte bei dem Rennen von 2008 für eine Sensation mit einer bis dahin nie erprobten Strategie. Statt wie alle anderen Fahrer den Schlaf auf ein Minimum zu beschränken, auf nur ein bis zwei Stunden pro Nacht, befolgte er den alten indianischen Ratschlag, lange Pausen einzulegen. Er schlief jede Nacht sechs Stunden und fuhr tagsüber nur 13 bis 15 Stunden. Zur Vorbereitung auf die Temperaturen in der Wüste hatte er zu Hause in der Sauna trainiert. Er schaffte es als Siebenter ins Ziel und bekam eine Auszeichnung als derjenige Teilnehmer, der in der Geschichte des Rennens am meisten geschlafen hat! Als Begründung gab er an, er habe das Rennen genießen wollen.

Während andere Fahrer paranoide Anfälle erlebten, gegen Sekundenschlaf ankämpften und nach hohem Anfangstempo von Tag zu Tag immer langsamer wurden, konnte Nehls im Schnitt 28 Stundenkilometer fahren. Während er abends in der Badewanne lag oder nachts schlief, fuhren die anderen Fahrer in der Nacht an ihm vorbei. »Und am nächsten Tag habe ich sie ausgeruht wieder überholt«, erzählt Michael Nehls im Interview mit der *Süddeutschen Zeitung*. »Das war witzig, denn bei diesem Rennen fährt eigentlich jeder für sich, man sieht nie einen der anderen. Ich habe aber ungefähr 100 Überholmanöver gemacht.« Nehls selbst wurde nach eigener Aussage nicht einmal überholt.[25]

Nach zehn Tagen, 22 Stunden und 56 Minuten erreichte Nehls das Ziel in Annapolis, Maryland. »Ich hatte über 90 Stunden pausiert, bis zum Zehnfachen meiner Mitstreiter, die entweder massiv erschöpft am Ziel ankamen – oder gar nicht. Ich hätte noch lange weiterfahren können.«[26]

Man wundert sich allerdings, warum vor Michael Nehls noch niemand solch eine vernünftige Strategie gewählt hat. Nehls ist allerdings ausgebildeter Arzt und Molekularbiologe, er besitzt offensichtlich die Fähigkeit, kreativ zu denken.

»Die Profis setzen den Trend, wie gefahren wird. Und die normalen Fahrer ziehen dem hinterher«[27], erklärt er das Gruppenverhalten der extremen Individualisten.

Die Veranstalter und Reporter fanden es gar nicht gut, dass er relativ entspannt im Ziel ankam. »Wahrscheinlich, weil ich diesen Mythos vom härtesten Rennen nicht bedient habe.«[28]

Masochisten möchte er die Teilnahme an der RAAM nicht empfehlen. »Ein Masochist würde schon nach wenigen Tagen scheitern, weil er die Warnsignale des Körpers ignoriert. Unweigerlich würde dies zu körperlichen Leiden führen, die dann der Geist nicht mehr managen kann.«[29]

72.

Weil man im Winter auf dem Baikalsee Rad fahren kann

In die Kategorie »Absoluter Wahnsinn« gehört auf jeden Fall das Siberian Black Ice Race über das schwarze Eis des Baikalsees.

Man kann in allen denkbaren, nicht-motorisierten Varianten an dem Rennen teilnehmen: auf Schlittschuhen, auf einem Snowboard, gezogen von einem Segel, mit Skiern oder eben auf dem Fahrrad, als Fußgänger oder Läufer. Man sollte dann aber auf Temperaturen um minus 30 Grad und Windgeschwindigkeiten bis zu 200 Stundenkilometer gefasst sein.

Der 1987 geborene Russe Evgeny Glazunov hat 2012 das Rennen auf dem Eis gewonnen, und zwar auf einem Mountainbike.

Evgeny stammt aus Sibirien, liebt Sibirien und ist Mitglied der russischen Bergsteigernationalmannschaft. Er brauchte für die 610 Kilometer vier Tage und vier Stunden. Ein anderer Teilnehmer hatte Pech, er brach in das Eis ein, konnte aber gerettet werden und das Rennen fortsetzen. Ein Spanier wurde vier Tage lang vermisst, weil sein Telefon nicht funktionierte.

Die kurze, die Sprintdistanz erstreckt sich über »nur« 255 Kilometer. Hier wurde 2012 unter den neun Läufern der Extremsportler Joey Kelly Sieger.[30] Sein Teampartner Eberhard Frixe hatte sich drei Fingerkuppen erfroren, als er kurz die Handschuhe auszog, er musste nach 200 Kilometern aufgeben.

Der 63 Jahre alte Extremsportler Wolfgang Kulow wollte im Frühjahr 2013 das Siberian Black Ice Race als einziger Teilnehmer bestreiten, weil das offizielle Rennen wegen schlechten Wetters ausgefallen war, und ohne Hilfe von außen die 610 Kilometer auf dem Baikalsee allein auf dem Fahrrad zurücklegen. Seine Tagesration an Essen sollte aus lediglich 160 Gramm Trockennahrung täglich, etwas Speck und Salami bestehen. Dazu aus Eis getautes Wasser.

Doch die Packeisfelder waren 2013 auch für einen mehrfachen Weltrekordler wie Wolfgang Kulow unüberwindbar. Er hörte auf den Rat der Einheimischen, die selbst mit Motorschlitten nicht auf dem See fahren konnten, und brach das Rennen ab.

Wolfgang Kulow hält unter anderem den Weltrekord im Unterwasser-Radfahren. Auch das gibt es also. Er fuhr unter Wasser zehn Kilometer, von Sierksdorf bis Timmendorfer Strand, in sechs Stunden und 45 Minuten. Natürlich ausgerüstet wie ein Taucher. Er hat auch dreimal am Race Across America teilgenommen und ist einen Unterwasser-Marathon gelaufen, und zwar die 42,195 Kilometer in 24 Stunden und 24 Minuten, im Waldschwimmbad seines Heimatortes Lensahn.

73.

Weil man auf dem Fahrrad um die Erde radeln kann

Der erste Mensch, der zunächst die USA auf einem Fahrrad durchquerte, dann die Erde umrundete, war der Engländer Thomas Stevens. Er benutzte ein Hochrad, dessen Vorderrad fast so groß war wie er selbst. 1884 startete er in San Francisco, radelte bis New York, fuhr mit dem Schiff bis Liverpool, radelte über Europa, die Türkei, Armenien, Kurdistan, Irak, Iran, Afghanistan bis nach Indien, fuhr mit dem Schiff nach China und kam nach zweieinhalb Jahren und 22.000 gefahrenen Kilometern im japanischen Yokohama an.

Als erster Deutscher reiste Heinrich Horstmann 1895 auf dem Fahrrad um die Erde. Er war noch nicht einmal volljährig, besaß keinen Schlafsack oder ein Zelt, sondern nur eine Decke, keinerlei Landkarten, angeblich auch kein Geld. Er finanzierte seine Reise mit Vorträgen und Gelegenheitsarbeiten, reiste in umgekehrter Richtung wie Stevens, allerdings immer wieder auch mit dem Zug, von Europa nach den USA auf dem Schiff, über Kalkutta, Ägypten und Äthiopien. Wegen einer Cholera-Epidemie in Indien verzichtet er auch auf die Durchquerung Asiens.

In seinem 1898 erschienenen Reisebericht verschwieg er, dass er in den USA einen bewaffneten Landstreicher getötet hatte, der ihm die Taschenuhr hatte klauen wollen. Sein Rad Crescent wog 16 Kilo, das Gepäck 15. Das Crescent hatte weder Bremse noch Freilauf, Horstmann musste mit den Füßen bremsen. Als Bierliebhaber besucht er unterwegs alle erreichbaren Kneipen und Brauereien und notiert genauestens die Bierpreise.

Was sind eigentlich die Kriterien für eine Erdumrundung mit dem Fahrrad? Die Guinness World Records Gesellschaft hat folgende Maßstäbe formuliert: Die Fahrt muss am gleichen Ort beginnen und enden, es müssen alle Längengrade und der Äquator überquert werden, jede Etappe muss am gleichen Ort fortgesetzt werden, an dem die vorherige endete, und es soll mindestens eine Distanz gefahren werden, die der Länge des Äquators (etwa 40.000 Kilometer) entspricht.

74.

Weil man als Radfahrer lernt, die Langeweile auszuhalten

»Und abgesehen von der Erschöpfung war ich auch nicht auf die Langeweile vorbereitet«, schreibt der US-amerikanische Philosophieprofessor Steven D. Hales über seine ersten Erfahrungen auf langen Radtouren. Tennis und Golf seien spannender. »Aber die vergleichsweise langsamen und systematischen Bewegungsabläufe einer Langstreckenfahrt auf dem Fahrrad erforderten nicht nur einen anderen Einsatz meiner Kräfte, sondern auch eine andere geistige Haltung. Während dieser Fahrt im kalten Regen, bespritzt mit Schmutz von der Straße, fühlte ich eine Art perversen Stolz.

Nur durch das Befolgen der impliziten Regeln des Radfahrens konnte ich seine Tugenden, die Stille, die Einsamkeit, die beinah überlebenskünstlerische Natur des Fahrens weit weg von zu Hause erlernen. Radfahren bedeutet, das Leben auf das Nötigste zu reduzieren, ohne einen anderen Anspruch als den, immer weiter in die Pedale zu treten.«[31]

Bei langen Radtouren muss man lernen, sich selbst zu ertragen, sich selbst zu unterhalten. Die Träumereien auf dem Fahrrad können durchaus in Halluzinationen übergehen – es kommt dann nur darauf an, sie zu genießen.

Von Männern weiß ich, dass sie sich gern in Heldenrollen hineinträumen, um die Monotonie des Radfahrens zu versüßen. Ich selbst halte gerne Vorträge. Je nach Laune und Kraft ernsthafte oder unsinnige. »Verehrtes Publikum«, – irgendjemand ist ja immer in der Nähe, beispielsweise Kraniche, Hasen, Bussarde, Fliegen und Schmetterlinge – »heute reden wir über den Quatsch. Der Quatsch sollte immer Quatsch bleiben. Der Quatsch sollte nicht verboten werden, auch nicht von Ihnen als Quatschkontrolleuren. Der Zusammenhalt der Gesellschaft kann nur gewährleistet werden, wenn ein bisschen Quatsch zugelassen wird. Aber in Maßen, meine Dame und Herren, liebe Fliegen und Feldhamster!«

Ernsthafte Themen biete ich auch gern an. Die seltsamen Unterschiede zwischen Russen, Ukrainern und Deutschen, das ist mein Lieblingsthema. Mentalitätsunterschiede nennt man das, es ist ein Forschungsgebiet an Universitäten. Ein »weiches« Thema, eines für Forscherinnen. In der Philologie ist es sehr beliebt, da kann man so schön vergleichen – wie viele Stoßseufzer werden in einem modernen Roman des jeweiligen Landes verwendet? Ergebnis der Forschungsarbeit: Die Deutschen stöhnen am meisten.

Ich selbst bin zu der Überzeugung gelangt, dass die Ukrainer von allen drei Nationen am witzigsten sind, dass sie den schönsten Humor haben und am freiesten über sich lachen können. (Man kann nur hoffen, dass ihnen diese Leichtigkeit auch nach den vielen Toten der Februarrevolution von 2014 erhalten bleibt.) Meine russischen Freunde pflegen zwar einen ähnlichen Selbstwitz, doch oft wird er gebremst durch den Anspruch, dass Russland etwas Einzigartiges sei – einzigartig autonom oder einzigartig chaotisch und schrecklich. Letztlich behauptet jeder zweite russische Mann bei einem kräftigen Besäufnis, dass von Russlands Schicksal mindestens das Überleben der Menschheit abhänge, Russland als letzte Bastion gegen die USA, gegen die Antichristen im Westen, Moskau ist das wahre Rom!

Ukrainer haben es gern eine Nummer kleiner, sie besitzen ja auch keine Atomwaffen.

Und ich selbst? Die Deutschen?

Die Klischees über die Deutschen aus russisch-ukrainischer Sicht lauten: ordentlich und geizig, humorlos und ehrlich, klug und körperlich schwach.

Kann man solche Eigenschaften überhaupt quantifizieren? Man kann, aber das Ergebnis muss nicht stimmen, es reicht, dass darüber geredet wird.

Hin und wieder kommen auch Menschen zu meinen Vorträgen, aber die stellen meistens komische Fragen. Viele wollen wissen, wie ich es aushalten könne, so lange allein zu sein. Während sie mit mir reden, behaupten sie, ich hätte seit Wochen mit niemandem geredet. Dabei schwatzte ich in jedem zweiten Dorf mit irgendwelchen Leuten, auch mit anderen Radfahrern, die zum Spaß ein Weilchen mitfahren.

75.

Weil man beim Radfahren fotografieren kann

2007 fuhr ich zum ersten Mal mit dem Fahrrad an die Wolga, und unterwegs fotografierte ich auch, und zwar wie die meisten Menschen laienhaft und nach Gefühl. Einmal wollte ich die Weite einer Landschaft darstellen und eine Straße fotografieren, die am Horizont in der Unendlichkeit verschwand. Mir war klar, dass es eine klassische Perspektive geben muss, die man in dieser Situation benutzt, schließlich waren auf dem Asphalt drei weiße Linien, die mittlere davon gestrichelt. Eine verzerrte Darstellung von Linien kann ungewollt zu komischen Effekten führen. Ich wählte den linken Straßenrand und fotografierte im Stehen. Und beging damit zwei Fehler. Von den drei Linien wirkte die linke, an der ich entlang fotografiert hatte, dominant. Der Betrachter musste erst die Beziehung zu den anderen beiden Linien herstellen, um sich dann die Tiefe des Raumes vorzustellen, auch weil der untere Bildrand keinen klaren Anfang hatte. Ein klarer Anfang wäre entstanden, wenn ich in der Hocke fotografiert hätte, statt wie alle Laien im Stehen. Und von der Mitte der Straße aus, sodass die drei Linien am Horizont zu einem Punkt verschmolzen wären. Die Außenposition, die ich gewählt hatte, wollte das Hilfsmittel für die Darstellung der Weite – die drei Markierungen auf der Straße – interessanter machen, als sie waren, womit von dem eigentlichen Darstellungsgrund – der Weite, Ferne oder Unendlichkeit – abgelenkt wurde. So etwas passiert eben, wenn man das Handwerk nicht beherrscht.

Ich war vor dieser Reise zwei Mal mit einem Jeep durch die Ukraine gefahren und hatte dabei einige Buswartehäuschen mit Mosaiken gesehen. Besonders ein Mosaik fand ich witzig, weil darauf die Erdkugel dargestellt war und die Fläche für die Sowjetunion etwa neun Zehntel der Erdoberfläche ausmachte. Eine sanfte propagandistische Übertreibung. Die bunten Steinchen schienen über ihre eigene Lüge zu kichern, so nachlässig waren sie angeklebt worden, als hätte der Künstler nur Dienst nach Vorschrift geleistet.

Kaum war ich zwei, drei Tage durch die Ukraine geradelt, da hatte ich mehr Mosaike gesehen als während der zweiwöchigen Reisen mit dem Jeep. Ich fotografierte sie alle frontal und dachte, dass es eine schöne Serie werden könne. Zwischendurch schrieb ich einem

Freund von meinen Entdeckungen, sandte ihm Beispiele, darunter Mosaike mit Kirchenheiligen, Roten Matrosen, Blumen und Fabelwesen. Er dankte mit einem Tipp, auf den ich in meiner Naivität gar nicht gekommen war: Fotografiere auch Details!

Stimmt, dachte ich, warum sollte ich immer die gleiche Perspektive wählen? Warum bloß abbilden? Warum bloß dokumentieren und nicht auch gestalten?

Nach einigen Wochen war ich 4.000 Kilometer durch die Ukraine geradelt und hatte etwa einhundert Wartehäuschen mit Mosaiken fotografiert, davon waren etwa zehn entweder aus künstlerischen Gründen oder als historisches Dokument bemerkenswert. Die Ausbeute an brauchbaren Fotos hätte natürlich viel höher sein können, wenn ich einige fotografische Regeln gekannt hätte.

Abends im Zelt sah ich mir die Fotos im Dunkeln an und war immer wieder erstaunt, mit welcher Liebe zum Detail, wie raffiniert manche dieser Mosaike gestaltet waren. Nach und nach konnte ich regionale Stile und Motive unterscheiden. Tatsächlich war (und ist) die Ukraine in dieser Hinsicht ein Freiluftmuseum – in allen Regionen wurden ab Anfang der 1960er-Jahre, mit dem Aufkommen des Busverkehrs auf dem Lande, Buswartehäuschen mit Mosaiken geschmückt. Auch im heutigen Russland und Weißrussland.

Nach meiner Rückkehr belegte ich einen Fotokurs, besprach mit professionellen Fotografen meine Fotos, ließ mir ihre Schwächen und Stärken erklären. Ich versuchte, fotografisch sehen zu lernen. Inzwischen ist das Fotografieren für mich eine Form der Meditation geworden. Während es mir beim Schreiben wichtig ist, an allem zu zweifeln, alles täglich neu zu betrachten, das Alphabet immer wieder zu vergessen, suchen meine Augen beim Fotografieren ständig nach etwas Interessantem, nach fotografierbaren Objekten. »Fotografiert wird, was man nicht essen kann«, schrieb Susan Sontag.[32] Während beim Schreiben der Blick für Widersprüche geschärft sein sollte, für den Verlauf der Erwartung, so beim Fotografieren der Blick für Farben und Formen, für Proportionen und Kontraste. Während ein literarisches Werk aus Sprache besteht, besteht ein Foto – aus Licht. Und doch gelten in beiden Genres universelle Regeln. Elementar ist die Perspektive, der Blick des erzählenden Subjekts auf das Erzählte, der Fokus der Linse auf das Objekt.

76.

Weil man beim Radfahren Alkohol trinken kann

Wenn man sich immer noch langweilt, kann man zwischendurch auch ein Bierchen trinken, denn mit einem leichten Rausch Rad zu fahren, das ist schließlich besonders schön. Dann spürt man doch erst, dass die Erde sich dreht!

In Deutschland dürfen Radfahrer Alkohol getrunken haben. Solange man fahrtüchtig ist, liegt die Grenze des Erlaubten bei 1,6 Promille. Jedoch kann bereits ab einem Wert von 0,5 Promille eine strafbare Fahruntüchtigkeit vorliegen, falls man als unsicherer Radler auffällt, ab 0,3 Promille, wenn man einen Unfall verursacht.

Im strengen, moralischen Russland und ebenso in der Ukraine gilt absolutes Alkoholverbot für alle Verkehrsteilnehmer, auch für Radfahrer. Zumindest in der Theorie. In der Praxis muss der Radfahrer vor allem den zehnjährigen Buben ausweichen, die auf Mopeds an ihm vorbeirattern. Die Strafen für Alkoholsünder sind aber tatsächlich so hoch, dass die weitaus meisten Autofahrer inzwischen das Verbot einhalten. Und auch mich als Radfahrer weist man immer wieder darauf hin.

Einmal traf ich in irgendeiner abseitigen Gegend in der Ukraine nachts eine Festgesellschaft. Kaum war ich vom Fahrrad gestiegen, da führte mich jemand schon zum Buffet. Und das obligatorische Wässerchen stand auch gleich auf dem Tisch. Wenn ich eins getrunken hätte, hätte ich beim zweiten und dritten schwerlich ablehnen können, das hätte gegen die guten Sitten verstoßen. Es war kurz nach Mitternacht, aber ich wollte noch bis zum Morgen fahren. Als ich stur blieb und den Wodka ablehnte, lobten mich einige der Gastgeber. Wie sich herausstellte, war es eine Gruppe von Verkehrspolizisten, die den runden Geburtstag ihres Chefs feierte.

Etwas absurder war folgende Situation: Heißer Sommertag in der östlichen Ukraine, 40 Grad im Schatten, der Asphalt schmilzt, Kühe und Ziegen liegen matt unter Bäumen. Ob Poet oder Traktorist, die niederen Instinkte bestimmen die Handlungen, und der niederste heißt: Trinken! Saufen! Und zwar, weil man das Gefühl hat, dass diese Hitze niemals enden wird, am liebsten kühles Bier. Die Vernunft mahnt, dass man noch mehr schwitzen wird. Und die Kraft der Sonne wird die Wirkung des Alkohols verstärken. Aber es ist so heiß, das Gehirn trocknet aus, denken kann man sowieso nicht mehr.

Am Rand der Straße ein Bierzelt neben einem Fußballplatz. Niemand spielt, aber drei Jungs liegen im Gebüsch und lachen. Im Zelt steht hinter der Theke ein Kühlschrank, darin heimisches Bier, Slawutitsch von Carlsberg Ukraine, Obolon aus Kiew, Staropramen aus Prag. Gezapft werden Obolon und Tschernihiwske, das helle Bier aus Tschernihiw. Ich entscheide mich für Letzteres und bestelle gleich zwei »Bokale«, Plastikbecher mit einem halben Liter Fassungsvermögen.

Der Wirt leckt sich den Schweiß von den Lippen. An einem der Tische sitzen eine Frau und ein Mann, die zwei Jugendliche offenbar verhören. Ich spitze die Ohren und begreife: Es findet eine Alkoholkontrolle statt. Mann und Frau haben zwei Jungs beim Biertrinken erwischt. Das Protokoll, das aufgesetzt wird, ist etwa zehn Seiten lang. Ich proste den Jungs zu, sie müssen sich das Lachen verkneifen. Und noch jemand amüsiert sich prächtig, ihre Kumpels im Gebüsch, die Jungs neben dem Bierzelt. Während die Gesundheitskommission weiterhin erzieherisch tätig ist, torkeln zwei betrunkene Männer in das Zelt. Nachdem der eine verstanden hat, was hier gerade passiert, ruft er: »Der Präsident ist ein Krimineller, und uns will man das Trinken verbieten!« Was nicht ganz logisch ist, aber doch irgendwie stimmt.

77.

Weil man als Radfahrer zur Revolte aufrufen kann

In der Stadt Tores verfluche ich mein Schicksal, das mich zum Radfahrer auserkoren hat. Schwarzer Staub liegt in der Luft, rote Tränen fließen mir aus den Augen. Ich fahre dreimal im Kreis durch ein Häusergewirr, immer an den gleichen verlassenen Garagen vorbei, ohne eine Hauptstraße zu finden. Kein Fußgänger, den ich um Auskunft bitten könnte. Aber immerhin eine Blechbude, in der man fragen kann. Am Eingang muss man den Kopf einziehen, drinnen ist Platz für zwei bis drei Kunden, die sich allerdings umarmen müssen, wenn sie bis zur Verkäuferin vordringen wollen. Die steht freundlich lächelnd hinter dem Tresen und zapft Bier. Kein Wunder, trotz der Blechwände ist es erstaunlich kühl in diesem Liliputanerzimmer, gefühlte zehn Grad kühler als auf der Straße. Die Klimaanlage ist dementsprechend laut.

Ich liebe die Improvisationskünste meiner slawischen Schwestern und Brüder. Es muss nicht alles so perfekt sein wie in Deutschland, so abgeschlossen und überzärtelt. Unglaublich, wie viele Produkte auf diesem engen Raum angeboten werden. Das gute alte Persil ebenso wie Zahnpasta aus München, mehrere Sorten Shampoo von der Firma Rossmann, bayrisches Bier, Kaugummi und Mineralwasser aus den USA, Haarfärbemittel für die Damen aus Paris, Spielzeugautos und Puppen aus China, und an ukrainischen Produkten vor allem Fleisch, Käse, Wurst, Brot und Eis.

Um den schwarzen Staub herunterzuspülen, genehmige ich mir erst einmal ein Bier, strecke die Beine in die Sonne und lese. Und weil das Bier so gut schmeckt, genehmige ich mir ein zweites, mittags halb zwölf.

Tatsächlich, ich steige als Optimist aufs Fahrrad. Der liebe Gott wird schon wissen, weshalb er mich hierhergeschickt hat. Eine Fahne aus Kohlenstaub zieht hinter mir her, ein Shiguli wirbelt Kohlenstaub auf, glücklicherweise weht kein Wind.

Ich komme an einer schwarzen Halle vorbei, höre Schürfgeräusche. Ich steige vom Fahrrad, dann mit dem Fotoapparat in die Tiefe, jeder Schritt wirbelt Kohlestaub auf.

Vier Männer schippen Kohlen auf einen Lkw. Der Brigadier steht etwas abseits und guckt ziemlich streng. Er hält als Einziger keine Schippe in den Händen. Die Schipper sind alle einen Kopf kleiner als er. Sie atmen den Staub ohne Maske ein, er treibt sie mit bissigen Lauten an. Ich drücke ihm meinen Respekt aus für seine wertvolle Tätigkeit. Er knurrt nach meiner Frage, ob ich die werten Kollegen fotografieren darf.

»Nicht lange«, schiebt er hinterher.

Ich halte drauf, rufe den Jungs zu: »Ihr seid doch einverstanden?«

Die, weil endlich einmal etwas passiert, nicken fröhlich.

»Habt ihr Lust auf Bier? Ich lade euch ein.«

Oh weh, da brüllt der Riese in meinem Rücken.

»Hier wird nicht gesoffen!«

»Mensch, Kumpel, die Jungs machen eine harte Arbeit, die haben noch nie einen Ausländer gesehen, die wollen auch mal Spaß haben!« – »Rauchpause, Jungs!«

Ich bin noch nicht lange hier und bringe schon die erstarrten Verhältnisse durcheinander.

Der Riese brüllt: »Hier wird Kohle für den Frieden verladen! Pausen werden nicht bezahlt.«

Ich habe Lust, mit ihm politisch zu diskutieren. »Wieso Kohle für den Frieden? Für welchen Frieden? Für den von 1984? Hast du noch nicht gemerkt, dass wir nicht mehr im Zeitalter der Planerfüllung leben?«

»Wie heißt du?«, frage ich einen der schippenden Zwerge.

»Andrjuscha«, antwortet er.

»Hast du Lust auf Bier, Andrjuscha?«

Andrjuscha grinst. Ich habe sein Herz gewonnen mit meiner Frage. Ich trete so auf, wie er sich Gewerkschaftsbosse wünscht – schwitzend, in kurzen Hosen, mit schwarzem Schleim in der Nase. Er torkelt, ich torkle nach den zwei Bieren, wir erkennen einander. Dieses Autoritätsschwein müssen wir gemeinsam besiegen.

Die Schipper rauchen, einer schläft im Sitzen.

»Was ist mit diesem Kumpel los?«, frage ich Andrjuscha.

»Er kann heute nicht schippen, er hat gestern zu viel Wodka getrunken. Er bekommt nur zehn Griwna, statt 100 wie wir.«

Der Brigadier: »Jetzt aber Schluss mit dem Gequatsche! Arbeiten! Pausen werden nicht bezahlt!« Und zu mir: »Sie Radfahrer, Sie verschwinden jetzt. Genug fotografiert!«

Na, ich bin nicht auf Streit aus, winke Andrjuscha zum Abschied, bedanke mich beim großen Antreiber für seine Erklärungen in Sachen Moral und Frieden – und entfliehe seiner Stiefelspitze.

Der Deutsche hat UNSERE bei UNSEREN geheimen Tätigkeiten fotografiert, wird morgen die Flüsterpropaganda verbreiten.

Ich habe mein Fahrrad kaum über mehrere Bahnschienen getragen, da pfeift Andrjuscha in meinem Rücken. Ich rase ins Tal zurück, »Hej Andrjuscha, was ist los, Pausen werden nicht bezahlt.«

»Ins Geschäft kann ich gehen«, stöhnt er.

»Los, ich lade dich ein. Sag mir, was du möchtest.«

»Bier und Zigaretten.«

»Alles klar, bekommst du. Bist du verheiratet?«

»Nicht verheiratet, aber ich habe zwei Kinder.«

»Euer Brigadier ist ein Idiot.«

»Wenn er der Chef ist, bist du der Idiot, bist du der Chef, ist er der Idiot.«

»Genau richtig.«

Wir latschen ins Geschäft, er will zwei Zwei-Liter-Flaschen Bier, zwei Schachteln Zigaretten. Die Verkäuferin rechnet mit Hölzchen, ich zahle brav, und Andrjuscha kühlt mit den Flaschen seine Achseln. Doch kaum sind wir auf der Straße, da steht der Brigadier vor uns.

»Andrjuscha, was habe ich dir gesagt? Kein Alkohol! Während der Arbeit wird nicht getrunken, auch nicht mit diesem Deutschen.«

Andrjuscha krümmt seinen Rücken, sinkt in den Staub. Wie einen Vater guckt er den Riesen an. Die Flaschen hält er aber fest in den Händen.

Mir gibt der Brigadier auch noch einige strenge Worte mit auf den Weg: »Sie können nach Feierabend mit den Kohlearbeitern reden! Dann können Sie auch fotografieren und Bier trinken!«

Andrjuscha winkt noch mal zum Abschied.

78.

Obwohl die Tour de France ein Freiluftexperiment der internationalen Pharmaindustrie ist

Auf der satirischen Internet-Seite Uncyclopedia heißt es über die Tour de France: »Die Tour de France ist das bedeutendste und bekannteste Freiluftexperiment der internationalen Pharmaindustrie. […] Ziel der Tour ist es, zu versuchen, seinen Fahrern mit Hilfe von Substanzen, Blutkonserven oder Genmanipulation einen entscheidenden Vorteil gegenüber der Konkurrenz zu verschaffen. Selbstverständlich wissen die Fahrer davon nichts, weshalb sie auf Fragen bezüglich eventueller leistungssteigernder Mittel abwehrend und sogar überrascht reagieren.«[33]

Die Tour de France ist ein Beispiel dafür, dass in modernen schizophrenen Gesellschaften vor allem anderen der schöne Schein angebetet wird. »Hurra, wir werden betrogen!«, rufen die zufriedenen Zeitgenossen.

Schizophren sind diese Gesellschaften, weil sie sich auf die Wirklichkeit beziehen, nicht auf das Sein. Die Wirklichkeit ist aber niemals so, wie sie sein soll, wie sie zu sein scheint, wie man sie sich wünscht oder vorstellt. Nur die Vorstellung von der Wirklichkeit kann wahr sein, nicht die Wirklichkeit selbst. (1989 erklärte mir diesen Sachverhalt eine Anarchistin aus der DDR ganz vernünftig so: »Man kann den Sozialismus reformieren, aber nur in der Theorie.« Die Frau war auch empört über ihre nächtlichen Träume; sie entsprachen so gar nicht ihrem Selbstbild.)

Um die Wirklichkeit für wahr zu halten, muss sie idealisiert, muss »das Böse«, das Nicht-Gewollte verdrängt werden – die Existenz einer »Unterschicht« in der Gesellschaft, Kindesmissbrauch in Einrichtungen der Katholischen Kirche oder in einer Vorzeigeschule der Reformpädagogik, die Erfolge der deutschen Waffenindustrie, die totale Überwachung privater Kommunikation durch Geheimdienste usw.

Wird hingegen die Existenz des Seins anerkannt, so auch die Möglichkeit des Scheiterns, des Nicht-Genügens, der Existenz des Unbekannten, die eigene Vergänglichkeit.

Bei der Tour de France tut man so, als handle es sich um ein sportliches Rennen, bei dem die besten Fahrer der Welt fair gegeneinander kämpfen. Die Illusion soll fernsehtauglich sein. Auch sind die Kameras nicht dabei, während die Fahrer sich verbotene Substanzen spritzen.

Wahrscheinlich ist es den meisten Fans inzwischen auch egal, ob es bei der Tour ehrlich zugeht.

Hier ein Vergleich zwischen der Tour de France und der Tour de Wolga:
- Streckenlänge: 3.500 Kilometer / 8.000 Kilometer
- Länge der Etappen: 150 bis 250 Kilometer / 100 bis 340 Kilometer

- Anzahl der Etappen: 21 / 50 bis 60
- Gepäck: kein / 12 Kilogramm
- Betreuer pro Fahrer: 6 / keine
- Höhenunterschiede: bis zu 2.800 Meter / 500 Meter
- Durchschnittsgeschwindigkeit: 40 Stundenkilometer / 17 Stundenkilometer
- Durchschnittsalter der Fahrer: 25 / 48
- Erlaubte Drogen: alle / Marihuana, Wodka
- Zweck der Drogen: Leistungssteigerung / Leistungsminderung
- Profiteure des Rennens: Pharmakonzerne, Fernsehsender / niemand
- Prämie für den Sieger: 450.000 Euro (2013) / keine

79.

Obwohl Jan Ullrich ein Quäntchen Wahnsinn fehlte

Beschreibe die Fahrradhelden deiner Jugend! War es Täve Schur oder Eddy Merckx? Was denkst du über Jan Ullrich?

Jan Ullrich hat meines Erachtens sein Talent verschenkt. Nicht wegen der Drogengeschichte. Er war nicht verrückt genug, ihm fehlte der kannibalische Instinkt. Er war zu anständig, zu verzärtelt, man musste ihn antreiben. Udo Bölts rief ihm hinterher: »Quäl dich, du Sau!« Ullrich wollte keine Sau sein und sich nicht quälen, er trainierte in der Garage, wenn es draußen schneite. Er wollte im Sitzen allen davonfahren, schön bequem, es strenge ihn weniger an, als etwa aus dem Sattel zu steigen, erzählte er in Interviews.

Alle Kenner schwärmten von seinem Talent, von der Hebelkraft seiner Beine, seiner Wunderlunge, aber der Herr wollte nicht schwitzen, wie bedauerlich für die Zuschauer. Wer solch ein Talent hat, hat die Pflicht zur Selbstquälerei!

Die menschliche Gattung ist desto erfolgreicher, je vielfältiger sie ist, und für die Vielfalt braucht man Höchstleistungen und Rekorde, woher sollen sonst die Unterschiede und die Maßstäbe kommen? Vielfalt erhöht die Chancen für das Überleben. Darum will der Mensch immer höher, immer weiter, immer schneller laufen, springen, schwimmen, fahren, fliegen usw. Das einzelne Extrem mag sinnlos und erschreckend erscheinen, und es fasziniert dennoch. Es dient schließlich der Erweiterung der menschlichen Möglichkeiten. Gestern konnten wir von den Bäumen springen und gebückt durch die Savanne laufen, heute zum Mond fliegen, morgen auf dem Mars Gemüse ernten.

Doch sind Sportler Helden? Dienen sie dem Guten, retten sie Menschen aus Gefahr? Ein norwegisches Sprichwort lautet: Heldentum heißt, eine Minute länger auszuhalten. Länger mit äußerster Kraft in die Pedale zu treten, länger unter Wasser zu bleiben, länger den Schmerz zu ertragen.

In vielen Sportarten entscheidet die Länge eines Lidschlags über Sieg oder Niederlage, etwa im Bob- oder Bahnradfahren. Wenn im Skilanglauf der Sieger nach 50 Kilometern zehn Zentimeter Vorsprung vor dem Zweitplatzierten hat, den fünfhunderttausendsten Teil der Strecke, so bedeutet das, dass beide das Menschenmögliche erreicht haben und nur König Zufall verantwortlich für den messbaren Unterschied ist – ein Windhauch, ein Fleck im Schnee, der einen Atemzug lang verwirrte.

80.

Weil man als Radfahrer ein gespaltenes Verhältnis zu den Zahlen hat

Saratow, fünf Uhr morgens. Ich starte zur Rückfahrt nach Berlin. Es soll wieder ein heißer Tag werden. Die Strecke vom Zentrum zum

Stadtausgang führt durch ein Labyrinth von Straßen. Im Groben ist die Richtung mir zwar klar. Doch weil die Eisenbahnlinien nur an wenigen Stellen überquert werden können, ist es gar nicht so einfach, den Ariadnefaden zu finden.

Gleich am Anfang der Etappe steht mir eine schwere Prüfung bevor, der Anstieg vom Wolga-Ufer auf die Hochebene. Links die Wolga, rechts ein Berg, den man Fudschijama nennt, oben der Himmel. Der hiesige Fudschijama ist kein Vulkan und mehr als 3.000 Meter flacher als sein japanisches Vorbild. Die Straße führt bis auf seine Gipfelhöhe steil bergauf.

Ich wüsste gern, wie viele Kilometer es bis zur Kreuzung Wolgograd – Kursk sind. Doch, oh Schock, der Kilometerzähler schweigt. Auf der Herfahrt funktionierte er noch, jetzt nicht mehr. Er zeigt keine Geschwindigkeit an, keine Fahrzeit, keine zurückgelegten Meter, nicht einmal die Uhrzeit. Die Welt der Zahlen schweigt. Es wird keine neuen Rekorde geben. Ich kann – wie Robinson – nur die Tage zählen, die ich für die Radelei bis Berlin brauche.

Gleichzeitig bin ich vom Zwang zur Verzifferung meines Verhaltens wie von einem Fangeisen befreit. Endlich habe ich das Bewusstsein eines Indianers erreicht, wie ihn B. Traven in dem Roman *Der Schatz der Sierra Madre* geschildert hat. Da sagt der Indianer zu dem weißen Goldsucher Howard, der wegen seines Goldes von seinem Kameraden wenig später angeschossen wird, sinngemäß: »Zahlen, was ist das? Was sind Drei, Fünf, Sieben? Ich kenne drei Hühner, vier Häuser, fünf Kojoten. Aber die Drei kann ich nicht essen, in der Vier nicht wohnen, die Fünf nicht verfluchen. Ihr Weißen macht euch verrückt mit euren Zahlen. Für Zahlen stürzt ihr Völker ins Elend, führt ihr Kriege.«

Ein Traum, der Verzifferung zu entkommen, Erfolge nicht mehr an Zahlen zu koppeln.

Leider endet der innere Konflikt, nachdem der Anstieg bewältigt ist. Der Kilometerzähler funktioniert wieder einwandfrei. Und die Kraft, ihn abzunehmen und nicht zu nutzen, habe ich nicht. Ich bin zu eitel. Ich will wissen, was ich schaffen kann. Ich will mich besser kennenlernen und meine Möglichkeiten erproben.

Denn was tut der kultivierte Mensch mit dem, was ihn quält? Er spielt damit. Es lebe die totale Verzifferung! Erst wenn jeder Erdenbewohner auf der Stirn eine elektronische Tafel trägt, auf der die chemische Zusammensetzung der Atemluft, der Fettgehalt des Blutes, die Anzahl der Bakterien in der Magen- und Darmflora für jeden lesbar angezeigt werden, wird der sanfte Faschismus gesiegt haben. Vorwärts zu neuen Erfolgen! Wir begrüßen die immerfort weiter sich öffnende graue Zukunft!

81.

Weil man vom Radfahren müde wird

Millionen Deutsche haben Schlafstörungen, melden dieser Tage wieder einmal die Zeitungen. Niemanden wundert dies angesichts der modernen Lebensweise, den unendlich vielen Stunden, die Menschen sitzend vor Computern oder in Autos verbringen. Der Geist wird schlaff, die Muskeln werden träge, den Sinnen fehlen Reize, die Interesse erzeugen. Je automatisierter die Produktion von Waren und Gütern, desto mehr stupide Arbeiten müssen anscheinend auch ausgeführt werden. Nachtschichten sind ein zusätzlicher Stress für den eigenen Biorhythmus. Der Schlafforscher Jürgen Zulley konstatiert, dass etwa 80 Prozent der Nachtschichtler unter Magenbeschwerden, innerer Unruhe und anderen Stresssymptomen leiden.[34]

Die sogenannten guten alten Zeiten, in denen viele Menschen gebückt auf Feldern oder in Bergwerken arbeiteten, waren natürlich auch nicht gesünder.

Das Radfahren hingegen ist eine körperliche Tätigkeit, die den Bedürfnissen des menschlichen Körpers in einer idealen Weise entspricht. »Physiologisch schöpfen wir die Kraft unserer Muskeln am besten aus, wenn wir ihnen eine zyklische Bewegung ermöglichen und ihnen erlauben, sich sechsmal länger zu entspannen als zu arbeiten«, schreibt Robert Penn in seinem Buch *Vom Glück auf zwei Rädern*. »Wenn wir auf einem Rad mit regulären Tretkurbeln fahren, üben unsere Beine nur für einen kurzen Teil jeder Umdrehung Druck auf die Pedale aus – über eine Länge von ungefähr 60 Grad. Die verbleibenden 300 Grad der Umdrehung über befinden sich die Muskeln in diesem Bein – die hinteren Oberschenkelmuskeln oder Flexoren und der vierköpfige Oberschenkelmuskel – im Ruhezustand und können durchblutet und mit frischer Energie versorgt werden. In die Pedalen zu treten entspricht beinahe perfekt dem optimalen Verhältnis von Muskelruhe und Muskelbeanspruchung.«[35]

Der Radfahrer steigt vom Sattel, ihm schmerzt der Hintern, er hat Krämpfe in den Beinen, der Rücken will gedehnt und gestreckt werden, die Füße jubilieren, weil sie Boden spüren – was soll an dieser Art von Müdigkeit erstrebenswert sein? Es ist ja nicht so, dass man nach einer längeren Fahrradtour gleich einschlafen könnte. Man ist erschöpft, aber das Herz hämmert lauter als ein Buntspecht. Die Müdigkeit ist der Lohn, der erst etwas später ausgezahlt wird, nach ein bis zwei Stunden.

Mein Körper jedenfalls braucht diese Zeit der Ruhe, um einschlafen zu können. Ich liege im Zelt, atme, esse, erfreue mich an den aufflackernden Bildern im Gehirn und an den Tieren, die mich besuchen. Dann falle ich in einen tiefen Schlaf, der kaum länger als drei Stunden andauert – in dieser Zeit könnte ein Bär mich vernaschen, ich würde es sicherlich nicht mitbekommen. Mein Herz weckt mich, es will schon wieder radeln. Ich beruhige es, spreche ihm Komplimente aus, lobe seine Tapferkeit und Ausdauer. Schließlich haben die Beine auch ein Mitspracherecht, sie wollen am liebsten 20 Stunden schlafen. Ich trinke bis zu einem Liter Wasser, esse ein paar Kekse oder Waffeln, eine Tomate oder einen Apfel, versuche, wieder einzuschlafen, was lange dauern kann.

Die Schlafphase, die dann folgt, ist die schönste. Jetzt ist der Sinn für Gefahren wieder geschärft, die Träume erinnern an das von Franz Kafka beschriebene Naturtheater von Oklahoma, wo die Gestrandeten und Überflüssigen von Frauen in Engelskostümen mit Trompeten begrüßt werden.

Am Morgen einigen sich das Herz und die Beine auf die Weiterfahrt.

82.

Weil man als Radfahrer so schön schauspielern kann

Sieben Uhr morgens in einem russischen Dorf. Soeben wurde frisches Brot geliefert, ein paar Frauen warten vor dem Geschäft. Als die Tür geöffnet wird, stellen sie sich brav in einer Reihe auf. Nur ein Großmütterchen hat schwere Beine, schnauft und setzt sich auf einen Hocker. Die Verkäuferin sortiert noch etwas auf dem Ladentisch, da drängelt sich ein Mann vor, der in seiner Seidenbluse, seinen Goldkettchen an den Handgelenken und seiner Parfümwolke deutlich von den anderen Dorfbewohnern zu unterscheiden ist. Groß ist der Kerl, Zigaretten will er haben, dann Brot, Käse und noch ein paar andere Kleinigkeiten.

Na warte, Freund, denke ich, dich werde ich ärgern, und rede auf Deutsch auf ihn ein, was er doch für ein Trottel und Angeber sei, zeige auf die Leute, die vor ihm kuschen, nenne ihn einen Feigling und tue so, als könnten er oder die Zuschauer mich verstehen.

Wir prüfen einander, ganz schlau wird er nicht aus mir. Ich betrachte den Auftritt als schauspielerische Übung, es macht mir Spaß, die Schimpfworte besonders freundlich zu sagen. Wörter wie »Idiot« oder auch »Dummkopf« wären natürlich riskant, denn die versteht auch jeder Russe.

Er brummt vor sich hin, grapscht nach seinem Zeug und verlässt das Geschäft.

Ich wende mich an die Leute und spreche nun russisch: »Ist es richtig, dass dieser dicke Mann zuerst einkaufen kann? War ich zu laut?«

Fünf Münder klappen auf. Er spricht ja unsere Sprache!

»Wie geht es Ihnen? Was gibt es Neues im Dorf? Sind die Kinder gesund?«

»Sind Sie ein Russe aus dem Baltikum?«, fragt die Verkäuferin.

»Fast«, sage ich. »Wer war dieser reiche Typ?«

»Ein Dieb, wie gewöhnlich«, sagt sie.

Ich setze mich mit dem Frühstück in die Sonne und summe vor mich hin: »Aristokraten an die Laterne!«

Kleiner Scherz am Morgen. Als Radfahrer kann man Narr und Clown sein. Aber wehe, ich hätte mit dickem Benz vor dem Geschäft gestanden!

83.

Weil Radfahren die Filmkunst bereichert

Ein ukrainischer Filmregisseur sagte mir einmal: »Was in amerikanischen Filmen die Verfolgungsjagden mit Autos sind, sind in unseren die philosophischen Küchengespräche.«

Ich habe den Mann geherzt und umarmt nach dieser zutreffenden Aussage, denn nichts langweilt mich in Filmen mehr als die öden, vorhersehbaren Rasereien mit Autos. Man streiche das Auto als Requisit aus der US-amerikanischen Filmgeschichte und es bliebe von ihr nur die Hälfte übrig. Überflüssig zu erwähnen, dass es sich um ein Spielzeug für Männer handelt.

Etwas anderes ist es, wenn ein Radfahrer in einem Film erscheint. Generell sieht ein Mensch auf dem Rad ja viel interessanter aus als im Auto, schon weil man ihn dann im Ganzen ansehen kann, nicht bloß wie bei einem Torso nur Kopf und Oberkörper. Beim Radfahrer spielen Füße und Beine mit. Und es bietet sich an, ihn pfeifen oder singen zu lassen, er muss schließlich kein Motorgeräusch übertönen. Auch Trunkenheit kann auf dem Rad leichter dargestellt werden als im Auto, man denke an die komischen Verrenkungen, die Jacques Tati als Postmann in dem Film *Schützenfest* macht, wie er über den Zaun statt über die Fahrradstange steigt.

Betrunkene Autofahrer ziehen meistens nur komische Grimassen oder rülpsen. Der Radfahrer ist als sinnliche Erscheinung viel facettenreicher als ein Autofahrer, denn auch die körperliche Anstrengung des Radelns kann über das Gesicht leicht dargestellt werden.

Dass der Verlust eines Fahrrads oft existenzieller ist als der Verlust eines Autos, wird 1948 in dem berühmten Film *Fahrraddiebe* dargestellt, der von Vittori de Sica nach dem gleichnamigen Roman von Luigi Bartolini gedreht wurde. Dem Plakatkleber Antonio wird das Fahrrad gestohlen. Seine Familie ist so arm, dass Antonios Frau die Bettwäsche zum Pfandleiher bringen muss, um sein Fahrrad auszulösen. Antonio sucht den Dieb in ganz Rom, und als er ihn gefunden zu haben glaubt, sieht er, dass der ein ebenso armer Schlucker ist. Ohnehin wird der mögliche Dieb von einer Bande von Kleinkriminellen geschützt. Antonio sieht keinen anderen Ausweg, als selbst ein Fahrrad zu klauen. Er wird erwischt, der Besitzer des Fahrrads verzichtet jedoch auf eine Anzeige. Sein Sohn beobachtet die Tat – Antonio schämt sich und der Film ist zu Ende.

Eine zeitgemäße Version des Films *Fahrraddiebe* wurde 2001 von dem chinesischen Regisseur Wang Xiaoshuai unter dem Titel *Beijing Bicycle* gedreht. Angesichts einiger hundert Millionen chinesischer Radfahrer wird es sicherlich leicht gewesen sein, aktuelle Bezüge herzustellen.

In dem DDR-Film *Gesine* fahren bis zum Ende des Films nur die Bösen mit dem Rad, der Gendarm Hornig und die Jungs von der

Hitlerjugend. Die Guten hingegen reiten oder sich lassen von Pferden ziehen – Gesine, Gesines Vater, der Russe. Eine seltsame Symbolik, die dem Fahrrad nicht gerecht wird. Das Mädchen Gesine hilft heimlich einem russischen Kriegsgefangenen, der auf dem Hof seiner Mutter zur Zwangsarbeit verpflichtet ist. Nachdem der Soldat geflohen ist, soll sie im Heim zu einem guten nationalsozialistischen Mädel erzogen werden. Sie flieht, und in den letzten Filmminuten wird sie vom Dorfschuster in die Stadt und zu Verwandten in Sicherheit gebracht, und zwar auf dem Fahrrad. Bevor der Schuster aufs Rad steigt, nennt er sein Fahrrad Stahlross, in der Filmsprache sichert er so seinen Verbleib bei den positiven Figuren.

Der Film von 1971, basierend auf der Erzählung *Das Mädchen hieß Gesine* des Kinder- und Jugendbuchautors Karl Neumann, wurde in dem Dorf Radewege gedreht, vielleicht wählten die Filmemacher deshalb das Fahrrad als rhythmisierendes Element.

Auch in dem DEFA-Film *Coming out* (1989) dient das Rad an entscheidender Stelle als Katalysator. Der schwule Lehrer Philipp (Matthias Freihof) hat von seinen Eltern ein Fahrrad als Entschädigung geschenkt bekommen, nachdem sie seine Beziehung zu seiner Jugendliebe Jakob beendet haben.

Der DEFA-Film *Das Fahrrad* von 1982 wiederum gehört zu den wenigen in der DDR gedrehten »Frauenfilmen«. Der Film behandle »das Thema Selbstfindung und Emanzipation der Frau in der Gesellschaft des real existierenden Sozialismus«, schreibt die Filmwissenschaftlerin Elke Schieber. Die »Hauptdarstellerin Heidemarie Schneider galt den Funktionären als nicht schön genug, die Selbstbehauptung der etwa 30-jährigen Susanne als zu feministisch angehaucht.«[36]

Die alleinerziehende Susanne begeht einen Versicherungsbetrug, meldet ihr Fahrrad als gestohlen und erhält dafür 450 Mark. Sie kauft sich unter anderem eine Büchse Ananas für 12,50 Mark, wird aber wenig später vom ABV (Abschnittsbevollmächtigter, Euphemismus für Polizist) mit ihrem Fahrrad gesehen, es wird ein Verfahren wegen vorsätzlichen Betrugs eingeleitet. Ihr Freund Thomas verlässt sie, weil sie eine Diebin ist. Im Moment der Katharsis jedoch sieht Thomas, wie Susanne mit ihrer Tochter Jenny das Fahren auf ihrem großen Damenrad übt und die Kleine es schafft, allein zu fahren.

84.

Weil das Fahrrad in der Literatur ein wichtiges Requisit ist

Den ersten Fahrradroman hat wahrscheinlich der englische Schriftsteller Jerome K. Jerome geschrieben. *Drei Männer auf Bummelfahrt (Three men on the Bummel)* erschien im Original bereits im Jahr 1900, 1905 wurde es ins Deutsche übersetzt. Drei Männer erholen sich von ihren Ehestrapazen auf einer Radreise durch Deutschland, sie fahren durch den Schwarzwald und nach Hamburg, Berlin und Dresden. Es war eine Fortsetzung von Jeromes Buch *Drei Mann in einem Boot*, das sich eine Million Mal verkauft hatte. Das Radbuch war nicht annähernd so erfolgreich.

In dem 1909 erschienenen Roman *Martin Eden* von Jack London spielt das Fahrrad ebenfalls eine Hauptrolle. Der angehende Schriftsteller Martin Eden hängt sein Fahrrad in seinem Zimmer unter der Decke auf, weil im Hausflur immer wieder Reifen zerstochen werden. Der arme Poet besitzt kaum mehr als eine Schreibmaschine und dieses Fahrrad.

Ebenso arm sind Merci und Camier in Samuel Becketts gleichnamigem Roman, beide Figuren wollen eine Reise unternehmen, deren Ziel nicht ganz klar ist. Sie sind ausgerüstet nur mit einem Fahrrad, einem Regenschirm, einem Wettermantel und einem Sack.

In Becketts Theaterstück *Endspiel* wiederum fordert Hamm seinen Diener Clov auf, zwei Räder von einem Fahrrad zu holen, woraufhin Clov sagt, dass es keine Fahrräder mehr gebe, woraufhin

Hamm fragt, was Clov mit seinem Fahrrad gemacht habe, woraufhin dieser die verwirrende Auskunft erteilt, er habe nie ein Fahrrad besessen, woraufhin Hamm sagt: »So was gibt es ja gar nicht!«, woraufhin Clov antwortet: »Als es noch Fahrräder gab, habe ich geweint, um eins zu bekommen.«[37]

Becketts nicht besonders lebensfrohe Gestalten bewegen sich meistens nur sehr langsam vorwärts, zu Fuß und auf dem Bauch kriechend. Oder sie leben gleich in einer (Müll-)Tonne, wie Hamms Eltern, Nagg und Nell, zwei beinlose, senile Krüppel, die ausgerechnet bei einem Fahrradunfall ihre Beine verloren haben.

Das Fahrrad ist ein Fahrzeug, das Becketts Figuren noch glauben beherrschen zu können, zumindest indem sie es schieben. Sie könnten nicht als Pauschalurlauber im Flugzeug sitzen, schon weil sie das Geld für das Ticket nicht aufbringen und weil sie die nötigen organisatorischen Fragen von der Beantragung eines Reisepasses bis zur pünktlichen Ankunft am Flughafen nicht lösen könnten. Weshalb Gottfried Benn meinte, man solle den Pennern ein paar Dollar in die Hand drücken, dann würden sie rasch ihrem Nihilismus, ihrer Lust an der Verneinung, entsagen.

Samuel Beckett hatte als Kurier der Résistance ein Fahrrad benutzt, es war ihm also aus gefährlichen Situationen vertraut.

Wie in dem Film *Fahrraddiebe* werden auch in dem italienischen Roman *Der Untergrundkampf* (1967 in der DDR unter dem Titel *Medusa* veröffentlicht) Fahrräder gestohlen. Geschrieben hat ihn Mario Tobino. Eine Gruppe von Untergrundkämpfern beschließt den Diebstahl von Fahrrädern, um bei ihren Widerstandsaktionen mobiler zu sein.

Ein anderer italienischer Partisan wiederum, Luigi Meneghello, berichtet in seinem Buch *Die kleinen Meister* (1964), dass seiner Widerstandsgruppe die Fahrräder mehrmals geklaut wurden. Über den Anführer der Gruppe heißt es: »Auf dem Fahrrad war er ein Gott; das Fahrrad war ein Teil seiner Persönlichkeit, und daher entfaltete Franco seine Größe in dieser Phase des Widerstands, der

Phase des Fahrrads ... Auch im Frieden war er immer unterwegs gewesen, jetzt war er in seinem Element.«[38]

Den literarisch vielleicht interessantesten Fahrradroman hat Flann O'Brien geschrieben. Flann O'Brien lebte von 1911 bis 1966, der Roman erschien erst nach seinem Tod. In *Der Dritte Polizist (The Third policeman)* beschreibt er eine wunderbare Atomtheorie, die besagt, dass es beim Fahrradfahren, wie bei jeder materiellen Berührung zwischen Körpern, notwendig zu Molekülaustausch komme, beim häufigen Radeln immer mehr, sodass am Ende der Mensch Fahrrad und das Fahrrad Mensch werde.

Zuvor jedoch wird ein Mord geplant und durchgeführt: »Divney sagte, wir sollten unsere Spaten an die Lenkerstangen unserer Fahrräder schnallen, denn dadurch würden wir aussehen wie junge Männer, die auf Kaninchenjagd seien; er werde seine Luftpumpe mitnehmen, für den Fall, dass wir einen schleichenden ›Platten‹ bekämen.« Dass die Fahrrad-Luftpumpe als Mordwerkzeug dient, erfährt der Leser alsbald: »Divney schritt sofort zur Tat und sagte, die Straße hinunterdeutend: ›Das ist nicht zufällig Ihr Paket, was da auf der Straße liegt?‹ Der alte Mann wandte den Kopf, um dorthin zu blicken, und empfing einen Nackenschlag von Divneys Luftpumpe, welcher ihn sauber von den Füßen säbelte und ihm wahrscheinlich das Genick brach.«[39]

Der ermordete Mathers wird allerdings kurz darauf als Geist wieder auferstehen. Der Erzähler ist vielleicht verrückt geworden.

11. ETAPPE

Tour de Wolga III

85.

Weil man als Radfahrer auch Pilger sein kann

Ich radelte von Winnyzja nach Czernowitz. In Dunajiwzi aß ich eine Ucha, die berühmte ukrainische Fischsuppe. Die Sonne schien, doch es war nicht zu heiß, die Strecke war hüglig und führte durch schattige Wälder. Auf sauren Wiesen weideten Kühe. Selten nur überholten mich Autos.

Ich raste einen Berg hinunter und sah auf der Straße vor mir ein buntes Band, eine Schnur aus gelben, roten und blauen Flecken. Ich fand keine Erklärung für dieses Bild. Es war noch einige Kilometer entfernt.

Ich stieg aus dem Sattel, fuhr den nächsten Berg hoch. Das flatternde farbige Band war nicht mehr zu sehen. Meter für Meter kämpfte ich mich nach oben, der Anstieg war wirklich steil. Dann sah ich vor mir eine Frau auf einem Rennrad. Gekleidet war sie wie ich, mit einer gepolsterten Hose, einem eng anliegenden Trikot. Vor ihr eine weitere Frau.

Hinter der nächsten Kurve sah ich, dass wohl 30 bis 40 junge Frauen den Berg vor mir hochfuhren. Alle auf Rennrädern und sportlich gekleidet, mit Handschuhen und Helmen auf den Köpfen.

Ich grüßte sie auf Russisch.

»Otkuda wy?«, fragte ich. Woher kommen Sie?

Keine Antwort.

»Where are you from?«, versuchte ich es mit Englisch.

»Polska«, sagte sie.

Aus Polen.

Wir fuhren eine Weile nebeneinanderher. Nach und nach verstand ich: Das waren Fahrradpilger. Sie übernachteten in Kirchen und Klöstern.

Wir erreichten ein Plateau. Da stand ein VW-Kleinbus, in dem das Gepäck der Frauen verstaut war. Der Fahrer schenkte Tee aus.

Ich wurde eingeladen. Eine etwas ältere Frau, ebenfalls im Fahrradkostüm, sprach mich auf Deutsch an.

Sie sei Deutschlehrerin. Sie wolle mich vor dieser Gemeinschaft warnen, man werde vom Unglück verfolgt und habe etwas Schreckliches erlebt. Eine von ihnen habe sich das Leben genommen, vor der Krim, beim Baden. Niemand habe die Frau näher gekannt. Das Ziel der Reise sei schon nicht mehr zu erreichen. Schließlich habe man die Botschaft der Hoffnung verbreiten wollen.

Es erschien mir nicht angemessen, dass die Frau mir als einem Fremden etwas derart Intimes gleich im ersten Moment der Bekanntschaft erzählte. Die Tatsache, dass sie es auf Deutsch erzählte und von ihren Mitfahrerinnen nicht verstanden werden konnte, machte es nicht besser.

Sie wollte meine Adresse haben. Die meisten Pilgerinnen waren nach dem heißen Tee schon weitergefahren.

Ich tat so, als ob ich ihre Bitte nicht gehört hatte. Ich setzte mich aufs Rad und fuhr dem bunten Band hinterher. Es wunderte mich, dass überhaupt keine männlichen Fahrer zu sehen waren. Die Straße ging wieder bergab, sie war nass vom Regen, in einem Tal hatte ein Bach Geröll und Matsch auf den Asphalt gespült.

Nach und nach überholte ich fast alle Frauen. Mit manchen redete ich ein paar Worte, mit den meisten nicht. Zwei luden mich ein, den Abend und die nächste Nacht mit ihnen in einem Kloster von Iwano-Frankiwsk zu verbringen.

Dann ging es wieder steil bergauf, und ich sah die ersten Männer. Durchtrainierte Kerle, keiner älter als 30. Der Anstieg führte in einen Kurort, Häuser klebten an steilen Hängen. Vor einem Hotel wurden Souvenirs verkauft, Schnitzereien, Porzellanfiguren, Keramik, geflochtene Besen. Auf einer Mauer saßen mindestens 30 männliche Radfahrer.

Ach nein, dachte ich, einer dieser Pilger möchte ich nicht sein. Ich möchte auch nicht mit den vielen hübschen Mädchen in einem Kloster übernachten und mit ihnen beten.

Während die Männer auf die Frauen warteten, fuhr ich weiter. Man muss ja nicht alles verstehen, sich selbst auch nicht. Pilgern, das hieß für mich, zu Fuß zu laufen und allein zu sein. Das Radeln ist viel zu bequem, als dass ich es als Form der Buße oder Geste der Demut akzeptieren könnte.

86.

Weil man als Radfahrer erfährt, was Kommunismus ist

Markiwka, kurz vor der russischen Grenze. Mein Magen hat sich einigermaßen beruhigt, nachdem er einige Tage lang keinerlei Nahrung halten konnte. So sehr beruhigt, dass ich gern eine Suppe essen würde, einen Borschtsch oder eine Soljanka. Von früheren Durchreisen weiß ich aber, dass es hier kein Restaurant oder Café gibt, in dem man etwas essen könnte. Die meisten Leute verdienen zu wenig Geld, lieber kochen sie zu Hause.

Mir gefällt diese Gegend entlang der ukrainisch-russischen Grenze. Die Flüsse – Derkul auf ukrainischer, Bogutscharka auf russischer Seite, weiter westlich Bila und Belaja, Oskil und Valuj – führen oft an hohen Kalkhängen vorbei, wodurch zu den Häusern und Gärten ein schöner farblicher Kontrast entsteht. Industrie gibt es nicht und die Menschen sind ungemein gastfreundlich. Oft werde ich auf beiden Seiten der Grenze gefragt, wie es »Unseren da drüben« ergehe. Ich, der Deutsche, soll Botschaften überbringen, vom Ukrainischen ins Russische übersetzen. Denn auch hier, in der nordöstlichen Ecke der Oblast Charkiw, wird häufig ukrainisch gesprochen, obwohl die Befeuerer des Sprachenstreits behaupten, der Landstrich sei durch und durch russisch geprägt.

Wegen dieser Magengeschichte fühle ich mich ziemlich matt. Die Thermometer zeigen 37 bis 38 Grad im Schatten. Ich träume von einer kalten Dusche, die ich wahrscheinlich sogar bekommen könnte, denn im Vorjahr lud mich ein Mann in sein Haus ein, der nicht weit von hier wohnt, ich müsste nur einen Berg hochfahren. Doch der Mann war mir nicht sonderlich sympathisch gewesen, nachdem ich gesehen hatte, wie er seinen Sohn behandelte, wie er dem seine Muskeln gezeigt hatte: »Mich greift auf der Straße niemand an!« Der Junge hatte ihn nur leise gefragt, ob er sich wieder an den Computer setzen dürfe.

Etwas unterhalb der Straße werden in einem Café Eis und Kuchen angeboten, das ist bestimmt nicht das Richtige für meinen Magen. Es ist so heiß, dass selbst auf der Terrasse des Cafés nur ein Pärchen sich in den Schatten schmiegt.

Etwas oberhalb der Straße hängt ein Schild mit der Aufschrift »Stolowaja«. Eine Kaschemme also, in der man Bier trinkt. Wenn man Glück hat, wird kalter Fisch angeboten, wenn man viel Glück hat, sogar eine Suppe oder heiße Buletten.

Ich stelle das Fahrrad vor dem Eingang des Gebäudes ab, gehe eine Treppe hoch, viel Hoffnung habe ich nicht, etwas Warmes zu bekommen. Schließlich ist auch noch Sonntag, da erholen sich die meisten Menschen zu Hause oder auf der Datscha.

Im Schankraum sitzen als einzige Gäste nur vier Männer an einem Tisch, ich beachte sie nicht. Die Frau hinter der Theke hat nur Bier, Wodka, Limonade und Kekse im Angebot. So trostlos der Raum – vom Rauch gebräunte Gardinen, im Boden verschraubte Holzbänke, staubige Plastikblumen –, so trostlos auch diese Auskunft.

Ich gehe hinaus und will ins Zentrum radeln, wo ein Lebensmittelgeschäft auch sonntags geöffnet hat. Die Männer kommen hinter mir her, einer von ihnen stellt sich vor mir hin und sagt, er wolle sich für seine Freunde entschuldigen.

»Entschuldigen? Wofür?«

»Sie haben über Sie gelacht.«

»Das habe ich nicht gehört.«

»Ich möchte Sie einladen. Was brauchen Sie? Eine Dusche? Eine Suppe?«

Ich zögere mit der Antwort. Mit der hier üblichen Gastfreundschaft habe ich zwar schon viele schöne Erfahrungen gemacht, doch üblich ist ein gewisses Geplänkel, man tastet sich mit Höflichkeitssätzen ab, will wissen, wo der andere herkommt, ob er ein Säufer ist, ob man mit ihm reden kann. Gleich so mit der Tür ins Haus, das ist eigentlich ungewöhnlich.

Er kann meine Gedanken offenbar lesen.

»Ich bin kein Manjak. Ich will Ihnen nur helfen. Welche Wünsche haben Sie?«

»Sie kennen mich gar nicht.«

»Wen kennt man denn? Nicht einmal sich selbst. Ich sehe, dass Sie weit gereist sind. Ich bin ein normaler Mensch. Dort steht mein Geschäft. Vier Verkäuferinnen arbeiten für mich.«

Er wohne nur einige Häuser weiter. Also gut, ich gehe mit. Er erzählt, dass er in seiner Freizeit im Kindergarten arbeite. Mein Misstrauen ist wieder geweckt. Aber er erklärt seine Arbeit ganz vernünftig. Die Frau habe ihn ohnehin verlassen, zwei eigene Kinder seien aus dem Haus. Und die Kindergärten bekämen ja nicht genug Geld.

Seine Wohnung liegt in der zweiten Etage. Ich stelle das Fahrrad im Flur ab, er zeigt mir zuerst das Bad. Er entschuldigt sich, es werde kaum warmes Wasser fließen, doch das brauche ich nicht.

Er stellt den Fernsehen an, damit ich mich nach dem Baden erholen könne, außerdem sucht er im Kühlschrank nach Essbarem, und er findet: ein Literglas mit Kirschkompott, eine Wurst unklaren Alters, mehrere Stücke tiefgefrorenes Fleisch.

Ich könne Fleisch braten, so viel ich wolle, sagt er. Er müsse sich jetzt leider verabschieden. Er sei zum Fußballspielen verabredet, mit den Freunden aus der Stolowaja. In einigen Stunden werde er wiederkommen. Wenn ich dann noch da sei, würde er sich freuen. Falls ich früher führe, solle ich die Tür zuziehen.

Er lässt mich in seiner Wohnung allein, nachdem wir erst wenige Minuten miteinander geredet haben?

Tatsächlich, er geht. Ich trinke mehrere Gläser Kompott, stelle den Fernseher aus, rasiere mich. Seit Tagen habe ich nur abends im Wald geduscht, wie üblich mit eineinhalb Litern Wasser, was für zwei komplette Waschgänge reicht. Doch bis zum Hals im kalten Wasser zu liegen, das ist auch wunderschön. Ein verrücktes Land, denke ich. Stranaja strana. Und wie beschämend, was man in meiner geografischen Heimat über diese Menschen hier oftmals denkt – über die Russen, wie es meistens verallgemeinernd heißt.

Nach dem Baden lege ich mich in der Stube auf den Diwan und träume vor mich hin. Hier drin ist es bestimmt zehn Grad kühler als draußen. Das Fleisch werde ich nicht braten. Ich lege Andrej, dem Gastgeber, einen Zettel hin und bedanke mich.

87.

Weil man als Radfahrer von armenischen Boxern nicht verprügelt wird

Pflaumenkuchenwetter. Tintenblauer Himmel, Windrosen auf den Äckern. Samstagnachmittag. Ich komme aus einem Dorf am Dnjepr, in dem die Rentner rebellierten, weil seit Wochen das Wasser im Ort abgestellt war. Die Leute aus Kostjantyniwka konnten auf den größten Fluss der Ukraine sehen und ihre Tomatenpflanzen nicht bewässern. 70 Alte hatten den Bürgermeister angeschrien, von Korruption war die Rede, das Geld für die Reparatur der Wasserleitungen sei geklaut worden. Eines der traurigsten Dörfer, in denen ich jemals war.

Und doch gelingt es mir auch dort nicht, jemanden zum Diebstahl zu verführen. Schon zwei Mal versuchte ich, meine Sonnenbrille loszuwerden. Ich benutze sie nicht, und ich fahre sie nun schon das zweite Jahr spazieren. Aber sie war ziemlich teuer und sieht für meinen Geschmack schick aus. Ich ließ sie bei Gastgebern liegen, sie wurde mir hinterhergebracht, ich ließ sie im Restaurant auf dem Tisch, der Kellner lief winkend und rufend durchs halbe Dorf, damit ich mein Eigentum zurückerhalte.

In Kostjantyniwka sitze ich mit einigen jungen Männern vor dem Kulturhaus, in dem die Alten rebellieren. Wir trinken Bier und lästern über alles. Fast alle sind arbeitslos, einer ist vor einigen Tagen aus erst aus Moskau gekommen, nachdem ihm dort der Vertrag als Programmierer gekündigt worden war. In der digitalen Welt kann er zaubern, aber davon fließt kein Wasser aus der Leitung.

Als ich aufbreche, lasse ich wieder meine Brille liegen, zwischen Bierbechern und Zigarettenschachteln. Schon strample ich den Berg hoch, da fahren mir zwei Jungs auf dem Moped hinterher und bringen mir das verfluchte Stück.

Dann, in irgendwelcher Einöde, steht eine Autowerkstatt etwas abseits der Landstraße, und über einer verrosteten Blechtür hängt ein Schild: BAR.

Ich radle dorthin und stelle das Fahrrad neben einem Baumstumpf ab, der als Tisch dient, einige Stühle stehen um ihn herum. Niemand ist zu sehen, auch in der Bar nicht.

Ein paar Wodkaflaschen und süße Weine stehen im Regal, ein paar Kekspackungen und Nusstüten liegen daneben. Ein junger Mann erscheint auf der Türschwelle und nickt stumm.

»Haben Sie Kaffee?«, frage ich. »Ist es möglich, etwas Heißes zu essen?«

Mein Instinkt sagt: Hau ab!

»Borschtsch«, sagt er.

»Wie viel kostet er?«, frage ich, was eine ziemliche unwichtige Frage ist angesichts der üblichen Preise.

Ein zweiter Mann steht auf der Türschwelle, klein, gedrungen, die Oberarme recht prächtig mit Muskeln ausgestattet. Er grinst und fragt den Kellner: »Was will er?«

»Essen. Zwölf Griwna.«

1,20 Euro für Suppe und Kaffee.

»Einverstanden. Ich werde draußen essen.«

Der Mann nickt.

»Wo kommen Sie her?«, fragt der zweite Mann.

»Aus Deutschland.«

Hinter seinem Rücken taucht ein Schatten auf, der nächste halb nackte Kerl steht auf der Türschwelle, er legt dem ersten, kleineren, eine Hand auf die Schulter.

»Was will er?«

»Essen. Borschtsch.«

Beide Männer treten beiseite, als ich nach draußen gehe, und beide folgen mir.

»Aus Deutschland? Mit dem Fahrrad?«

»Natürlich, das ist doch normal.«

Ich setze mich an den Baumstumpf, sie setzen sich mir gegenüber.

»Wir sind Armenier«, sagt der Ältere. »Kennen Sie Arthur Abraham?«

»Nicht persönlich.«

»Er ist Weltmeister, das wissen Sie? Ein armenischer Boxer. Wir sind auch armenische Boxer.«

»Abraham ist ein fairer Sportler. Und sehr mutig.«

Ich ziehe das Messer aus der Tasche, klappe die Klinge auf und dresche es mehrere Zentimeter tief ins Holz. Nur, um ein Zeichen zu setzen.

»Sie wissen, dass die Türken eineinhalb Millionen Armenier getötet haben?«, fragt der Kleinere.

»Ja«, sage ich.

Der Kellner bringt den Borschtsch, er ist nur lauwarm.

»Sie sind Reisender?«, fragt der Ältere.

»Reisender und Journalist.«

Ich ziehe den besten Ausweis aus der Tasche, den ich nur haben kann, einen Bericht aus einer russischen Zeitung über meine Fahrradreisen. Der Jüngere liest eine Weile, dann fragt er: »Sie spielen Schach? Sie wissen, wer in Dresden Weltmeister wurde?«

Ich weiß nicht einmal, dass in Dresden eine Weltmeisterschaft stattgefunden haben soll. Aber natürlich kann die Antwort nur »Armenien« lauten. Später prüfe ich nach – gemeint war die Schacholympiade von 2006.

»Armenien«, sagt er.

»Ich erinnere mich.«

»Wieso führt ihr Europäer Krieg gegen Christen?«, fragt er. »Milošewić war ein Christ. Ihr habt der albanischen Mafia einen Staat geschenkt. Warum?«

»Das ist amerikanische Politik gewesen«, sage ich. »Die CIA liebt die Mafia.«

Er nickt.

»Wie gefallen Ihnen die Ukrainer?«, fragt er.

»Ich treffe nur ehrliche Menschen«, sage ich und erzähle von meinen Versuchen, die Brille loszuwerden.

Die Männer lachen.

Ich zeige die Brille und biete sie ihnen an. Mittlerweile stehen drei weitere Männer am Holzklotz und sehen mir beim Essen zu.

Ich lobe armenischen Kognak und sage, dass ich gern mit dem Fahrrad nach Armenien fahren würde. Sie laden mich in ihr Haus ein, dort, gleich hinter der Straße befinde es sich. Doch es ist erst Mittag, und ich will noch ein bisschen radeln. Sie wünschen mir Glück, ich ihnen auch. Einer hält den Hund fest, einen schwarzen, der neugierig meine Wade betrachtet.

So ist das eben bei Pflaumenkuchenwetter. Männer belauern sich, schätzen einander ab. Einer zeigt seine Muskeln und fragt rotzig: »Was willst du in meinem Revier? Siehst du nicht, dass unsere Bar nur der Geldwäsche dient? Glaubst du im Ernst, wir verdienen unser Geld mit dem Verkauf von Borschtsch, mit Frauenarbeit?«

Nein, das glaube ich nicht. Schließlich wird in der Garage neben der Bar ein Mercedes der S-Klasse lackiert. Und schließlich weiß jedes Kind, dass inzwischen mehr »preisintensive« Autos in Russland und in der Ukraine geklaut und illegal nach Deutschland gebracht werden als umgekehrt. »Hilfe, die Deutschen kommen und stehlen unsere Autos!« – lautete unlängst schon eine Schlagzeile in der *Woronescher Zeitung.*

Vier armenische Boxer, die in der Einöde eine Autowerkstatt mit einer Bar betreiben, passen ganz gut zu dieser Meldung. In diesem Sinne wünsche ich den starken Männern weiterhin gute Geschäfte.

88.

Obwohl man auch als Radfahrer überfallen werden kann

In Elan-Kolenowski wäre ich fast zum Mörder geworden. Ich radelte in der Abenddämmerung aus der Stadt hinaus, war bester Laune, hatte ein interessantes Gespräch mit einer Verkäuferin geführt und zwei Bier getrunken. Ich freute mich auf die Steppenlandschaft und hoffte, einen Melonenverkäufer vom Vorjahr wiederzutreffen, Eduard, den ich unter der Kategorie »Volksphilosoph« in meinem Gedächtnis abgeheftet hatte.

Eduard hatte von den Ideen Carlos Castanedas geschwärmt, dem in Russland ungemein beliebten US-Anthropologen, der, so Eduard, »lehrte, den Weg des Herzens und den des Kriegers zu beschreiten« – ein kruder Widerspruch, wie ich finde. Eduards zweiter Abgott war jedoch Fjodor Michailowitsch Dostojewski gewesen, und so konnten wir fachsimpeln, insbesondere über die zahlreichen Frauen in Russland, die, so sie sich als tragische Erscheinungen bezeichnen, dies häufig mit dem Namen Nastassja Fillipowna verknüpfen. Die Frau, die sich nicht entscheiden kann, die Schwarz und Weiß zur gleichen Zeit liebt. Der Begriff »Borderline« ist hingegen in Russland gänzlich unbekannt.

Schön und gut, ich träumte so vor mich hin. Auf das Moped, das von hinten angebraust kam, achtete ich nicht. Ich wollte gerade »Alle Menschen werden Brüder« singen. Ehrlich. Wenige Minuten später erschien mir diese Idee auch ziemlich naiv. Ich mag die 9. Sinfonie von Beethoven, sie verführte mich vor 29 Jahren zu einem Schwur, aber das ist eine andere Geschichte.

Als der Sozius auf dem Moped mir im Vorbeifahren einen Schlag an den Kopf versetzte, konnte ich gerade noch das Gleichgewicht halten, während der Schläger sich umdrehte und lachte.

So ein abgrundtiefer Feigling, dachte ich, zog das Messer aus der Seitentasche, raste dem Moped hinterher und schrie, die Idioten sollten anhalten. Das taten sie zu ihrem Glück nicht, der Fahrer beschleunigte das Tempo und bog von der Straße ab, fuhr einen Hügel hoch, ich blieb immer weiter zurück. Sehr schade.

Was hätte ich getan, hätten sie angehalten? Hätte ich ihnen in die Stirnen geritzt: Ich bin feige? Vielleicht, wer weiß. Die Lust, diese Landplage zu bestrafen, ließ längere Reflexionen nicht zu. Ich war zum Äußersten bereit und darüber ziemlich erschrocken, nachdem die beiden Glatzköpfe, die auch im Russischen Hooligans genannt werden, nicht mehr zu sehen waren. Ein Aufenthalt in einem russischen Knast ist bekanntlich nicht mit einer Kur zu vergleichen.

Eigentlich sollte man ja nur zum Messer greifen, wenn man sich in Notwehr befindet, schon klar, mein Verhalten war nicht ritterlich. Aber andererseits war ich froh, dass ich so reagiert hatte. In brenzligen Situationen muss man rasch handeln, Geschwindigkeit ist tausend Mal wichtiger als Kraft. Er oder ich, es geht um alte Fragen. Als Stadtmensch mag ich ein Hypochonder sein, der jedes Jucken in der Nase als erstes Anzeichen für Krebs deutet, aber nach einigen Tagen auf dem Fahrrad möchte ich nicht mein Feind sein.

89.

Obwohl man als Radfahrer
böse stürzen kann

Durchschnittlich alle 10.000 Kilometer stürze ich ein Mal. Und drei von vier Stürzen habe ich selbst zu verantworten. Ich fahre in Polen, in der Nähe von Lublin, in einen ziemlich dunklen Wald. Es hat schon seit Tagen geregnet. Hinter einer scharfen Kurve sind zwei Schlammlöcher, deren Tiefe ich nicht abschätzen kann. Statt spätestens jetzt die Schuhe aus den Klickpedalen zu lösen, zögere ich, ob ich nun bremsen oder mit Schwung weiterfahren soll. Zum Bremsen ist es zu spät, als das Vorderrad bis zur Nabe in der lehmigen Brühe steckt und auf einen Hindernis stößt, einen armdicken Ast, dessen eines Ende nach oben schnellt und kurz vor meinem Bauch stoppt. Das Fahrrad kippt zur Seite, ich ziehe instinktiv die Ellenbogen ein, der Lenkerbügel fängt den Aufprall ab, aber mein linkes Knie knallt auch auf den Boden.

Die Schuhe haben sich glücklicherweise von selbst aus den Klickpedalen gelöst – wie auch bei meinen anderen Unfällen! Kompliment an den Hersteller, ich kann von hundertprozentiger Sicherheit sprechen. Natürlich hat die Vergleichsgröße von vier Stürzen keine hohe statistische Relevanz. Aber beruhigend ist die gute Erfahrung doch.

Ich war erst sechs Tage mit diesen Pedalen gefahren. Ich Maschinenwesen hatte noch nicht den Automatismus entwickelt, die Schuhe sowohl innerhalb von Städten als auch im Wald aus den Pedalen zu lösen. Vielleicht hätte ich mit dem linken Bein den Sturz abfangen können, wären die Füße frei gewesen. So aber hatte ich mir das Knie blutig geschlagen.

Das zweite Beispiel zeigte, dass man die Klickpedale beim Überfahren von Straßenbahnschienen niemals benutzen sollte. Die Schienen am nördlichen Stadtausgang von Saratow sah ich zu spät;

als ich sie sah, rutschte ich eigentlich schon über den Asphalt. Autos bremsten, auf der Gegenspur kam ein Lkw um die Kurve. Jemand eilte herbei, um mir aufzuhelfen. Eine Frau brachte die Wasserflasche, die aus der Halterung gesprungen war. Vielleicht hätte ich mit freien Füßen den Sturz verhindern, das Kippen zur Seite ausbalancieren können. Zumindest gab es während des Sturzes einen Moment der Unsicherheit, ob die Pedale sich lösen werde. Ich hatte mir wieder nur Schürfwunden an Händen und Beinen zugezogen.

Das dritte Beispiel zeigt ebenfalls meinen Fehler. Ich radelte in der Ukraine von Poltawa nach Blysnjuky zu Freunden, als eine Meute wilder Hunde aus dem Wald stürzte und mir hinterherlief. Alle bellten und bissen nach meinen Füßen, deren Kreisen sie offenbar besonders wütend machte. Klar, das können die Hunde nicht, Radfahren. Freches Menschlein, denken die Hunde. Es fährt satt und zufrieden durch unser Revier, ohne uns zu füttern, geschweige denn in ein Haus aufzunehmen und Aufgaben zu erteilen.

Ich hätte nur bremsen und absteigen müssen. Es kommt zwar vor, dass Straßenhunde Menschen, insbesondere Kinder, anfallen, aber doch äußerst selten. Denn für Fußgänger haben die Hunde normalerweise kein Interesse, während sie auf fahrende Autos ähnlich aggressiv reagieren können wie auf rollende Fahrräder, ihnen manchmal Hunderte Meter nachlaufen und dabei versuchen, in die Reifen zu beißen, obwohl das für sie selbst oft genug lebensgefährlich ist. In Odessa habe ich solch einem verrückten Rudel lange zugeschaut, schwer war ihr Verhalten zu begreifen.

Ich überschätzte meine Geschicklichkeit, griff zum Fahrradschloss, lenkte mit der linken Hand weiter, schlug mit dem Schloss nach den Hunden. Doch sie spielten auf beiden Seiten des Fahrrads Theater, und als ich mit rechts lenken und mit links zuschlagen wollte, verzog ich den Lenker, stürzte und schlitterte über den Asphalt. Die Hunde umkreisten mich, ich trat im Liegen einem gegen die Schnauze, sprang auf und brüllte die Idioten in die Flucht – nun gut, zumindest wichen sie zurück. Sie spielten reine Unschuld: leckten sich die Bäuche, drehten ihre Köpfe, schnappten nach Fliegen, hechelten.

Und ich blutete auf der rechten Körperseite, am Handballen, am Ellenbogen, an Bein und Knie. Ich richtete das Fahrrad auf, das offenbar nur ein paar Kratzer abbekommen hatte, und fuhr langsam weiter. Die Hunde liefen bis zur nächsten Kurve einige Meter hinter mir her, kamen aber nicht mehr näher. Die Wunden an der Hand begannen sich erst nach zehn Tagen zu schließen.

Nach solchen Unfällen hilft der Gedanke, dass mir Gleiches auch in einer deutschen Großstadt, etwa in Berlin, passieren könnte.

90.

Weil Radfahren die Umwelt schont

Ein Grund, der sich von selbst versteht. Man muss ihn nicht moralisch erläutern. Jeder kennt die Schlagzeilen: Ölverseuchtes Nildelta, Ölfelder im Irak brennen, Krieg für Öl, Öl-Katastrophe im Golf von Mexiko, Korruption im Ölgeschäft, Artensterben wegen Ölgewinnung. Erdöl, das über Jahrmillionen aus Algen gepresst wurde, ist einer der wichtigsten Rohstoffe der modernen Industrien. Bei der Förderung von Erdöl entstehen jährlich mehrere Millionen Tonnen RADIOAKTIVER ABFALL, unter anderem das hochgiftige und extrem langlebige Radium-226 sowie Polonium-210. Hübsch, nicht wahr? Bevor die Luft verpestet wird, wird sie verstrahlt.[40]

Nun gut, auch zur Herstellung eines Fahrrads, für Schläuche und Mäntel, Griffe und Speichen, Rahmen und Lenker benötigt man Erdöl, nur eben viel weniger als für die Teile eines Autos. Und beim Radfahren wird bloß Muskelenergie verbrannt.

Jaja, alle wissen das. Über das Auto wird man in 10.000 Jahren lächeln, wie wir heute über den Faustkeil. Doch das Fahrrad wird bestimmt auch dann noch zu den schönsten Erfindungen der

Menschheit gezählt werden, neben dem Buchdruck und der Antibabypille. Es ist das vernünftigste und schönste aller Fahrzeuge, die Menschen erfunden haben, und die Form lügt bekanntlich niemals.

Wer ein Fahrrad benutzen möchte, dessen ökologische Bilanz hervorragend ist, sollte sich am besten selbst eins bauen – aus Bambus. In Berlin bietet Berlin Bamboo Bikes einen Wochenend-Workshop an, in dem jeder sein Fahrrad aus Bambus, Hanffasern, (Bio-)Kleber und Leinöl-Bootslack selbst herstellen kann.

Schon vor hundert Jahren wurden Bambusräder in England gebaut, jedoch ohne großen Erfolg. In neuerer Zeit, Mitte der 1990er-Jahre, kam der Kalifornier Craig Calfee als Erster auf die Idee, Fahrräder aus Bambus zu produzieren, nachdem sein Pitbull in einen Bambusstab gebissen hatte und das Material danach noch völlig unversehrt war. Nach etlichen Experimenten stellte er fest: »Die Vibrationsdämpfung ist beim Bambusrad besser als bei Carbonfasern. Es fährt sich viel geschmeidiger.« Bei einer Prüfung der Bruchfestigkeit wurde der Rahmen mit einem Gewicht von 950 Kilogramm 100.000 Mal be- und entlastet. Selbst nach dieser Probe waren im Bambus weder Risse noch Bruchstellen.[41]

Craig Calfee hat auch ein Schulrad aus Bambus entwickelt, das Bamboo School Bus Bike, für bis zu sechs Kinder und einen Erwachsenen, der vorne sitzt und lenkt. Eine großartige Idee.

91.

Weil Fahrräder so schöne Namen haben

Weil das Fahrrad so schön und so elegant ist, inspiriert es die Hersteller häufig auch zu schönen Namen. Sage mir, wie sie heißen, und ich sage dir, was sie wollen. Die Namen versprechen, man könne fliegen wie ein *Kondor*, ein *Geier*, ein *Adler*, ein *Albatros*, eine *Möve*, ein *Falke* oder gar wie ein *Komet*, wie der *Mars*, wie der Hundsstern

Sirius, wie die Siegesgöttin *Victoria* oder wie das geflügelte Pferd *Pegasus*. Wer einen *Kranich* wählt, der »gleitet ruhig und sicher« dahin, so das Glücksversprechen der Werbung.

Man soll sich auf dem Fahrrad wie ein *Regent* oder wie ein *Black Imperator* fühlen, ausdauernd wie ein *Steppenwolf*, elegant wie ein *Panther*, flink wie eine *Gazelle*, stark wie *Hercules* und mit der Marke *Centurion* wie ein römischer Offizier. Man pedaliert für das *Vaterland*, für *Germania*, oder mit *Frischauf*-Rädern vom Arbeiter-Radfahrerbund Solidarität, gegründet 1912 in Offenbach am Main.

Für die staunenden Fußgänger ist man natürlich ein *Phänomen*, ein *Ghost* oder *Attila*, König der Hunnen. Ein Fahrrad verspricht, so bissig wie eine *Cobra* zu sein, ein anderes so schön wie ein *Diamant*. Man folgt einem *Ideal* und ist auf einem *Gold-Rad* unterwegs nach *Utopia*, man feiert *Triumph* und pest selbst unter Wasser schnell wie ein *Torpedo*, man ruht im Sturm sicher wie ein *Anker*, mindestens mit dem *FroschRad*.

Kein Vergleich ist zu klein, keine Metapher zu gewaltig, um das Fahrrad zu einem Wunder zu verklären. Seine Erfinder und Konstrukteure waren und sind meistens Liebhaber und begeistert von der Idee, mit Hilfe des Fahrrads die menschliche Natur zu überlisten. Oft bürgen sie auch mit eigenem Namen für die Qualität ihrer Räder, wie etwa in Deutschland Marec Hase für seine Liegeräder oder Markus Storck für Rennräder, die zum Teil nicht mehr als 1.200 Gramm wiegen.

Glücklicherweise wird man beim Radfahren nicht an Reklame-Sprüche-Lieder-Schreie erinnert, in denen das Fahrrad gelobt und zu dessen Kauf aufgefordert wird. Woran liegt es, dass man weder im Fernsehen noch im Kino oder Radio mit Fahrrad-Reklame belästigt wird? Vielleicht werden dafür nicht genug Fahrräder der einzelnen Marken verkauft (beziehungsweise produziert)?

In Deutschland wurden im Jahre 2011 2,29 Millionen Fahrräder produziert, außerdem wurden 2,84 Millionen Fahrräder und E-Bikes nach Deutschland importiert, 1,08 Millionen exportiert.[42]

Insgesamt soll es in Deutschland 73 Millionen Fahrräder und knapp 44 Millionen Pkw geben.[43]

Ein großer Fahrradproduzent wie MIFA aus Sangerhausen verkaufte im Jahre 2011 644.000 Stück und erzielte dabei einen Umsatz von 100 Millionen Euro. 40.000 Fahrräder können auf Vorrat gelagert werden.[44]

MIFA, neben Diamant einer der beiden Fahrradhersteller in der DDR, ist in Deutschland mittlerweile Marktführer bei den E-Bikes, den Fahrrädern mit Elektromotoren. Während früher in der Planwirtschaft jedoch nur zehn bis 15 verschiedene Typen produziert wurden, sind es heute etwa 1.000. Von jedem werden durchschnittlich also nur 600 verkauft. Werbung im Fernsehen oder im Radio könne man sich gar nicht leisten, dafür seien die Gewinne zu gering, erklärt am Telefon der Leiter der MIFA-Presseabteilung, Herr Walther. Großaufträge seien allerdings auch Werbung – so beliefere MIFA neuerdings die Stadt Warschau mit Fahrrädern, die dortigen Verkehrsbetriebe wollen offenbar 2.100 Verleihräder an 125 Stationen anbieten. MIFA baut auch das sogenannte *Volks-E-Bike*, das von der *BILD*-Zeitung beworben wird, auch so erreicht man natürlich eine größere Öffentlichkeit.

Die beste Werbung für ein Fahrrad ist aber wahrscheinlich immer noch die Mundpropaganda. Wenn ein Kunde, wie einer meiner Freunde, mit einem etwa 50 Jahre alten MIFA-Fahrrad durch Berlin fährt und dies mit der schönen Form des Fahrrads begründet, so kann sich eine Firma bessere Reklame gar nicht wünschen. Schließlich zeigt die lange Nutzbarkeit, wie robust, stabil und pflegeleicht es ist. Ein Fahrrad kann eine Anschaffung für ein langes Leben sein, falls es denn nicht gestohlen wird.

92.

Weil man als Radfahrer Zeus kitzeln kann

Der zivilisierte Mensch erkältet sich schnell. Regenschirm oder Pelzmütze, Kniestrümpfe oder Socken, das sind für ihn schon existenzielle Fragen. 10.000 Jahre vor dieser kränklichen Erscheinung lebt der Radfahrer. Je länger er fährt, desto weiter fällt er in der Evolution zurück. Nach einigen Tagen auf dem Sattel ist er schon in der Steinzeit angekommen und bei Gewitter dankbar für eine Höhle.

Die Sonne scheint, das sagt sich so leicht für jemanden, der die Blumentöpfe beiseiteräumt und aus dem Fenster schaut. Der Radfahrer versteht nach einer Woche Dauerregen das aztekische Ritual, der Sonne aus Dankbarkeit über ihr Erscheinen die Herzen von Jünglingen zu spenden, dampfend in glasierten Schalen. Er kniet bereitwillig nieder und dankt Zeus, weil der ihn mit seinen Blitzen verschonte.

Zeus, das denkende Feuer, ist ein viel beschäftigter Gott. Er beschützt den Gast und die Freundschaft, und für das Wetter ist er auch zuständig. Polygamist ist er sowieso, doch verheiratet mit seiner Schwester Hera, außerdem entführt er Knaben. Er liebt Verkleidungen, man kennt ihn als Kuckuck, Dämon, Hirte und Stier, als Feuer und als Regen. Und dieser Schelm und Bösewicht soll gleichzeitig die kosmische Vernunft darstellen. Kuckuck, Kuckuck, da lachen ja die Sterne.

Der Radfahrer weiß: Für alles ist das Schicksal zuständig. Ob ein Lkw-Fahrer von einer Mücke gestochen wird und daraufhin vor Schreck das Lenkrad verzieht und daraufhin den Radfahrer zu Brei fährt – beschweren kann er sich bei Moira.

Zeus kann man nur mit einer Waffe ärgern, mit der des Humors. Für einen guten Witz unterbrechen auch die Dämonen ihre Arbeit. Mehr als ein Witz ist es für Zeus nicht, dass der Radfahrer im Hagelsturm über die Landstraße braust. Ein Held will er sein? Dann schickt Zeus nur zum Spaß noch ein paar Blitze hinterher.

Über Worte wie »Cappuccino«, »Wachstumsschub«, »Rente« oder »Pressefreiheit« lacht Zeus gerne. Es genügt, solche Worte zu nennen, und er schlägt sich auf die Schenkel, scharrt mit den Hufen und brennt aus Freude an der Pointe ganze Städte nieder. Dresden überflutet, Bukarest und Tiflis von Erdbeben zerstört – »Das war mein Werk«, brüllt Zeus stolz durch den Himmel.

93.

Weil Radfahrer auf andere wie Traumtänzer wirken

Ein Helm auf dem Kopf, Handschuhe im Sommer, Wasserflaschen am Fahrrad? Touristen wie mich sieht die Babuschka sonst nur im Fernsehen. Ich habe ihr Haus fotografiert, ohne sie um Erlaubnis zu bitten. Weil es so schön blau ist. Die Fensterläden sind azurblau, die Wände blaugrün, die Tür ist dunkelblau. Und die Babuschka trägt einen blauen Kittel, und sie steht vor einem blauen Vorhang, deshalb sah ich sie nicht.

Statt zu schimpfen, reicht sie mir einen Becher mit Milch über den Zaun, lädt mich in ihre gute Stube ein und erzählt, dass sie zwei Söhne gehabt habe, doch Gott habe sie zu sich genommen.

Der eine wäre sonst vielleicht aufs Rad geflochten, der andere gehängt worden, denke ich an eine Kinderlegende der Gebrüder Grimm.

Sie ruft den Großvater aus dem Stall, beide starren sie mich an. Sie entrollen meine Landkarte, als sei es das Leinentuch, in das Jesus Christus eingewickelt wurde. »Kyjiw«, lesen sie laut den ukrainischen Namen ihrer Hauptstadt, die 300 Kilometer entfernt ist. Dort waren sie noch nie. Auch nicht in Poltawa, der nächsten größeren Stadt.

Großmutter seufzt, stellt die Suppe auf den Ofen, schürt das Feuer, öffnet ein Glas mit Sahne, schält Knoblauchzehen, rührt den Kartoffelbrei. Großvater Fjodr fragt, ob ich Bier zum Essen möchte. Er will tatsächlich für mich ins nächste Geschäft fahren und welches kaufen.

Nebenbei läuft der Fernseher, da wird ein Fassadenkletterer gezeigt, der in Kyjiw ein Hochhaus erklimmt und sich in 100 Metern Höhe mit den Fingerspitzen in einer Glasfuge festhält. »Das ist auch so ein Abenteurer wie du«, sagt Fjodr.

Oh, danke vielmals für den Vergleich. Ich wusste gar nicht, dass ich solch ein Artist bin. Immerhin möchte dieser Großvater mit dem Fahrrad für mich zum Geschäft fahren. Er radelt, ich radle, nur eben ein bisschen weiter. Statt einer Propangasflasche habe ich ein Zelt auf den Gepäckträger geschnallt. Anthropologisch gesehen sind wir uns ziemlich nah. Und doch staunt er, dass ich Elefantenmensch keinen Elefantenkopf habe.

Ein Mensch, der Geld hat, schläft in einem ukrainischen Wald, obwohl er in Mallorca am Strand liegen könnte – warum tut er das? Warum macht der ordentliche Deutsche sich freiwillig schmutzig?

Das ist nicht witzig.

Babuschka segnet mich drei Mal und murmelt Gebete zum Abschied.

94.

Weil Radfahrer auch die kleinen Plagegeister gern ertragen

Als Kind beschäftigte mich einen Sommer lang die Frage, wozu es Mücken gibt. Sie sind doch nicht nützlich und ärgern die Menschen nur! Wer braucht Mücken? Wie gemein, dass sie auch noch frech sirren, bevor sie einem das Blut stehlen.

Sie können Menschen im Umkreis von 15 Metern riechen und ihre Körperwärme spüren. Als wichtigste Orientierung zum Aufspüren der Blutspender dienen ihnen Kohlendioxid (der Atem) und Körperdüfte. Sie suchen sich ihre Opfer nicht nach dem Geschmack des Blutes aus. Übrigens saugen nur die Weibchen Blut, die Männchen bevorzugen Nektar und Fruchtsaft.

Ob Gewürznelken oder Knoblauch, Spray, Duftkerzen, Ultraschallgeräte, Armbänder, UV-Licht oder ein Lagerfeuer, wenn Mückinnen Durst haben, überlisten sie alle ausgeklügelten Abwehrmaßnahmen. Manche sind so frech, sich auf die Geräte zu setzen, die angeblich Töne in einer für sie unerträglichen Frequenz senden und sie vertreiben sollen.

Überhaupt scheint die Mücke ein selbstbewusstes Insekt zu sein, wie sonst ist zu erklären, dass sie sich ihrem Opfer so laut nähert, so krakeelend mit den Flügeln schlägt? Mit dem Summton verständigen sich die Mücken untereinander, wobei die Männchen ein feineres Gehör haben sollen als die Weibchen. Der Lärm, den sie machen, ist also keine psychologische Waffe, er wirkt nur so. Die Gemeine Stechmücke (Culex pipiens) lebte schon vor 79 Millionen Jahren – so blieb sie in Bernstein erhalten. Also wirkte der evolutionäre Nachteil der Lärmerzeugung nicht sonderlich hemmend.

Besonders in der Abenddämmerung versammeln sich die männlichen Stechmücken gern zu großen Schwärmen, um Weibchen anzulocken. Wenn ein Mensch in einen Mückenschwarm gerät, stört er also beim Sex. Die mückischen Partner stimmen ihre Flugtöne miteinander ab, sie tauschen Schmeicheleien aus und summen Liebeslieder. Die besten »Sänger« begatten sich mit den schönsten Mückinnen. Schlechte Musiker werden mit Keuschheit bestraft.

Zugegeben, es fällt schwer, auf solche Empfindlichkeiten Rücksicht zu nehmen, wenn die Luft schwarz vor Mücken ist und man mit jedem Griff in den Schwarm ein Dutzend von ihnen zerquetschen kann. Oder wenn das Zelt als Freudenhaus genutzt wird und die Party unter dem Motto läuft: »Das Blut geht aufs Haus«.

Wie sympathisch sind dagegen die Ameisen aus menschlicher Sicht, schließlich greifen sie nur an, wenn sie bei der Arbeit gestört werden. Das Problem ist allerdings, dass Ameisen eigentlich überall arbeiten können, solange sie festen Boden unter den Füßen haben, auch in Ohrmuscheln und in Küchenschränken, auf Brot und auf gekochten Eiern, im Zelt und in der Unterwäsche.

Am allersympathischsten sind natürlich Spinnen, wenigstens in unseren Breiten, wo so gut wie alle vorkommenden Arten für den Menschen harmlos sind. Nur unheimlich sehen sie aus, und die Angst mancher Menschen vor ihnen ist leicht zu erklären: Sie sind flinker als die tumben Zweibeiner, und sie bewegen sich lautlos. Menschen können ihre Handlungen nicht voraussagen. Eine Fliege will zur Marmelade oder zum Blut, aber was wollen Spinnen? Ebenso erschreckend: Spinnen benutzen Werkzeug, das sie selbst aus dem Material herstellen, das ihr Körper aussondert. Auf Deutsch gesagt: Sie machen aus Scheiße Kunst. Die Art und Weise, wie sie zu Nahrung kommen, wirkt raffiniert. Sie demonstrieren aller Welt ihre Geduld, sie verkünden öffentlich: »Ich kann warten.« Wo andere Tiere mit Lärm überzeugen, schweigen sie. Man traut ihnen Intelligenz zu, auch Humor und die Fähigkeit zum Genuss.

Leider hat sich unter den Menschen die Erkenntnis noch nicht durchgesetzt, dass auch Tiere Gefühle und somit Kultur haben. Wo Schmerz ist, ist Kultur, das gehört zum Einmaleins des Lebens. Viele Menschen verstehen unter Tierkultur weinende Elefanten, traurig dreinblickende Hunde und Affen, die Schabernack treiben, sich entlausen und an ihren Geschlechtsorganen spielen. Das sieht so menschlich aus!

Aber auch Frösche tauschen Nachrichten aus, feiern Geburten, haben Gewohnheiten. Auch Ziegen haben bei Gewitter Angst. Kühe können zärtlich sein, auch zu Menschen. Eichelhäher petzen wie Paparazzi. Waldmäuse lieben Gruppentänze, und nachts veranstalten sie gern Fechtwettbewerbe, sie kitzeln sich mit Astspitzen an den Hinterteilen, sie marschieren im Einsechsteltakt und pfeifen Chöre, Jubel- und Trauerarien. Es soll sogar gelehrte Vertreter geben, die Franz Kafkas Bericht über die Sitten und Bräuche der Mäuse gelesen haben.

95.

Weil Radfahrer Momente der Kristallisation lieben

»Halt! Halt! Warten Sie«, ruft die Frau. Ich bremse und wünsche einen Guten Tag. Sie stellt zunächst nur Fragen. »Wie lange sind Sie unterwegs? Wie viele Kilometer fahren Sie? Wie viele Liter trinken Sie am Tag? Wie lange machen Sie Pause?«

Ich antworte brav und frage nach ihrem Beruf. »Ich bin Mathematiklehrerin«, sagt sie. Schnell drückt sie mir eine Pirogge in die Hand, dann läuft sie über die Straße zum Bus, mit dem sie in die Stadt fahren will, wie sie mir noch zuruft. Sie habe ihren Eltern bei der Ernte geholfen. »Do swidanija, spasibo.«

Eine flüchtige Begegnung, wie man sie als Radfahrer fast täglich erleben kann. Mehr als die Pirogge sättigt der Dialog. Man radelt ein paar Stunden, und dann bekommt man solch ein Geschenk, solch eine herrliche Theaterszene geboten. Es ist ein Moment der Kristallisation, in dem mindestens eine Verheißung inszeniert wird, wie es Stendhal in seiner Theorie der Liebe beschrieben hat. Legt man einen Zweig in einen Salzsee, entsteht aus etwas Gewöhnlichem etwas Besonderes. Radle drei Tage durch eine leere Landschaft, und danach wird es dich nicht mehr wundern, dass alle Menschen, die du triffst, in Shakespeare-Sätzen reden. Für Geschwätz hast du keine Geduld mehr, da winkst du ab und sagst: »Nicht nötig, viel Glück für Sie!« Wenn aber jemand behauptet, früher sei alles besser gewesen, bleibt man stehen und fragt: »Damals, als es Brot noch auf Marken gab?«

Man sieht sich nur einmal und nur für kurze Zeit, jeder sollte deshalb sein Bestes geben. Jeder sollte dem anderen mit einem denkwürdigen Satz in Erinnerung bleiben.

Tage später. Ich lasse mir in einem Restaurant ein Schaschlik einpacken, ich will es lieber im Wald essen als an einem weißen Tischtuch. Als ich aufs Rad steige, bremst ein Auto scharf, kommt knapp vor mir zum Stehen. Der Beifahrer springt heraus, ruft mir zu, ich solle warten, er läuft ins Restaurant, kommt mit einer Flasche Wodka zurück, drückt sie mir in die Hand: »Für freie Zeit«, sagt er, springt ins Auto und fährt winkend davon.

Was kristallisiert sich wohl in diesem Moment? Durst? Die Trinkkultur? Auch du, Sportler, brauchst Sprit?

Noch flüchtiger als solche Kristallisationsmomente sind allerdings die Stummfilmszenen, die dem Vorbeiradelnden geboten werden, wenn er in beleuchtete Wohnstuben oder Küchen blickt.

Sittenbilder in drei Sekunden: Ein Mann schläft mit dem Kopf auf dem Tisch, ein Junge schaukelt daneben mit einem Stuhl, seine Beine stützt er am Tisch ab, gleich neben dem Kopf des Mannes. – Eine Frau köpft vor dem Haus ein Huhn, ein Mann sitzt in der Wohnstube, er guckt Fernsehen, offenbar einen Bericht über Hühner. Sie werden jedenfalls in Großaufnahme gezeigt. – Tobende Kinder, eine Großmutter schält Kartoffeln.

Die Geschenke der Natur fallen vom Himmel und verletzen dabei die Gesetze der Wahrscheinlichkeit. Über mir fliegen Kraniche, ihre schwarzen Umrisse erinnern vor dem dunklen Himmel an Flugsaurier. Sie fliegen etwa 20 Meter über mir und kaum schneller, als ich fahre. Einer verliert eine Feder. Ich fahre im gleichen Tempo weiter. Die Feder dreht sich im Wind, fällt schräg nach unten und schaukelnd in meinen Schoß, als hätte der Kranich sie mir mit Absicht zugeworfen. Später erzähle ich einem Freund von diesem »magischen Moment«.

»Der Fahrer im Cabriolet, der Vogelscheiße auf den Kopf bekommt, wundert sich auch über den Zufall«, kommentierte er.

So kann man es auch sagen. Es war aber keine Scheiße, sondern die Feder eines urzeitlichen Vogels, ätsch. Und der Autofahrer hätte der Feder nicht beim Fliegen zusehen können, er hätte gar keine Inszenierung erlebt. Und er hätte nicht erkannt, welcher der Kraniche ihm diesen Gruß schickte.

96.

Weil man als Radfahrer leicht berühmt wird

Für die Ruhmsüchtigen unter den Zeitgenossen ist das Radfahren eine leichte und gesunde Möglichkeit, vor die Kamera zu kommen. Sie wissen offenbar nicht, dass Ruhm die Summe der Irrtümer ist, die über einen Menschen erzählt werden.

Schon wenn man zwei Länder weiter fährt, ist man für lokale Fernsehsender oft interessant. Das Kinderfernsehen aus Poltawa möchte die Kinder ermahnen, nicht so viele Süßigkeiten zu essen. Da ist ein Radfahrer aus Deutschland ein kleiner Star. »Bosche, wie gesund er lebt! Er treibt Sport und schläft im Freien. Manchmal leistet er sich ein Eis, aber ansonsten ernährt er sich gesund und trinkt keinen Wodka und kein Bier.« Und der Radfahrer fasst sich an die Stirn, weil ihm vom gestrigen Besäufnis der Schädel brummt.

Dann möchte das Kursker Fernsehen für Fischer und Angler die These illustrieren, dass »auch in unserer Region der Tourismus boomt«. Beweis: ein Radfahrer. »Der Zuschauer will Bilder sehen!« Heiteres vom Tage, zwischen Wetter- und Polizeibericht. Wer noch mehr Aufmerksamkeit möchte, denkt sich eine Botschaft für seine Ferienreise aus. Radeln für einen guten Zweck. »Ich bringe den Frieden, ich bin ein kleiner Jesus, nur ich kann die Überfischung der Wolga verhindern!« – so etwas kommt immer gut an. Besser noch, man fährt dann in der Gruppe, das steigert die Überzeugungskraft der Mission – denn hinter einigen Entschlossenen könnten, wie etwa bei Greenpeace-Aktionen, Tausende Unterstützer lauern. Wer also seine fünf Minuten Ruhm braucht, kann Moral und Ego miteinander verknüpfen. Auf einen Fernradler kommen mindestens hundert Menschen, die zumindest manchmal davon träumen, es ihm gleichzutun. Wenn man verzichten und sich überwinden könnte, wenn man sich von Pflichten und Gewohnheiten befreien könnte, dann würde man ja auch, aber, aber, aber.

Fernsehredakteure wissen, dass insbesondere ausländische Radfahrer pädagogisch nützliche Erscheinungen sind. Am Beispiel ihrer Radelei kann belegt werden, dass die Gegend es wert ist, besucht zu werden. »Europa hat uns nicht vergessen! Sogar aus Berlin oder Paris kommen Radfahrer zu uns!« Es folgt der Appell an die Einheimischen, die Gehwege zu säubern.

Meines Erachtens sollte man als Radfahrer im Ausland lieber die Einladungen in Schulen und Altenheime, Universitäten, Heime für Kleinwüchsige oder Waisenhäuser annehmen als die in Fernsehstudios. An all diesen Orten werden die Menschen meistens erfreut oder dankbar für die Abwechslung sein, schon weil das Treffen als kleines Fest begangen werden kann. Es findet kein normaler Unterricht statt, und für viele Kinder beispielsweise ist es interessant, von der Möglichkeit zu hören, mit dem Fahrrad in andere Länder zu reisen. Das nächste Dorf kennt man ja schon, und die mutigsten Knirpse sind schon 80 Kilometer ans Meer geradelt, aber ins Ausland, hinter die Grenze, das klingt fantastisch. Man kann »Mercedes« und »Volkswagen« rufen und sich gemeinsam fotografieren lassen und sich künftig mit einem ausländischen Freund rühmen – der Ruhm ist schließlich ein weißer Schwan, der von vielen getragen wird und dessen Federn auf andere herabfallen.

Gast zu sein kann wunderschön sein, insbesondere, nachdem man einige Tage vor sich hin geradelt ist. Bei solchen Treffen ist es immer wieder erstaunlich, wie viele Menschen sich für die Außenperspektive, für den Blick des Fremden auf die eigenen Verhältnisse interessieren. Zwar ist der Maßstab verzerrt, den man bei dem

Fremden vermutet, denn über dessen Herkunftsland hat man meistens nur Klischees gehört – Deutsche gelten als pünktlich, fleißig, höflich, geizig, schlecht gekleidet, zu ernst, leidenschaftslos, sie wollen angeblich alles erklären und verstehen, statt es zu fühlen und zu verzeihen, sie wollen alles planen. Aber der Spaß am Vergleichen, am gegenseitigen Lernen, scheint dem Menschen angeboren.

12. ETAPPE

Die Politik des Fahrrads

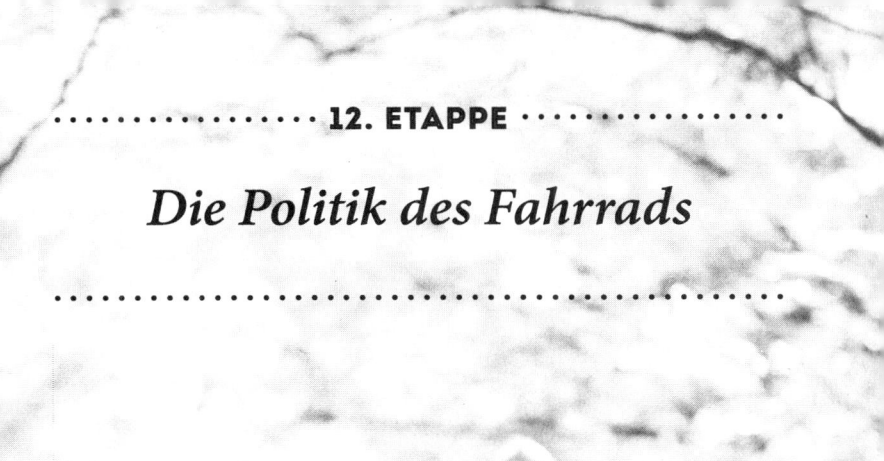

97.

Weil der Besuch von Fahrradmessen spannend ist

Auf einer Esoterik-Messe können Besucher ihre Aura fotografieren lassen, die Lichtsprache der Mayas studieren, um den realen Weg zum eigenen Selbst und in den Kosmos zu finden, oder Neues über Methoden der Penisverlängerung erfahren, etwa durch die Beschallung mit Tönen.

Ein bisschen konkreter sind die Produkte auf Fahrradmessen. Da sieht man faltbare Liegeräder, Ein-, Zwei-, Drei- und Vierräder, Sesselräder, Lauf- und Lastenräder, Holzfahrräder und -anhänger, Ruderräder, Tandems und Rikschas, Velomobile, Fahrzeuge zur Rehabilitation, Erwachsenenroller, Elektroräder und natürlich jede Menge Zubehör.

Die meisten Fahrradmessen finden in Deutschland statt, im Jahre 2014 sind es 44. Da gibt es zum Beispiel im Mai die Ratinger Gesundheitsmesse, im Juni den Düsseldorfer Fahrradtag radaktiv, wo sich »zahlreiche Radwanderregionen aus ganz Deutschland präsentieren«,[45] im August die internationale Fahrradmesse Vattenfall Cyclassics in Hamburg – »eine Messe für Radsport, Lifestyle, Reisen, Fitness und Wellness, Technik, Radsportbekleidung, Ernährung und Outdoor«,[46] die auf dem Rathausmarkt und der Flaniermeile Jungfernstieg veranstaltet wird.

Die Besucher können die »Optimierung des eigenen Fahrrades nach medizinisch-therapeutischen Gesichtspunkten« vornehmen lassen oder sich Reisevorträge anhören wie etwa »Die Welt im Liegen – Mit dem Liegerad einmal um die Erde« oder »Rikschatour nach Singapur«. Der Deutsche Tretroller Verband informiert über hochwertige Roller-Funktionsbekleidung und den Deutschen Tretroller Cup (DTC).

Selbst im November, also außerhalb der klassischen Fahrradsaison, werden noch Messen organisiert, so in Leipzig die Fahrradmesse abgefahren, wo dem Besucher »alles präsentiert [wird], was Räder hat: Trikes und Kickboards, Segways und City-Roller, Inliner und Skateboards, Dreiräder und Scooter«.[47]

Den meisten Besuchern wird es dabei wohl so wie mir ergehen – erst wenn man die Radfahrzeuge sieht, versteht man ihre Namen. Was zum Beispiel ist ein Kickboard? Eine Mischung aus Skateboard und Tretroller. Segways haben zumindest die Bewohner einer Großstadt wahrscheinlich schon gesehen – es sind elektrisch angetriebene Zweiräder, die oder der Fahrende steht auf einem Trittbrett und kann sich an einer Lenkstange festhalten.

Die größte Fahrradmesse der Welt ist die Eurobike in Friedrichshafen am Bodensee, wo Graf Zeppelin seine berühmten Luftschiffe baute. 2014 findet sie vom 27. bis 30. August statt. »Alle Innovationen, alle Unternehmen, alle Trends und Medienvertreter aus aller Welt sind hier vertreten«, wirbt der Veranstalter.[48] Über 40.00 Fachbesucher aus 97 Ländern treffen auf 1.250 Aussteller aus 49 Staaten. Auf der Eurobike 2012 sollen 366 Weltpremieren vorgestellt worden sein.

In Berlin wirbt die Berliner Fahrrad Schau Ende März unter anderem mit dem »Urban Lifestyle«-Themenbereich »für zeitlos schöne Stadträder, puristische Urban Bikes, innovative Designrad-Konzepte sowie trendige Cargo Bikes und hochwertige Kinderräder«.[49]

Mit anderen Worten: Erst beim Besuch einer Fahrradmesse bekommt man einen Überblick über eine faszinierende technische Welt. Wer dort nicht das Staunen lernt, der muss ein tumber Tor sein.

98.

Weil man auf dem Fahrrad die deutsche Geschichte erfahren kann

Irre. Man kann mit dem Fahrrad einmal um Berlin herum fahren, 163 Kilometer auf dem ehemaligen Todesstreifen. Ein Radweg für alle, die das Gruseln lernen wollen. Geschichte scheinbar zum Anfassen. »Historisch interessante Abschnitte, in denen sich noch Mauerreste oder Mauerspuren auffinden lassen, wechseln mit landschaftlich reizvollen Strecken, die die Freude über die wiedergewonnene Einheit des Landes wachrufen«, wirbt die Berliner Senatsverwaltung für Stadtentwicklung und Umwelt auf ihrer Homepage.[50]

Berlin ist ja glücklicherweise eine mit dem Fahrrad relativ leicht zu befahrende Stadt. Keine Stadt dieser Größenordnung ist so fahrradfreundlich. Amsterdam, Kopenhagen oder San Francisco bieten zwar offenbar noch mehr Sicherheit und Möglichkeiten für das Radfahren, haben jedoch (jeweils) weniger als eine Million Einwohner.

Den Radfahrern in Berlin, die über die schlechten Verhältnisse fluchen, wünsche ich, mich einen Tag lang in Kiew zu begleiten. Im Kiewer Einzugsgebiet leben mehr Menschen als in Berlin, zumal wenn man die offiziellen Zahlen aufrundet, die Stadt wird vom Dnjepr in zwei Hälften geteilt, doch beim Bau der Brücken hat niemand an Radfahrer gedacht, achtspurige Schnellstraßen können als Feldwege oder auf einem Fabrikgelände enden, es gibt keine Fahrradwege, auf Fußwegen darf nicht gefahren werden.

Dies sind nur einige Erschwernisse im Vergleich zu Berlin. Hinzu kommt, dass die Autofahrer keinen Vertreter der Spezies Radfahrer erwarten. Die Polizisten allerdings auch nicht. Da sie selbst auf den Straßen den täglichen Überlebenskampf ausfechten (Schmiergeld für die Chefs sammeln, für die Familie sorgen, cholerische Autofahrer abwehren), nicken sie meistens nur anerkennend, wenn ein Radfahrer auf die Stadtautobahn einbiegt, statt ihn zu belehren oder zu warnen. Sie und ihn vereint zumindest der Hass auf die Rüpel und Raser unter den Autofahrern, die sich an keine Gesetze und Regeln halten und doch rechtlich geschützt sind. Auf die Geldsäcke, die man hinter ihren dunklen Scheiben kaum erkennt.

In der Idylle Berlin kann es passieren, dass an einem Sonntagnachmittag im August mehr Menschen mit Fahrrädern unterwegs sind als mit Autos. Viele der armen Autofahrer haben sich in den Süden gequält, in die Stadt zieht eine freiere Atmosphäre ein, es rollen auch mal mehrere Radfahrer nebeneinander, weil der Asphalt ja sowieso vor sich hin döst. Wer an breiten Alleen wohnt, kann die Fenster öffnen, das Brausen in der Luft hat nachgelassen, die Böden zittern nicht mehr.

Außerdem gibt es Verkehrsmittel, die auf den Transport von Fahrrädern vorbereitet sind, die ihn mit zahlreichen schriftlichen Regeln geregelt haben. Besucher können bequem auch ohne eigene Fahrräder anreisen und vor Ort welche mieten. Allein die Deutsche Bahn bietet diesen Service an 250 Fahrrad-Vermietstationen an, darunter in 50 mit dem ICE zu erreichenden Städten.

Aus ukrainischer Sicht sind diese Verhältnisse paradiesisch. Zum Beispiel darf man dort in einem Zug, der über die Grenze fährt, offiziell keine Fahrräder mitnehmen. In der Praxis braucht man zwar nur einige freundliche Worte mit dem Zugpersonal zu wechseln, dann findet sich schon eine Lösung, wie für alles. Wsjo budjet choroscho!

Weil die Deutschen mehr Freizeit haben als die Ukrainer, weil sie besser organisieren können und weil sie ihre Geschichte ehrlicher aufarbeiten, leisten sie sich sogar einen Luxus wie einen Radwanderweg um Berlin herum, und einen zweiten Radwanderweg an der innerdeutschen Grenze entlang, und weitere zu Konzentrationslagern und Stasi-Gedenkstätten. Ehrliche Deutsche, gute Deutsche.

Immerhin scheint die Grenzsteintrophy, eine 1.280 Kilometer lange Mountainbiketour entlang der ehemals verminten Grenze, keine gemütliche Angelegenheit zu sein, wie Gunnar Fehlau, ihr

Initiator berichtet: »Charakteristisch sind die Betonlochplatten mit Löchern von etwa sieben Zentimetern Breite und knapp 20 Zentimetern Länge, jeweils vier nebeneinander und sieben in der Reihe. Kurz: Die Lochplatten sind permanente Schlaglöcher ... nur breite Reifen, geringer Luftdruck, reichlich Federweg und ausreichendes Tempo machen das Fahren erträglich, zumal die Platten nach 20 Jahren nicht selten schief stehen und aus den Löchern Büsche wuchern.«[51]

Als sogenanntes Grünes Band zieht sich der Grenzstreifen heute durch die Landschaft, und als solches soll er erhalten bleiben, und zwar nicht nur in Deutschland, sondern in 24 Staaten vom Eismeer bis zum Schwarzen Meer auf einer Länge von über 12.500 Kilometer. »Grenzen trennen. Natur verbindet«, unter diesem simplen und nicht ganz falschen Motto wurde diese faszinierende Idee vom Bund für Umwelt und Naturschutz entwickelt.

99.

Weil es schön ist, sich zu verirren

Mit dem Fahrrad kommt man dorthin, wo man nie hinwollte, antwortet ein Freund auf die Frage, weshalb er häufig zur Arbeit radle. Für ihn gehört der Irrtum zum Radfahren, er bejaht den Zufall und sieht es als Geschenk an, in Berlin ständig »neue Ecken entdecken« zu können. Touristen bezahlen viel Geld für eine geführte Fahrradreise durch Berlin. Beim Radfahren memoriert er Klavierkonzerte und bereitet sich so auch auf seine Auftritte als Pianist vor. Sein Trödeln und Zögern kann steuerrechtlich als Arbeit bewertet werden.

Man wählt eine Abkürzung, fährt nach Gefühl, vertraut seiner Nase und ist auf einmal an einem unbekannten Ort. Kluge Zeitgenossen rufen an dieser Stelle: »Aber es gibt doch GPS!« Die Satelliten sagen dir, wo du bist!«

Ich soll auf die Abenteuer verzichten, die ich dank meiner Fehler habe? Ich soll mich nicht mehr treiben lassen, nicht mehr Weltenbummler und Fahrrad-Flaneur sein, sondern zielstrebig durch die Landschaft radeln? Nein, niemals. Das wäre ja so, als müsste ich mir das Wünschen verbeißen, wie Balzacs Romanfigur Raphaël de Valentin.

Weil das Radfahren selbst ein Vergnügen ist, weil es nicht nur Mittel zum Zweck ist, fällt es leicht, über eigene Fehler zu lachen und sie zu korrigieren. Man sieht eben etwas Neues, dafür muss man bei anderen Gelegenheiten eine Eintrittskarte kaufen. Auf einem Balkon krächzt ein Papagei »Du Sau«, eine Frau schreit »Ich hasse dich« und drückt einem Mann ihr Schokoladeneis ins Gesicht, ein sozial benachteiligter Parktrinker reihert in einen Papierkorb – solche Szenen sehen Autofahrer nur im Kino.

Außer im Cabriolet fährt man nicht unbedingt zum Vergnügen Auto, sondern eher, um an einen Vergnügungsort zu gelangen. Sich mit dem Auto zu verfahren ist meistens nur lästig, denn die Zeit, in der man Regeln beachten muss und von technischen Zwängen abhängig ist, verlängert sich durch den Irrtum nur. Selten ist es ein schönes Erlebnis, von der Autobahn in die falsche Abfahrt abzubiegen oder sich in einer Einbahnstraße als Geisterfahrer zu ertappen. Falls man etwas Interessantes sähe, müsste man sowieso erst einmal einen Parkplatz suchen.

Auch für Fußgänger kann es ziemlich ärgerlich sein, sich zu verlaufen. Man ist den ganzen Tag in der Stadt herumgelaufen, die örtlichen Verkehrsbetriebe streiken, fürs Taxi fehlt das Geld und dann bemerkt man, dass man schon eine halbe Stunde in die falsche Richtung läuft – wie träumt man da von einem Fahrrad!

100.

Weil man über Radfahrer Witze erzählen kann

Der bekannteste Witz, in dem die Vorteile des Fahrradfahren erhellend dargestellt werden, ist wohl dieser:

> Ein Beduine reitet auf seinem Kamel durch die Wüste. Es ist unglaublich heiß. Da sieht er einen Fahrradfahrer, der über die Dünen saust und dabei noch pfeift und singt. Der Beduine fragt den Radfahrer, wie er trotz der Hitze so schnell radeln könne. »Nicht trotz der Hitze, sondern wegen der Hitze«, antwortet der Radler, »denn der Fahrtwind verschafft mir die notwendige Kühlung!« Das versteht der Beduine. Er bedankt sich, verabschiedet sich von dem Radfahrer und steigt wieder auf sein Kamel, das er nun heftig antreibt, damit der Fahrtwind ihn und das Tier kühle. Das Kamel läuft, so schnell es kann, und dem Beduinen ist der Fahrtwind tatsächlich angenehm. Bald bricht das Kamel tot unter dem Beduinen zusammen. Er steigt ab, läuft um das Kamel herum und gelangt betrübt zu der Erkenntnis: »Erfroren!«

Eine Anekdote aus der DDR:

> Unterhalten sich zwei Gefängnisinsassen. Fragt der eine: »Weshalb bist du hier?« – »Ich bin Fahrradhändler und habe Erich Honecker den Rücktritt angeboten. Und was hast du verbrochen?« – »Ich habe Erich Honecker durch ein Fernrohr beobachtet.« – »Aber das ist doch nicht schlimm!« Darauf der andere: »Ja, das stimmt, aber es hing noch ein Gewehr unten dran …«

Warum fahren Mücken (Kühe, Giraffen, Schmetterlinge) kein Fahrrad? Weil sie keinen Daumen zum Klingeln haben.

Ein Radfahrer fährt angeheitert in Schlangenlinien vor der Straßenbahn. Der Straßenbahnfahrer flucht und brüllt ihn an: »Kannst du nicht woanders fahren?« Sagt der Radfahrer: »Ich schon.«

Ein Fahrradfahrer knallt gegen einen Lichtmast. Als er wieder bei Bewusstsein ist, fragt ihn der Arzt: »Mensch, wie konnte das denn passieren?« Antwortet der Fahrradfahrer: »Das weiß ich auch nicht. Ich habe geklingelt, aber der Idiot ging einfach nicht zur Seite.«

Zwei Dorfpfarrer begegnen sich jeden Sonntag auf dem Weg zu ihren Kirchen. Beide fahren auf Fahrrädern zu ihren Predigten. Eines Sonntags läuft der eine aber zu Fuß und erklärt: »Jemand muss mein Rad geklaut haben.«
Der zweite Pfarrer sagt: »Ich habe eine Idee. Du liest in deiner Predigt die Zehn Gebote vor. Bei dem Gebot ›Du sollst nicht stehlen‹ schaue in die Gemeinde. Wer die Augen senkt, der hat dein Rad geklaut.«
Der Pfarrer bedankt sich und läuft rasch weiter. Auf dem Rückweg treffen sie sich wieder, beide Pfarrer auf ihren Fahrrädern.
»Hat mein Ratschlag geholfen?«
»Ja, ich zählte die Zehn Gebote auf, und bei dem Gebot ›Du sollst nicht ehebrechen‹ fiel mir ein, wo ich mein Rad vergessen habe …«

»Herr Polizist, mir wurde mein Fahrrad gestohlen!« – »War es mit einem Schloss gesichert« – »Ja.« – »War eine Klingel dran?« – »Nein.« – »Handbremse und Licht?« – »Auch nicht.« – »Dann kostet das 60 Euro Strafe.« – »Herr Polizist, hinter Ihnen kommt das Geschäft Ihres Lebens! Der Mann da hat gar kein Fahrrad!«

Eine Bäuerin ist schwanger. Als die Wehen einsetzen, bringt ihr Mann sie ins Krankenhaus. Weil er aber wieder zurück aufs Feld muss, sagt er: »Schreibe mir, wenn das Baby da ist. Schreibe aber lieber ›Fahrrad angekommen‹, damit nicht alle Nachbarn sofort wissen, was los ist.« Am nächsten Tag erhält der Mann ein Telegramm: »Zwei Fahrräder sind angekommen. Eins mit Ventil und eins ohne.«

Wann wurde das Jodeln erfunden? An dem Tag, als ein bayrischer Polizist mit dem Fahrrad einen Berg runter fuhr und mit der großen Zehe zwischen die Speichen kam.

Zwei Polizisten laufen Streife. Sie sehen ein Fahrrad mit einer Beule im Reifen. Sagt der eine: »Dieses Rad ist schwanger!« Darauf der andere: »Ja, das stimmt.« Sie bringen das Fahrrad zu ihrem Vorgesetzten und sagen: »Herr Hauptmann, dieses Fahrrad ist schwanger!« Der Hauptmann brüllt: »Ihr Trottel, das Fahrrad kann nicht schwanger sein!« Die zwei Polizisten sehen sich erstaunt an: »Warum denn nicht?« – Sagt der Hauptmann: »Weil es ein Herrenrad ist ...«

Aber die schönsten Witze werden bekanntlich in Diktaturen erzählt, wenn das Überlebensprinzip lautet: »Du sollst den Ast, auf dem du sitzt, absägen, bevor es ein anderer tut!«

Anfrage an den Sender Jerewan: »Stimmt es, dass Alexander Alexandrowitsch Alexejew bei der Allunions-Meisterschaft in Moskau eine Tschaika [eine Luxuslimousine in der Sowjetunion] gewonnen hat?«

Antwort: »Im Prinzip ja. Aber erstens war es nicht Alexander Alexandrowitsch Alexejew, sondern Michail Michailowitsch Michailow. Zweitens war es nicht bei der Allunions-Meisterschaft in Moskau, sondern beim Kolchosfest in Perwoje Maiskoje. Drittens war es keine Tschaika, sondern ein Fahrrad. Und viertens hat er es nicht gewonnen, sondern es wurde ihm geklaut.«

101.

Weil der ADFC eine nützliche Organisation ist

Der Allgemeine Deutsche Fahrrad-Club ist in Deutschland die größte Interessenvertretung für Radfahrer. Der ADFC wurde erst 1979 in Bremen gegründet. Sein großer Bruder, der ADAC, der Allgemeine Deutsche Automobil-Club, vertritt schon seit 1911 unter diesem Namen die Interessen der Motorisierten.

Wer kam so spät auf die Idee, die Belange der Rad fahrenden Menschen in der Öffentlichkeit gegenüber dem Gesetzgeber und der Industrie zu artikulieren? Ehre, wem Ehre gebührt: Der Verkehrsberater Jan Tebbe (1927–85) gründete zusammen mit 17 anderen Fahrradfreunden den ADFC und wurde auch ihr erster Vorsitzender.

Bereits Punkt eins der Satzung beschreibt die hohen Ziele und Ansprüche: »Der ADFC hat den Zweck, unabhängig und parteipolitisch neutral im Interesse der Allgemeinheit den Fahrradverkehr und die Belange unmotorisierter Verkehrsteilnehmer und -teilnehmerinnen zu fördern, durch Werbung und sonstige geeignete Maßnahmen für die weitere Verbreitung des Fahrrades zu sorgen und damit der Gesundheit der Bevölkerung, der Reinhaltung von Luft und Wasser, der Lärmbekämpfung, der Energieersparnis, dem Naturschutz, der Landschaftspflege, der Verbraucherberatung und dem Verbraucherschutz sowie der Unfallverhütung zu dienen ...«

Etwa 200.000 Menschen unternehmen jährlich eine vom ADFC organisierte Radtour. Er ist damit der größte Radtourenveranstalter Europas. Das ADFC-Programm Bett & Bike verzeichnet mehr als 5.400 fahrradfreundliche Beherbergungsbetriebe.[52] Im ADFC-Tourenportal finden Radreisende ein knapp 400.000 Kilometer langes Netz aus digital erfassten Radwegen.[53]

Das ADFC-Magazin *Radwelt* erscheint sechs Mal im Jahr, derzeit beträgt die Auflage pro Ausgabe über 80.000 Exemplare.[54] Bereits 1997 richtete der ADFC seine Homepage www.adfc.de ein, bald eine der meistbesuchten Plattformen zum Thema Fahrrad. Pro Jahr besuchen etwa eine Million Radfahrer die Seiten des ADFC.

Der Club betreibt Fahrradfahrschulen, in denen auch Erwachsene das Radfahren lernen können. »Die Versuche von Familienmitgliedern, das Fahrtraining zu übernehmen, enden oft im Streit«, heißt es auf der Homepage des ADFC dazu. Nicht jeder hat das Radfahren in der Kindheit gelernt, wofür es unterschiedliche Gründe geben mag, etwa weil besorgte Eltern den Straßenverkehr als zu gefährlich einschätzten oder weil in der Nachkriegszeit Fahrräder fehlten. So kann bei einem Kurs des ADFC das Versäumte nachgeholt werden.

102.

Obwohl die Radfahrer aus der Straßenverkehrsordnung gestrichen wurden

Als gelernter Eisenbahner erinnere ich mich noch an den dümmsten Teil meiner Ausbildung – neue Bestimmungen in alte Vorschriften einzukleben. Aus »Datum« wurde »Tag – Monat«, welche gigantische Neuerung. Die Formulierung »auf der gegenüberliegenden

Seite« ist zu ändern in »auf der anderen Seite«. Häufig waren die Änderungen über die Jahrzehnte hinweg schon mehrmals geändert worden. Und natürlich mussten immer die Lehrlinge kleben und basteln.

Weil BürokratInnen zu allen Zeiten geschickt im Vortäuschen ihrer Wichtigkeit sind, enthalten auch die neuesten Änderungen in der Straßenverkehrsordnung der ehrenwerten Bundesrepublik Deutschland viel überflüssigen Lernstoff.

Seit dem 1. April (!) 2013 werden in der StVO geschlechtsneutrale Formulierungen benutzt. Nun heißt es politisch korrekt: »An Lichtzeichenanlagen mit Radverkehrsführungen ohne besondere Lichtzeichen für Rad Fahrende müssen Rad Fahrende bis zum 31. Dezember 2016 weiterhin die Lichtzeichen für zu Fuß Gehende beachten, soweit eine Radfahrerfurt an eine Fußgängerfurt grenzt.«[55]

Die vorher gültige Version war etwas leichter zu verstehen: »Radfahrer haben die Lichtzeichen für Fußgänger zu beachten, wenn eine Radwegfurt an eine Fußgängerfurt grenzt und keine gesonderten Lichtzeichen für Radfahrer vorhanden sind.«

Aus dem »männlichen« Radfahrer beziehungsweise Fußgänger sind also »Rad Fahrende« und »zu Fuß Gehende« geworden. Frauen, Angehörige anderer Geschlechter sowie geschlechtslose Menschen sollen sich nicht mehr begrifflich diskriminiert fühlen. Aber die Worte »der Fahrzeugführer«, »der Autofahrer«, »der Traktorfahrer«, »der Kraftfahrer« dürfen weiterhin in der StVO bleiben. Die Bezeichnung »der Autofahrer« sei politisch korrekt, weil das Auto als etwas Böses gilt, das Fahrrad als etwas Gutes, meint ein User im Internet.

An einer anderen Stelle werden die Menschen gleich aus dem Verkehr wegdefiniert. In der alten Fassung lautete die Bestimmung: »Radfahrer, Reiter und Fußgänger müssen die für sie bestimmten Sonderwege benutzen. Andere Verkehrsteilnehmer dürfen sie nicht benutzen«. Jetzt heißt es: »Anderer als Fußgängerverkehr darf den Gehweg nicht benutzen.«[56]

Als falsch und antiquiert gilt jetzt: »Radfahrer dürfen auch nebeneinander fahren.«

Fortan heißt es korrekt: »Das Nebeneinanderfahren mit Fahrrädern ist erlaubt.«[57]

In der Begründung für die Änderungen haben die SprachwächterInnen sich aber doch wieder für die Erwähnung von Personen entschieden: »Der Straßenverkehr ist mit Gefahren verbunden. Dies betrifft insbesondere die ungeschützten Verkehrsteilnehmer, zu denen auch die Radfahrerinnen und Radfahrer sowie die Fußgängerinnen und Fußgänger zählen.«[58]

103.

Weil auch Verkehrsminister manchmal Unsinn erzählen

Ramsauer habe selbst »beobachtet, wie Radler unter den Augen von Polizisten rote Ampeln und jede Verkehrsregel missachten«, sagt er im Interview mit der *Osnabrücker Zeitung* vom 10. April 2012. »Manchmal ist die Polizei schlicht und einfach überfordert, der Verrohung dieser Kampf-Radler endlich Einhalt zu gebieten«, so der damalige Bundesverkehrsminister.[59]

Na hallo, da haut aber jemand auf die Schwachen ein! Typischer Neid eines älteren Kleinbürgers auf die sportliche Jugend, könnte man sagen, wenn es keine wichtigeren Probleme im Straßenverkehr geben würde.

Welche Angriffsfläche bietet solch ein Fahrrad? An der Spitze mit dem Reifen nur wenige Zentimeter, in der Luft eine Schulterbreite. Würde der Radfahrer schieben, bräuchte er noch mehr Platz, nämlich für das Rad und seine Füße. Außerdem riskieren rasende Radfahrer zunächst ihre eigene Gesundheit und ihr eigenes Leben, weshalb Begriffe wie »Rambo-« oder »Kampfradler« lächerlich sind, im Vergleich zu den Landrover-Machos oder Geisterfahrern auf der Autobahn geradezu grotesk.

Die Gefährdung, die von Radfahrern ausgeht, ist im Verhältnis zu den Gefahren, denen sie ausgesetzt sind, im Mikroprozentbereich anzusiedeln, deshalb schmecken Ramsauers Worte so schal im Munde. Als Pressemeldung wirken sie aber seriös und vernünftig: »Die neue StVO verbessert vor allem auch die Sicherheit im Radverkehr. Neben dem generellen Parkverbot auf den Fahrradwegen darf in Fahrradstraßen künftig nicht mehr schneller als 30 km/h gefahren werden.«[60]

Was, zum Zeus, sind Fahrradstraßen?

Ausgerechnet die Flöhe des Straßenverkehrs sollen gezähmt werden. Trotz aller Verkehrsregeln und Vorsichtsmaßnahmen zum Schutz von Radfahrern ist es in Städten immer noch gefährlich, mit dem Rad unterwegs zu sein. Haupttreffer: Ein träumender Autofahrer öffnet die Tür, ohne in den Rückspiegel zu sehen. Oder Lkw-Fahrer, die nach rechts abbiegen und den Radfahrer nicht sehen, weil er sich im toten Winkel befindet. Oder Straßenbahnschienen. Oder vertrottelte Fußgänger, die in der Gegend herumlatschen, ohne nach links und rechts zu gucken.

Sicherlich fahren drei von hundert Radfahrern frech zwischen Fußgängern durch und zu schnell an Kindern vorbei, ohne sich mit den Betroffenen zu verständigen oder auf Zeichen zu reagieren – sondern womöglich mit Kopfhörern an den Ohren. Das ist nicht richtig, das wissen wir alle, aber dafür brauchen wir keine Polizei und auch keine Gesetze.

Dass Polizisten es als Kränkung empfinden, wenn Radfahrer ihnen den Hintern zeigen, kann man verstehen. Sie stehen schließlich als Vertreter des Staates auf der Straße, und der Staat, das ist eine ernste Angelegenheit, vor allem für die Mittelmäßigen, wie schon Dostojewski wusste. Je mittelmäßiger, desto ernster, das ist ein altes Gesetz.

13. ETAPPE

Endspurt

104.

Obwohl man vom Radfahren Durchfall bekommen kann

Ich war brav und habe schon seit einigen Tagen keinen Wodka getrunken, keinen Samogon oder Kognak, keinen Portwein von der Krim und nicht einmal Bier, und dennoch rebelliert mein Magen, als hätte ich diese Getränke alle auf einmal in mich hineingekippt und dazu noch einen Liter Schneckenmilch.

Ich kann mich nicht erinnern, etwas gegessen zu haben, was als Auslöser für die Schmerzen infrage käme. Ich habe meinen Magen weder mit fettigem Fleisch noch mit Pommes frites oder Coca Cola beleidigt, habe nur gekauftes Mineralwasser getrunken. Meine Ekelobjekte sind ohnehin gesüßte Limonaden und die idiotischen »Energy-Drinks«, die alle möglichen Eigenschaften haben, bloß nicht die, Energie zu spenden. Ein Getränk wie Red Bull enthält enorm viel Koffein und Kohlenhydrate, die man besser aus Getreide und Obst bezieht, und den Durst löscht es auch nicht. Auch vor »Fitnessriegeln« ist zu warnen, oft enthalten diese angeblichen Kraftspender viel zu viel Zucker, außerdem Aromastoffe und solchen Schnickschnack.

Das Wetter schlägt mir auch nicht auf den Magen, mehr als 30 Grad im Schatten sind es nicht. Möglicherweise kämen als Ursache für die Bauchschmerzen die langen Abfahrten infrage, an denen ich so viel Freude hatte. Vielleicht habe ich mich auf ihnen verkühlt.

Es ist etwas schwül, hin und wieder tobt sich ein Gewitter aus. Ich bin durchschnittlich 160 Kilometer pro Tag gefahren, nicht besonders viel und meistens im üblichen Rhythmus: zwei Stunden auf dem Sattel, dann eine lange Pause zum Essen und Lesen, oder um mit den Einheimischen zu reden. Sport und Kultur, Einsamkeit und Dialoge, diese Wechsel gefallen mir.

Jedenfalls, ich steige alle halbe Stunde vom Rad und haste seitwärts ins Gebüsch. Vielleicht täusche ich mich in meiner Selbsteinschätzung und es ist doch die körperliche Anstrengung, durch welche das Malheur ausgelöst wird? Vielleicht trinke ich zu wenig, obwohl ich doch weiß, dass man nicht auf den Durst warten soll? Man rate mir bitte in solch einem Fall nicht zu Kohlepulver, an dessen Wirkung glaube ich nicht.

Ernährungswissenschaftler empfehlen zwischen der letzten Mahlzeit und dem sportlichem Training zwei, drei Stunden Pause. Diesen Service kann ich meinem Körper nicht bieten. Ich muss essen, was angeboten wird, das heißt zu fast jeder Mahlzeit beispielsweise Weißbrot. Doch das ist eigentlich nur totes Material für Radfahrer, nur Füllstoff. Weißbrot oder Kuchen liefern noch nicht einmal die für ihre Verdauung notwendigen Mineralstoffe und Vitamine. Der Körper bekommt von ihnen zwar Energie, aber die lebensnotwendigen Baustoffe müssen aus anderen Quellen entnommen werden. Und je höher der Anteil an Kohlenhydraten, umso länger ist die Verweildauer im Magen, und damit steigt die Gefahr der Verdauungsbeschwerden. Man sollte als Radfahrer, so es möglich ist, Bananen essen, sie werden schonend verdaut und enthalten Kalzium, Zink, Jod und Vitamin E.

Am nächsten Tag geht es mir übrigens auf ebenso unerklärliche Weise wieder gut.

105.

Weil Radfahrer Dialektiker sind

Radfahrer erleben die Welt dialektisch – denn die Strecke verläuft bergauf, bergab oder flach. These, Antithese, Synthese. Schwer, leicht, mittel, für die Kategorien-Liebhaber.

Beim Bergauffahren sieht man die meisten Einzelheiten. Eine zerplatzte Schnecke am Boden, ein Hundekadaver, eine Glasscherbe im Asphalt, das können erstaunliche Ereignisse sein. Im Vergleich zur flachen Strecke muss man für die halbe Geschwindigkeit mindestens die doppelte Kraft aufbringen. Dabei bemerkt man, wie viel Kraft das Böse hat, denn der Berg muss bezwungen werden, und das schafft man nicht, indem man ihn streichelt oder zärtliche Worte zuflüstert. Du oder ich, einer von uns beiden muss weichen.

Und dann gibt es noch den Schweinehund, den man in sich selbst besiegen muss – etwa wenn man sich mit seinem ganzen Körpergewicht auf das Pedal stemmt, um bei 100 Stundenkilometern Gegenwind an einer zehnprozentigen Steigung fünf Zentimeter vorwärtszukommen.

Das nennt man den Kampf mit dem Bösen. Man achtet auf jeden Laut des Fahrrads, man ist gereizt wie sonst nie. Auf Zurufe von Müßiggängern am Straßenrand antwortet man meistens nur einsilbig oder durch Verziehen der Mundwinkel.

Bergab fährt man oft dreimal so schnell wie im flachen Gelände. Man sieht naturgemäß weniger Einzelheiten, sie rauschen vorbei. Im Wesentlichen werden nur die Muskeln in den Armen, in der Schulter und im Bauch gebraucht. Jedoch kann die Kraft, die zum Bremsen benötigt wird, einem das Äußerste abverlangen. Das Bergabfahren ist die gefährlichste der drei Formen. Die Lust, Grenzen auszukosten, wirkt hier am stärksten. Man setzt sich einer Selbstprüfung aus und muss verdammt schnell reagieren können und auch im Stress noch stoisch bremsen.

Auf flacher Strecke kann man beinahe im Schneckentempo fahren, jedoch auch derart schnell rasen, dass Zuschauer für einen Moment verblüfft sein werden. Es ist die Zeit des Träumens, der Muße, der Heiterkeit. Der gleiche Mensch, der im zivilen Leben ein Hypochonder ist, wird sich schon nach einem einwöchigen Fahrradurlaub wie Atlas fühlen und den Himmel auf seinen Schultern tragen wollen. Selbst unaufhörlicher Sex ist nicht so schön wie unaufhörliches Radfahren, abgesehen davon, dass Ersteres nicht möglich ist. Der Mythos, dass Radfahren die Potenz oder Libido schwäche, wird nur von Leuten erzählt, die statt Gesäßmuskeln überflüssiges Körperfett an ihren Hintern haben, weil sie ihre Lebenszeit vor dem Computer oder schlafend verbringen. Es spricht der Neid der Ahnungslosen. Wenn ihr wüsstet, ihr Pillenschlucker!

106.

Weil Radfahren auch im Hagelsturm Spaß macht

Dem Gefühl nach dauert es nur einige Minuten, bis der Himmel über der Steppe sich schwarz färbt, nachdem er den ganzen Tag so blau geleuchtet hat. Zunächst taucht ein zartes Rosa am Horizont auf. Der Teufel wedelt mit dem Schweif und jodelt schon im nächsten Tal. Rehe springen in Wälder und stecken höchstens noch die Köpfe aus dem Gebüsch. Meisen verbreiten wie Klatschreporter die neuesten Berichte von der Gewitterfront, Raben heben besorgt ihre Köpfe, Bussarde suchen nicht mehr nach Mäusen, sondern starke Äste. Selbst die Hafer- und Gerstenhalme legen sich demütig auf den Boden. Wiesel pfeifen ihre Kinder in den Bau, dafür kriechen die Kröten und Frösche unter Blättern hervor und watscheln zur Gemeindebeichte.

Am Himmel zieht unterdessen eine schwarze Wand auf, von der man nicht glaubt, dass sie nur aus Wasser und Wolken besteht. Falls das nächste Dorf sich wie üblich in 40 Kilometer Entfernung befindet und die einzigen Bäume in einem See stehen, sollte man gar nicht erst versuchen, jetzt ein Zelt aufzuschlagen, es sei denn, man will wie das Mädchen Elli ins Wunderland geweht werden.

Weil sich die meisten Gewitter am Abend entladen, ist die Sonne oft noch zu sehen, wenn der Himmel schon fast vollständig schwarz ist – da strahlt des Fotografen Herz. Das Kornfeld ist so weiß wie Schnee, rot lodern die Lichtmasten, darüber Wolken, die Grimassen ziehen.

Das Gewitter holt unterdessen Atem und streichelt schon mal die Erde mit einigen Regentropfen. Im Theatersaal erlischt das Licht, BITTE SCHALTEN SIE IHRE MOBILTELEFONE AUS!

Nun aber hoffe auf Gnade, Radfahrer. Wenn du jetzt noch nicht freiwillig im Straßengraben liegst, wird der feuerspeiende Drachen mit dir spielen. Einen Blitz vor die Füße, einer in den Nacken und, weil es so lustig ist, noch einen auf die Klingel. Jeder Treffer löst in den Himmelsetagen Jubel aus. Die Ameisen schütteln verwundert ihre Köpfe, die Igel schließen Wetten ab über die Überlebenschancen des Radfahrers. Die Krähen freuen sich schon auf den Leichenschmaus.

Warum verhält man sich so unvernünftig? Zur Strafe wird man pitschepatschenass, und Hagelkörner, groß wie Hühnereier, prasseln vom Himmel und schlagen wie Granaten Löcher in den Asphalt.

Brillenträger sollten jetzt die Sehhilfen absetzen. Auch ein Helm mit einem guten Schirm kann die Augen nur von oben schützen, aber Hagelkörner haben die Eigenschaft, nach dem Aufprall zu springen, also von unten nach oben zu fliegen.

Es ist ein herrliches Gefühl, keine Luft mehr zu bekommen, das kann ich versichern. Eine Erfahrung, die man unbedingt gemacht haben sollte. Der Sturm saugt einem erst die Luft aus der Lunge, dann schiebt er sie mehrfach gepresst wieder in die Mundhöhle, aber von dort will sie nicht weiter, weil sonst die Lungenflügel reißen würden. Die Luft steht im Mund, aber die Atmung setzt aus.

Da hilft nur, sich tief über den Lenker zu beugen, auf Flauten zu hoffen, auf die Zähne zu beißen, die Augen zu Schlitzen zu verziehen, nur auf den Straßenrand zu sehen und natürlich zu beten. Kein Windstoß dauert ewig. Und man könnte ja anhalten, sich hinlegen und so das Spiel beenden.

107.

Weil langes Radfahren berauschend wirkt

Weil man berauscht noch Rad fahren und weil das Radfahren berauschend wirken kann, wird am 19. April der Bicycle Day gefeiert. An diesem Tag erprobte der Schweizer Sandoz-Chemiker Albert Hofmann 1943 zum ersten Mal das von ihm entdeckte LSD. Nach der Einnahme von 250 Mikrogramm LSD wurde ihm schwindlig, er hatte Halluzinationen. Aber er konnte in Begleitung seiner Laborantin mit dem Rad noch nach Hause fahren.

»Alles in meinem Gesichtsfeld schwankte und war verzerrt wie in einem gekrümmten Spiegel«, notierte Hofmann, ein Freund Ernst Jüngers, nach dem Selbstversuch. »Auch hatte ich das Gefühl, mit dem Fahrrad nicht vom Fleck zu kommen. Indessen sagte mir später meine Assistentin, wir seien sehr schnell gefahren.«[61]

Die Räusche, die beim langen Radfahren auftreten, sind etwas gesünder als die durch LSD erzeugten. Beiden gemeinsam ist aber, dass der Berauschte sich nicht nur glücklich fühlt, sondern dass sich auch seine Wahrnehmung verändert. Das Gehirn öffnet Schleusen, kleinste Reize genügen, etwas scheinbar Selbstverständliches ins Komische zu verzerren, beispielsweise Straßenmarkierungen.

Ich war wochenlang mit dem Rad in der Ukraine unterwegs, aber an weiße Streifen auf dem Asphalt, wie hier in Polen, kann ich mich nicht erinnern. Wozu braucht man diese Linien? Irgendwelche Irren haben im ganzen Land die Straßen mit weißen Seitenstreifen bemalt. Wahrscheinlich war es eine Arbeitsbeschaffungsmaßnahme?

Typisches Zeichen für einen Rausch, über solch eine Frage nachzudenken. Der Radfahrer fühlt sich beim Eintritt in den exakt vermessen Verkehrsraum der EU, als habe man ihm Zwangsjacke angelegt, nachdem er zuvor mit freiem Oberkörper geradelt war. Er weiß ja, dass niemand ihm Sicherheit garantieren kann, ob mit oder ohne Seitenstreifen. Doch er bemerkt auch, dass die Autos dichter an ihm vorbei rasen, als es auf nichtmarkierten, ukrainischen Landstraßen üblich war.

Fahren, fahren, fahren ... vergessen, lieben, entdecken. Die Zeit ist nicht zu lang und kein Palast groß genug. Die Erdkugel passt in die Hosentasche, und das stärkste Gefühl ist das der Dankbarkeit. Ich lebe!

Scheißegal, was morgen sein wird. Morgen ist nicht gestern. Nur das Jetzt zählt.

108.

Obwohl Radfahren ein Flirt mit dem Tod ist

Wenn nach dem Rausch der Kater kommt, fragt sich der Radfahrer allerdings: Wie kann es sein, dass er sich in einem Land sicherer fühlt, in dem es mehr Verkehrstote gibt als dort, wo Gefahrenstellen systematisch entschärft werden? In Russland wurden im Jahre 2012 28.000 Menschen bei Verkehrsunfällen getötet, in Deutschland, wo die Opferzahlen beständig sinken, waren es 2013 nur 3.340.[62] Dabei Russland hat nicht einmal doppelt so viele Einwohner wie Deutschland. Zwar habe ich als Radfahrer nach knapp 40.000 geradelten Kilometern noch keinen schweren Unfall gesehen, auch keine im Straßenverkehr Verletzten, aber die Statistik lügt in diesem Fall wohl eher nicht.[63]

Die Sicherheitsstreifen auf dem Straßenbelag sind vor allem für die Autofahrer da. Die weiße Linie verläuft meist einen halben Meter parallel zum Rand des Asphalts, dies ist der Platz, der dem Radfahrer auf Landstraßen gewöhnlich zugebilligt wird. Würde die Linie fehlen, trüge der Autofahrer im stärkeren Maße die Verantwortung für den Abstand zum Radfahrer.

Der Tod fährt beim Radfahren, zumindest im Straßenverkehr, immer mit. Man weiß ja, dass nicht viel dazugehört, vom Auto angeschubst und ins Jenseits befördert zu werden. Es genügt, dass ein Autofahrer für zwei Sekunden pennt. Aus seiner Sicht sind Radfahrer ohnehin wie lästige Mücken, die einfach nur stören und den Verkehr aufhalten, aber besonders ernst nehmen muss man sie nicht.

Der Radfahrer aber sieht die vielen Kreuze an den Straßenrändern, die Hinterbliebene für Unfallopfer aufgestellt haben. Manchmal sind es nur zwei Holzleisten, die an einen Baum genagelt und in die die Namen der Opfer geschnitzt wurden. Manchmal stehen eiserne Grabkreuze in Straßengräben oder an Waldrändern.

Auch kommt man als Radfahrer an vielen Friedhöfen vorbei und sieht allerlei Erschütterndes – so ein Doppelgrab für einen 1945 gefallenen Soldaten und seine 60 Jahre später gestorbene Gattin mit den in Stein gemeißelten Porträts des jungen Mannes und der alten Frau. Oder drei Gräber in Lwiw – auf einem der muslimische Halbmond, auf dem anderen ein Sowjetstern, auf dem dritten ein Davidstern. Oder Friedhöfe, auf denen ein Meer aus Farben liegt, weil wirklich alle Gräber mit bunten, zumeist Plastikblumen geschmückt sind.

109.

Weil man sich als Radfahrer auf die Zukunft freuen kann

Zu den höchsten Tugenden gehört die Gelassenheit. Es kommt, wie es kommt, man muss es nehmen, wie es ist, mit solchen Sprüchen drückt der Volksmund diese Haltung aus. Begriffe wie »Optimist« oder »Pessimist« sind dagegen kindisch, weil sie der Komplexität des Lebens nicht gerecht werden, ebenso wenig wie der Seufzer: »Zwei Seelen wohnen, ach!, in meiner Brust.« Wenn es nur zwei Seelen wären und wenn sie nur wohnen würden, statt einen Gladiatorenkampf vor leeren Rängen auszufechten, möchte man als Dostojewski-Leser hinzufügen.

Meines Erachtens findet man zu Gelassenheit, indem man seine Schwächen produktiv nutzt. Dafür sollte man zunächst einmal anerkennen, dass man welche hat. Die Prägungen zu leugnen ist aber zwecklos, gleichgültig, ob ihnen die Etiketten »Politik«, »Geschlecht«, »Genetik« oder »Erziehung« aufgeklebt werden.

Wenn ich heute mit dem Menschen reden will, der ich im Alter von 20 Jahren war, dann unterbricht der mich gleich und sagt: »Ich will deine Weisheiten gar nicht hören, das hättest du mir alles damals erzählen sollen.«

Zwischen uns kommt kein Dialog zustande. Er ist neidisch auf mich. Wie gern hätte er damals schon so gelebt wie ich heute. Es hätte den jungen Mann gefreut, wenn ich ihm so viel Freiheit gegönnt hätte wie mir heute. Monatelang nur Fahrrad zu fahren, ohne einem Resultat hinterherzuhetzen, ohne etwas zu produzieren oder einer Verpflichtung nachzukommen, das hätte ich mir damals nicht gegönnt.

Spätestens aber, seit ich es tue, ist mein bestimmendes Lebensgefühl das der Dankbarkeit. Gerne bin ich ein Überflüssiger. Auf meinen Radreisen habe ich so viele spannende Menschen kennengelernt, bin ich so oft als Gast herrlich bewirtet worden, hat man mir vertraut, mir geholfen, mich beschenkt, dass es tatsächlich einer Offenbarung gleichkam. Ich habe das Glück, in einer Zeit zu leben, in der ich frei durch Europa radeln kann, durch das ganze Europa, nicht bloß durch den Vorgarten zwischen Lissabon und Berlin. Ich bin gesund und verdiene mit dem Radfahren sogar noch Geld, indem ich darüber schreibe. Was will ich mehr? Beim nächsten Mal vielleicht im Liegerad nach Jerewan radeln, wo der Kognak »Ararat« von den Berghängen fließt und die schönsten Witze erzählt werden.

110.

Weil das Rad rund ist

Es soll Menschen geben, die ganz methodisch leben, deren Aufmerksamkeit stets auf das Wesentliche gerichtet ist. Sie beginnen den Tag, indem sie einen Kilometer schwimmen oder drei Kilometer laufen, sie rauchen nicht und trinken keinen Alkohol, sie verplempern ihr Geld nicht für Irrtümer, sie beteiligen sich nicht an überflüssigen Diskussionen und reden nicht schlecht über ihre Mitmenschen, sie gehen ihrer Arbeit mit Freude nach, sie haben niemals Depressionen, Stress kennen sie nicht, sie sind ihren Partnern treu und für ihre Kinder Vorbilder.

Mit anderen Worten: Es sind mehr oder minder ideale Menschen, die auf Grundlage klarer Koordinaten vernünftige Entscheidungen treffen. Während Franz Kafka meinte, man könne sein Leben nicht einrichten wie ein Turner den Handstand, beweisen sie das Gegenteil. Von hundert sind es vielleicht zwei oder drei, die solch einem Ideal nahekommen.

Fein für sie, traurig für die anderen 97, die nur von einem planbaren Dasein träumen können. Stattdessen sind sie spielsüchtig und schlucken Psychopharmaka, sie rauchen, kiffen, trinken Bier oder härtere Sachen, sie wählen den falschen Partner – ein Porzellanpüppchen verwandelt sich in ein Fangeisen, ein George-Clooney-Typ entpuppt sich als Psychopath –, eine Tochter geht auf den Strich, ein Sohn ist Nazi. Sie haben schon mal über die eigene Dummheit und über das eigene Pech gelacht, um sich nicht aus Wut in den Handballen zu beißen oder etwas kaputt zu schlagen.

Das Schöne am Radfahren ist, dass man dazu verführt wird, sich als idealer Mensch zu sehen. Es geht vorwärts, auch ohne Ziel. Man hält sich gedanklich im Reich der Möglichkeiten auf, weil man keine andere Möglichkeit hat, als zu strampeln und ein bisschen mit der Klingel zu spielen. Die Vögel fliegen auf Augenhöhe, und die

Zukunft ist auch nur eine Landschaft mit Radwegen. Wer sein Fahrrad und sein Gepäck über den Kamm eines Hochgebirges trägt, der muss vor keinem Chef zittern.

Nicht nur die Hautporen und Adern öffnen sich, sondern auch die Bereitschaft für neue Erfahrungen. Man kann sich nicht sattsehen an all dem Schönen, das die Welt zu bieten hat – Gier ist in diesem Sinne etwas sehr Positives.

111.

Weil das Leben schön ist

Beim Radfahren spüre ich, dass ich das Leben liebe. Mein Leben, das Leben an sich, das Dasein. Je länger ich fahre, desto mehr.

Für viele Menschen mag es selbstverständlich sein, optimistisch und fröhlich die vielen Möglichkeiten zu nutzen, die sich in modernen Gesellschaften fast jedem bieten. Ich habe diese »positive Grundeinstellung«, wie man neudeutsch sagt, jedoch erst spät erlernt. Gewisse Ereignisse in meiner Vergangenheit waren derart grausam, dass ich manchmal fürchtete, den Verstand zu verlieren, und sogar den Freitod zu wählen bereit war. Heute aber erfüllt mich ein Gefühl der Dankbarkeit, dass ich diesen billigen Weg nicht gegangen bin und dass ich kein Leben von der Stange führe.

Besonders auf meinen Radreisen an die Wolga konnte ich immer wieder erleben, dass meine bloße Anwesenheit für andere Menschen ein Grund zur Freude ist. Ich rechne mir dies nicht als Verdienst an, nehme es aber gern als Geschenk an.

Deshalb habe ich mir vorgenommen, jeden Sommer, solange ich gesund bin, mindestens drei Monate lang mit dem Fahrrad durch Osteuropa zu streifen. Ursprünglich wollte ich jedes Jahr bis an die Wolga radeln, doch die Verhältnisse in Russland haben sich spätestens seit den Kriegsdrohungen gegen die Ukraine derart zum

Schlechteren verändert, dass mir dieses Land unheimlich geworden ist und ich dorthin nicht mehr reisen werde.

Ich hoffe und bete, dass es nicht zum Krieg kommen wird, denn sonst müsste ich auf das Radfahren verzichten und Partisan werden – ich könnte es nicht ertragen, meine Freunde in Lebensgefahr zu wissen, ohne ihnen zu helfen.

So endet dieses Buch mit frommen Wünschen und einfachen Wahrheiten. Das Leben ist schön, und Frieden ist das Wichtigste.

Danksagung

Ich zitiere aus einigen Büchern, die ich mit großem Gewinn gelesen habe, und möchte mich an dieser Stelle für die Abdruckgenehmigungen vonseiten der Rechteinhaber bedanken.

Ein großartiger Erzähler und Radfahrer ist Robert Penn, der das Buch *Vom Glück auf zwei Rädern* (Berlin 2011) schrieb. Die Kulturgeschichte des Fahrrads kann kaum interessanter dargestellt werden. Robert Penn hat einige der besten Fahrradfabriken der Welt besucht. Ein leidenschaftliches Buch, aus dem man viel lernen kann! In dem Buch *Die Philosophie des Radfahrens* (Hamburg 2013) fand ich besonders den Beitrag von Steven D. Hales, *Auf die harte Tour – Rad fahren und philosophische Lektionen*, interessant. Großartig ist der Abschnitt über die unterschiedlichen Wahrnehmungen beim Bergauf- beziehungsweise Bergabfahren.

Das Buch von Sieglinde Geisel, *Irrfahrer und Weltenbummler – Wie das Reisen uns verändert* (Berlin 2008), ist ebenso empfehlenswert wie der Erfahrungsbericht von Markus Möller und Ronald Prokein, *Durchgetreten – Auf Fahrrädern um die Welt* (Norderstedt 2007), über eine extreme Radtour.

Der geniale Flann O'Brien kann keinen Dank mehr entgegennehmen, er starb 1966. In der Übersetzung von Harry Rowohlt kann der beste Fahrradroman, der jemals geschrieben wurde, auch auf Deutsch gelesen werden: *Der dritte Polizist*.

Bei Werner Schulz bedanke ich mich für die freundliche Genehmigung zum Abdruck seines Fahrradliedes *Anna*.

Literatur

- Samuel Beckett: Endspiel. Frankfurt am Main: Suhrkamp 1974.
- Walter Benjamin: »Haschisch in Marseille«. In: Ders.: Über Haschisch. Frankfurt am Main: Suhrkamp 2000.

- Sieglinde Geisel: Irrfahrer und Weltenbummler – Wie das Reisen uns verändert. Berlin: wjs verlag 2008.
- Hans Jürgen Hartmann: Zwischen Nichts und Niemandsland. Dessau: Machtwortverlag 2006.
- Georg Wilhelm Friedrich Hegel: Vorlesungen über die Philosophie der Geschichte. Frankfurt am Main: Suhrkamp 1986.
- J. Ilundáin-Agurruza / M. W. Austin / P. Reichenbach (Hg.): Die Philosophie des Radfahrens. Hamburg: mairisch Verlag 2013.
- H.-E. Lessing (Hg.): Ich fahr' so gerne Rad … Geschichten vom Glück auf zwei Rädern. München: dtv 2012 (Neuausgabe).
- Luigi Meneghello: Der kleine Meister. Berlin: Verlag Klaus Wagenbach 1990.
- Markus Möller / Ronald Prokein: Durchgetreten – Auf Fahrrädern um die Welt. Norderstedt: Books on Demand 2007 (5. Auflage).
- Flann O'Brien: Der dritte Polizist. Übersetzt von Harry Rowohlt. Zürich: Kein & Aber 2006.
- Robert Penn: Vom Glück auf zwei Rädern. Aus dem Englischen von Andreas Simon dos Santos. Berlin: Haffmans Tolkemitt Verlag 2011.
- Elke Schieber: »Anfang vom Ende oder Kontinuität des Argwohns 1980 bis 1989«. In: Ralf Schenk (Red.), Filmmuseum Potsdam (Hrsg.): Das zweite Leben der Filmstadt Babelsberg. DEFA-Spielfilme 1946–1992. Berlin: Henschel Verlag 1994.
- Wolfgang Schmidbauer, Jürgen vom Scheidt: Handbuch der Rauschdrogen. Frankfurt am Main: Fischer Verlag 2004.
- Gudrun Schury: Ich Weltkind. Gabriele Münter. Die Biografie. Berlin: Aufbau Verlag 2012.
- Susan Sontag: Über Fotografie. München: Hanser Verlag 1978.
- Mark Twain: »Wie man das Hochrad zähmt« (1884); zit. nach: H.-E. Lessing (Hg.): Ich fahr' so gerne Rad … Geschichten vom Glück auf zwei Rädern. München: dtv 2012 (Neuausgabe).

Quellenangaben

1 Sieglinde Geisel: Irrfahrer und Weltenbummler – Wie das Reisen uns verändert. Berlin: wjs verlag 2008.
2 Robert Penn: Vom Glück auf zwei Rädern. Aus dem Englischen von Andreas Simon dos Santos. Berlin: Haffmans Tolkemitt Verlag 2011.
3 Katja Petrowskaja: »Das Wunder Fahrrad«; zit. nach: Sieglinde Geisel: Irrfahrer und Weltenbummler – Wie das Reisen uns verändert. Berlin: wjs verlag 2008.
4 Mark Twain: »Wie man das Hochrad zähmt« (1884); zit. nach: H.-E. Lessing (Hg.): Ich fahr' so gerne Rad ... Geschichten vom Glück auf zwei Rädern. München: dtv 2012 (Neuausgabe).
5 Vgl. Spiegel-TV: »Strafsache Polizei – Wenn bayerische Beamte prügeln gehen«, Sendung vom 11.02.2013 *(www.spiegel.de/sptv/reportage/spiegel-tv-reportage-bayrische-polizei-pruegelt-a-878340.html)*.
6 Robert Penn: Vom Glück auf zwei Rädern. Aus dem Englischen von Andreas Simon dos Santos. Berlin: Haffmans Tolkemitt Verlag 2011.
7 Zitiert nach Florian Rötzer: »Fahrradfahren ist nicht gefährlicher als Autofahren«, Telepolis Online Magazin, 14.12.2012 *(www.heise.de/tp/artikel/38/38170/1.html)*.
8 Walter Benjamin: »Haschisch in Marseille«. In: Ders.: Über Haschisch. Frankfurt am Main: Suhrkamp 2000.
9 Maximilian Probst: »Der Drahtesel – Die letzte humane Technik«. In: J. Ilundáin-Agurruza / M. W. Austin / P. Reichenbach (Hg.): Die Philosophie des Radfahrens. Hamburg: mairisch Verlag 2013.
10 Sieglinde Geisel: Irrfahrer und Weltenbummler – Wie das Reisen uns verändert. Berlin: wjs verlag 2008.
11 Vgl. Gudrun Schurys erhellende Darstellung in: Gudrun Schury: Ich Weltkind. Gabriele Münter. Die Biografie. Berlin: Aufbau Verlag 2012.
12 Robert Penn: Vom Glück auf zwei Rädern. Aus dem Englischen von Andreas Simon dos Santos. Berlin: Haffmans Tolkemitt Verlag 2011.
13 Vgl. *www.deutsches-museum.de/sammlungen/ausgewaehlte-objekte/meisterwerke-i/motorwagen/*
14 Vgl. Schlussbericht zur Studie *(tu-dresden.de/die_tu_dresden/fakultaeten/vkw/ivs/oeko/news/externe%20kosten%20fuer%20die%20nutzung%20von%20autos%20in%20der%20EU-27)*.
15 Stand: 2009. Vgl. *de.statista.com/statistik/daten/studie/236732/umfrage/anteil-ausgewaehlter-industriezweige-am-bip/*
16 »Die Weltgeschichte geht von Osten nach Westen, denn Europa ist schlechthin das Ende der Weltgeschichte, Asien der Anfang.« – In: Georg Wilhelm Friedrich Hegel: Vorlesungen über die Philosophie der Geschichte. Frankfurt am Main: Suhrkamp 1986.
17 Hans Jürgen Hartmann: Zwischen Nichts und Niemandsland. Dessau: Machtwortverlag 2006.
18 Vgl. Peter Mühlbauer: »GEMA hindert alte Leute am Tanzen«, Telepolis Online Magazin, 18.02.2013 *(www.heise.de/tp/blogs/6/153756.html)*.
19 Peter Mühlbauer: »Belgische GEMA kassiert für Händetrockner und Lebensmittel«, Telepolis Online Magazin, 18.02.2013 *(www.heise.de/tp/artikel/34/34218/1.html)*.
20 Peter Mühlbauer: »Vorsicht bei Sankt-Martins-Feiern«. Telepolis Online Magazin, 11.11.2012 *(www.heise.de/tp/news/Vorsicht-bei-Sankt-Martins-Feiern-2015808.html)*.
21 Vgl. Interview mit Ines Geipel: »Fast ein Viertel der Bevölkerung ist auf Chemie«, Die Zeit, 05.04.2013 *(www.zeit.de/sport/2013-04/geipel-doping-interview-fussball)*.
22 Vgl. *de.wikipedia.org/wiki/Kusma_Sergejewitsch_Petrow-Wodkin*
23 Zit. nach: *www.der-unbekannte-gorki.de/index.php?e=4*
24 Vgl. *www.michael-nehls.de/race-across-america-raam.htm*
25 Vgl. Interview mit Michael Nehls: »Den Mythos zerstört?«, Süddeutsche Zeitung, 17.05.2010 *(www.sueddeutsche.de/leben/race-across-america-den-mythos-zerstoert-1.462260)*.
26 Zitiert nach: *einestages.spiegel.de/static/authoralbumbackground/4449/held_auf_die_harte_tour.html*
27 »Den Mythos zerstört?«, Süddeutsche Zeitung, 17.05.2010 *(www.sueddeutsche.de/leben/race-across-america-den-mythos-zerstoert-1.462260)*.
28 Ebenda.
29 Vgl. *www.michael-nehls.de/race-across-america-raam.htm*
30 Vgl. *www.joeykelly.de/?p=2633*

31 Steven D. Hales: Auf die harte Tour – Rad fahren und philosophische Lektionen. In: J. Ilundáin-Agurruza / M. W. Austin / P. Reichenbach (Hg.): Die Philosophie des Radfahrens. Hamburg: mairisch Verlag 2013.
32 Susan Sontag: Über Fotografie. München: Hanser Verlag 1978.
33 Vgl. *de.uncyclopedia.org/wiki/Tour_de_France*
34 Vgl. *www.zulley.de/dokumente/schichtarbeit.html*
35 Robert Penn: Vom Glück auf zwei Rädern. Aus dem Englischen von Andreas Simon dos Santos. Berlin: Haffmans Tolkemitt Verlag 2011.
36 Elke Schieber: »Anfang vom Ende oder Kontinuität des Argwohns 1980 bis 1989«. In: Ralf Schenk (Red.), Filmmuseum Potsdam (Hrsg.): Das zweite Leben der Filmstadt Babelsberg. DEFA-Spielfilme 1946–1992. Berlin: Henschel Verlag 1994.
37 Samuel Beckett: Endspiel. Frankfurt am Main: Suhrkamp 1974.
38 Luigi Meneghello: Der kleine Meister. Berlin: Verlag Klaus Wagenbach 1990.
39 Flann O'Brien: Der dritte Polizist. Übersetzt von Harry Rowohlt. Zürich: Kein & Aber 2006.
40 Vgl. Jürgen Döschner: »Unbekannte Gefahr – Radioaktive Abfälle aus der Öl- und Gasindustrie«, Deutschlandfunk, 05.02.2010 *(www.dradio.de/dlf/sendungen/hintergrundpolitik/1119961/)*.
41 Vgl. Andrea Reidl: »Neue Werkstoffe im Fahrradbau: Bambus statt Blech«, Spiegel Online, 06.01.2010 *(www.spiegel.de/auto/aktuell/neue-werkstoffe-im-fahrradbau-bambus-statt-blech-a-667888.html)*.
42 Vgl. *www.ziv-zweirad.de/public/pk_2012-ziv-praesentation_21-03-2012.pdf*
43 Stand: März 2014. Vgl. *de.globometer.com/sport-fahrrad-de.php* bzw. *www.rp-online.de/leben/auto/news/615-millionen-so-viele-fahrzeuge-wie-nie-in-deutschland-aid-1.4090173*
44 Vgl. Jahresabschluss 2012 auf der Mifa-Website *(www.mifa.de/investor-relations/finanzberichte/)*.
45 *www.adfc-nrw.de/kreisverbaende/kv-bochum/termine/radmessen.html*
46 *www.messeninfo.de/Vattenfall-Cyclassics-M9714/Hamburg.html*
47 *www.adfc-sachsen.de/index.php/141-fahrradmesse-im-november*
48 *www.eurobike-show.de/eb-de/aussteller/die-welt-des-fahrrads.php*
49 *www.berlinerfahrradschau.de/exhibition-areas/*
50 *www.stadtentwicklung.berlin.de/verkehr/mobil/fahrrad/radrouten/de/mauerweg_1/index.shtml*
51 Gunnar Fehlau: »Grenzsteintrophy – Geschichtsbewältigung auf breiten Stollen«, Radtouren.de – Radreise-Magazin *(www.radtouren.de/grenzsteintrophy.html)*.
52 Stand: März 2014. Vgl. *www.bettundbike.de*
53 Stand: März 2014. Vgl. *www.adfc-tourenportal.de/*
54 Stand: März 2014. Vgl. *www.adfc.de/adfc-magazin-radwelt/mediadaten/mediadaten*
55 Vgl. StVO, § 37: Wechsellichtzeichen, Dauerlichtzeichen und Grünpfeil. Zitiert nach: *www.gesetze-im-internet.de/stvo_2013/__37.html*
56 Vgl. StVO, Anlage 2 zu § 41 Absatz 1. Zitiert nach: *www.dvr.de/betriebe_bg/daten/stvo/anlage2.htm*
57 Ebenda.
58 Zitiert nach: *www.umwelt-online.de/cgi-bin/parser/Drucksachen/drucknews.cgi?texte=0428_2D12X&marker=Radfahrerinnen*
59 Vgl. Interview: »Verkehrsminister Ramsauer über Fahrrad-Rambos und den Aufstand gegen Aufbau-Ost«. In: Osnabrücker Zeitung, 10. April 2012 *(www.noz.de/deutschland-welt/politik/artikel/372800/verkehrsminister-ramsauer-uber-fahrrad-rambos-und-den-aufstand-gegen-aufbau-ost)*.
60 Vgl. *www.pressrelations.de/new%5C/standard/result_main.cfm?pfach=1&n_firmanr_=101605&sektor=pm&detail=1&r=527868&sid&aktion=jour_pm&quelle=0*
61 Wolfgang Schmidbauer, Jürgen vom Scheidt: Handbuch der Rauschdrogen. Frankfurt am Main: Fischer Verlag 2004.
62 Vgl. *www.aktuell.ru/russland/news/traurige_statistik_28_000_verkehrstote_im_letzten_jahr_33442.html* bzw. *www.unfallzeitung.de/zeitung/zahl-der-verkehrstoten-auf-rekordtief*
63 Seltsamer erscheint da schon die Aussage der Weltgesundheitsorganisation WHO, wonach in Deutschland pro Kopf mehr Alkohol getrunken werde als in Russland und der Ukraine. Der statistische Deutsche soll angeblich zwölf Liter reinen Alkohol im Jahr trinken, der statistische Russe elf, der Ukrainer nur zehn. Der Selbstgebrannte wurde da bestimmt nicht mitgezählt. – Vgl. Focus-Artikel zur WHO-Studie, 14.09.2011 *(www.focus.de/gesundheit/ernaehrung/news/who-studie-deutsche-trinken-russen-unter-den-tisch_aid_665283.html)*.

SCHWARZKOPF & SCHWARZKOPF

SCHATTENPARKER ...

AUS DEM ALLTAG EINES FAHRLEHRERS
DAS BUCH FÜR ALLE MIT UND OHNE FÜHRERSCHEIN!

**SCHATTENPARKER, BORDSTEINRAMMER
UND ANDERE FAHRSCHÜLER**
AUS DEM ALLTAG EINES FAHRLEHRERS
Von Andreas Hoeglauer
288 Seiten, Taschenbuch
ISBN 978-3-86265-220-4 | Preis 9,95 €

Das kann ich auch!, denkt sich Andreas Hoeglauer, als er einem Fahrlehrer bei der Arbeit über die Schulter sieht. Hier ein bisschen mosern, dort etwas loben und dann noch ein paar lockere Sprüche klopfen – was soll an dem Job schon so schwer sein?

Doch bereits an seinem ersten Arbeitstag merkt er: Die Schüler fit für die Straße zu machen kann eine nervenaufreibende Angelegenheit sein.

Da ist zum Beispiel der feierfreudige Moritz, dem nach einer durchzechten Nacht ein Malheur im Schulungswagen passiert. Und die liebestolle Bianca, die Andreas vor und nach jeder Fahrstunde anzügliche SMS schickt. Doch so hartnäckig seine Schützlinge auch daran arbeiten, ihn aus der Ruhe zu bringen – Andreas bleibt souverän.

Das Buch ist eine humorvolle Liebeserklärung an den Beruf des Fahrlehrers.

WWW.SCHWARZKOPF-SCHWARZKOPF.DE

SCHWARZKOPF & SCHWARZKOPF

DER KLEINE PROVINZBERATER

ODER VOM SCHÖNEN LEBEN AUF DEM LANDE
KURZWEILIGE UND SKURRILE ANEKDOTEN VOM ALLTAG AUF DEM DORFE

DER KLEINE PROVINZBERATER
ODER VOM SCHÖNEN LEBEN AUF DEM LANDE
Von Frank Schäfer
Mit Illustrationen von Jana Moskito
216 Seiten, Mini-Hardcover
ISBN 978-3-86265-163-4 | Preis 10,00 €

»›Der kleine Provinzberater‹ ist kein Ratgeber im gewöhnlichen Sinne. Statt Lebensweisheiten ›im Bäckerdutzend‹ zu verteilen, will Frank Schäfer ganz konkret zeigen, was es heißt, auf dem Dorf zu leben.«
Märkische Oderzeitung

»Frank Schäfer berichtet von schönen Kühen und wortkargen Landfrauen, zitiert Klassiker (Rousseau, Thoreau) und referiert über Fernsehserien (›Al Bundy ist der Archetyp einer gescheiterten Provinzexistenz.‹). Lesenswert, selbst wenn man keine Nachhilfestunden in Sachen Landleben nötig hat.«
Stuttgarter Nachrichten

»Den modernen Menschen scheint es wieder aufs Land zu ziehen. Für Umzugswillige hat Frank Schäfer einen ›Provinzberater‹ verfasst.«
Info Radio

WWW.SCHWARZKOPF-SCHWARZKOPF.DE

DER AUTOR

Christoph Brumme wurde 1962 in Wernigerode geboren. Er absolvierte eine Lehre als Eisenbahner, arbeitete am Theater Eisleben als Regieassistent und Inspizient, studierte Philosophie und lebt seit 1985 als freiberuflicher Schriftsteller und Essayist in Berlin. Christoph Brumme fuhr sechs Mal mit dem Fahrrad von Berlin an die Wolga und zurück – insgesamt 40.000 Kilometer!

Christoph Brumme
111 GRÜNDE, DAS RADFAHREN ZU LIEBEN
Vom Rausch der Geschwindigkeit, dem Geheimnis der Langsamkeit
und dem Wissen, dass das Glück zwei Räder hat

ISBN 978-3-86265-360-7
© Schwarzkopf & Schwarzkopf Verlag GmbH, Berlin 2014
Zweite Auflage Februar 2015
Dritte Auflage März 2017
Alle Rechte vorbehalten. Dieses Werk ist urheberrechtlich geschützt. Jede Verwendung, die über den Rahmen des Zitatrechtes bei korrekter und vollständiger Quellenangabe hinausgeht, ist honorarpflichtig und bedarf der schriftlichen Genehmigung des Verlages. | Lektorat: Uta Alder

KATALOG
Wir senden Ihnen gern kostenlos unseren Katalog.
Schwarzkopf & Schwarzkopf Verlag GmbH
Kastanienallee 32, 10435 Berlin
Telefon: 030 – 44 33 63 00 | Fax: 030 – 44 33 63 044

INTERNET | E-MAIL
www.schwarzkopf-schwarzkopf.de
www.facebook.com/schwarzkopfverlag
info@schwarzkopf-schwarzkopf.de

BILDNACHWEIS

Coverfoto: © micjan/Photocase.de | Fotos im Innenteil: S. 4: © Comstock/Stockbyte/Thinkstock.de | S. 11: © Ingram Publishing/Thinkstock.de | S. 33: © David Hanlon/iStock/Thinkstock.de | S. 53: © MHLE/iStock/Thinkstock.de | S. 69: © panaramka/iStock/Thinkstock.de | S. 93: © alexandrshevchenko/iStock/Thinkstock.de | S. 105: © imijaloff/iStock/Thinkstock.de | S. 123: © tomasworks/iStock/Thinkstock.de | S. 147: © Hoby Finn/Photodisc/Thinkstock.de | S. 165: © Thomas Northcut/Digital Vision/Thinkstock.de | S. 177: © Photos.com/Thinkstock.de | S. 209: © idmanjoe/iStock/Thinkstock.de | S. 237: © Denis Raev/iStock/Thinkstock.de | S. 253: © Don Bayley/iStock/Thinkstock.de